GYMNASIUM BAYERN

Fokus

Natur und Technik 5

NATURWISSENSCHAFTLICHES ARBEITEN

Cornelsen

FOKUS NATUR UND TECHNIK

Autorinnen und Autoren:	Birgit Janisch, Berlin; Dr. Michael Sinzinger, Regensburg
Berater:	Dr. Michael Sinzinger, Regensburg; Thomas Gerl, Prien
Redaktion:	Birgit Janisch
Illustration und Grafik:	Rainer Götze, Karin Mall, Gregor Mecklenburg, Heike Möller, Matthias Pflügner, biologiegrafik, Tom Menzel, Marina Goldberg
Umschlaggestaltung:	EYES-OPEN, Berlin
Layoutkonzept:	Miriam Bussmann, Berlin
Layout und technische Umsetzung:	Oxana Rödel, Absatz DTP-Service, Teltow

Begleitmaterial zum Lehrwerk für Lehrerinnen und Lehrer
Lösungen zum Schülerbuch — ISBN 978-3-06-014295-8
Kopiervorlagen — ISBN 978-3-06-014296-5
Begleitmaterial auf USB-Stick Klasse 5 — ISBN 978-3-06-010855-8

www.cornelsen.de

Soweit in diesem Lehrwerk Personen fotografisch abgebildet sind und ihnen von der Redaktion fiktive Namen, Berufe, Dialoge und Ähnliches zugeordnet oder diese Personen in bestimmte Kontexte gesetzt werden, dienen diese Zuordnungen und Darstellungen ausschließlich der Veranschaulichung und dem besseren Verständnis des Inhalts.

Dieses Werk enthält Vorschläge und Anleitungen für Untersuchungen und Experimente.
Vor jedem Experiment sind mögliche Gefahrenquellen zu besprechen. Beim Experimentieren sind die Richtlinien zur Sicherheit im Unterricht einzuhalten.

1. Auflage, 2. Druck 2018

Alle Drucke dieser Auflage sind inhaltlich unverändert
und können im Unterricht nebeneinander verwendet werden.

© 2017 Cornelsen Verlag GmbH, Berlin

Das Werk und seine Teile sind urheberrechtlich geschützt.
Jede Nutzung in anderen als den gesetzlich zugelassenen Fällen bedarf der vorherigen schriftlichen Einwilligung des Verlages.
Hinweis zu §§ 60a, 60b UrhG: Weder das Werk noch seine Teile dürfen ohne eine solche Einwilligung an Schulen oder in Unterrichts- und Lehrmedien (§ 60b Abs. 3 UrhG) vervielfältigt, insbesondere kopiert oder eingescannt, verbreitet oder in ein Netzwerk eingestellt oder sonst öffentlich zugänglich gemacht oder wiedergegeben werden.
Dies gilt auch für Intranets von Schulen.

Druck und Bindung: Livonia Print, Riga

ISBN 978-3-06-014294-1 (Schülerbuch)
ISBN 978-3-06-014358-0 (E-Book)

PEFC zertifiziert
Dieses Produkt stammt aus nachhaltig bewirtschafteten Wäldern und kontrollierten Quellen.
www.pefc.de

Inhaltsverzeichnis

Dein neues Buch	6
Der Natur auf der Spur – nach Plan und mit Methode	8
Sicherheit beim Experimentieren	10
Laborgeräte und Wärmequellen	12

Natur erleben, beobachten und erforschen — 14

Praktikum Wir beobachten das Wetter ...	16
Methode ... und schreiben ein Beobachtungsprotokoll	17
Das Thermometer	18
Methode Richtig Messen	19
Wolkenbildung und Niederschläge	20
Methode Messwerte darstellen in Diagrammen	21
Methode Ein Modell erklärt ...	22
Der Luftdruck	23
Wie entsteht der Wind?	24
Nachgehakt Hochs und Tiefs bestimmen unser Wetter Wie weht der Wind in den Bergen?	25
Praktikum Wir beobachten eine Wiese	26
Methode Wir bestimmen Pflanzen und legen ein Herbarium an	27
Praktikum Boden ist nicht gleich Boden	28
Methode Vergleichen und ordnen	29
Boden – Lebensraum für Pflanzen und Tiere	30
Methode Das Mikroskop – Aufbau und Handhabung	32
Methode Wir mikroskopieren Tiere im Laubaufguss	33
Zusammenfassung	34
Alles klar?	35

Wasser – kostbares Nass und wichtiges Lösemittel — 36

Praktikum Wer macht das leckerste Erfrischungsgetränk?	38
Wasser – ein Lösemittel	39
Methode Der wissenschaftliche Weg zur Beantwortung einer Frage ...	40
Methode ... und das Versuchsprotokoll	41
Gase in Wasser lösen	42
Methode Der Nachweis von Kohlenstoffdioxid	42
Flüssigkeiten in Wasser lösen	43
Methode Der Aufbau der Stoffe im Teilchenmodell	43
Die Löslichkeit – es kommt auch auf die Temperatur an	44
Nachgehakt Hitzewelle bedroht Fische	44
Methode Das Teilchenmodell für den Lösevorgang	45
Stoffgemische und Reinstoffe	46
Methode Gemische und ihre Trennung	47
Wir trennen Stoffgemische	48
Nachgehakt Meerwasser entsalzen – die Sonne hilft	48
Trinkwasser – ein seltener Stoff	49
Nachgehakt Abwasserreinigung in der Kläranlage	50
Wasserschutz ist lebenswichtig	51
Zusammenfassung	52
Alles klar?	53

Die Welt ist voller Stoffe – Stoffe und ihre Eigenschaften · 54

Praktikum Stoffe erkennt man an ihren Eigenschaften	56
Körper bestehen aus Stoffen	57
Die Temperatur verändert Stoffe	58
Methode Die Aggregatzustände im Teilchenmodell	59
Schmelz- und Siedetemperatur sind Stoffeigenschaften	60
Methode Liniendiagramm zeichnen und lesen	62
Körper haben Volumen und Masse	63
Stoffe haben eine Dichte	64
Was sinkt und was schwimmt?	65
Nachgehakt Warum schwimmt ein Schiff aus Eisen?	65
Wasser hat eine besondere Eigenschaft	66
Nachgehakt Die Kraft gefrierenden Wassers	67
Müll – ein wertvolles Stoffgemisch	68
Methode Wir erstellen ein Plakat zur Müllvermeidung	70
Recyclingspezialisten in der Natur	71
Zusammenfassung	72
Alles klar?	73

Lebensgrundlage Energie – ohne sie läuft nichts · 74

Praktikum Energiequelle Sonne	76
Energieformen und Energiewandler	77
Methode Energieflussdiagramm erstellen	77
Wasser und Wind stecken voller Energie	78
Energie für deinen Körper	80
Methode Nachweisverfahren für Nährstoffe	81
Ohne Atmung keine Energieumwandlung	82
Nachgehakt Ein gesunder Körper braucht mehr als Energie	83
Zusammenfassung	84
Alles klar?	85

Luft und Schall – nicht sichtbar und doch immer da · 86

Praktikum Luft ist nicht nichts	88
Luft drückt	89
Die Luft ist ein Gasgemisch	90
Nachgehakt Kreislauf von Kohlenstoffdioxid und Sauerstoff	90
Methode Nachweis von Sauerstoff und Kohlenstoffdioxid	91
Nur heiße Luft	92
Nachgehakt Schlechte Luft, nicht nur im Klassenzimmer	93
Praktikum Alles, was wir hören, ist Schall	94
Die Luft transportiert Töne	95
Schall unterwegs	96
Wann ist Schall Lärm, wann ist er nützlich?	97
Nachgehakt Mit den Ohren „sehen"	97
Zusammenfassung	98
Alles klar?	99

Wie wir die Welt sehen und uns Bilder von ihr machen — 100

Praktikum Licht unterwegs — 102
Licht und Sehen — 103
Methode Modell Lichtstrahl — 103
Licht trifft auf Oberflächen — 104
Licht und Schatten — 105
Nachgehakt Licht und Schatten im Weltraum — 106
Blick in die Spiegelwelt — 108
Nachgehakt Spiegel im Straßenverkehr — 109
Praktikum Die Lochkamera — 110
Löcher erzeugen Bilder — 111
Linsen verändern Lichtbündel — 112
Linsen erzeugen scharfe Bilder — 114
Praktikum Weißes Licht steckt voller Farben — 116
Licht kann zerlegt werden — 117
Farben sehen — 118
Nachgehakt Warum sehen wir den Regenbogen? — 119
Zusammenfassung — 120
Alles klar? — 121

Anhang Gefahrstoffe — 122
Anhang Sicherheitseinrichtungen — 123
Anhang Laborgeräte — 123
Anhang Stoffeigenschaften und physikalische Größen — 124
Anhang Lösungen der Knifflig-Aufgaben — 125

Register — 126

Bildquellenverzeichnis — 128

Liebe Schülerin, lieber Schüler,

endlich in der 5. Klasse. Willkommen!

Darf ich mich kurz vorstellen, ich bin dein neues Buch „Naturwissenschaftliches Arbeiten" und ich begleite dich in deinem neuen Schulfach.

Die Farben helfen dir, dich schnell zurechtzufinden.

Ausprobieren und selbst erforschen

Naturwissenschaftliche Arbeitsweisen

Zusatzinfos aus Natur und Technik

 Farbige Sätze mit Ausrufezeichen bringen Wichtiges auf den Punkt.

Einstiegsseiten

Jedes Kapitel beginnt mit vielen Bildern und einem kurzen Text. Die Doppelseite gibt dir einen ersten Eindruck, worum es geht und welche Bedeutung das Thema für dich und deine Umwelt hat.

Infoseiten

Auf diesen Seiten werden dir Zusammenhänge und Fachbegriffe eines Themas erklärt. Oft findest du hier farbige Kästen:
Die grünen **Experiment**-Kästen mit passenden Versuchen.
Die roten **Methode**-Kästen mit naturwissenschaftlichen Arbeitsweisen.
Die orangefarbenen **Nachgehakt**-Kästen mit Zusatzinformationen zum Thema.

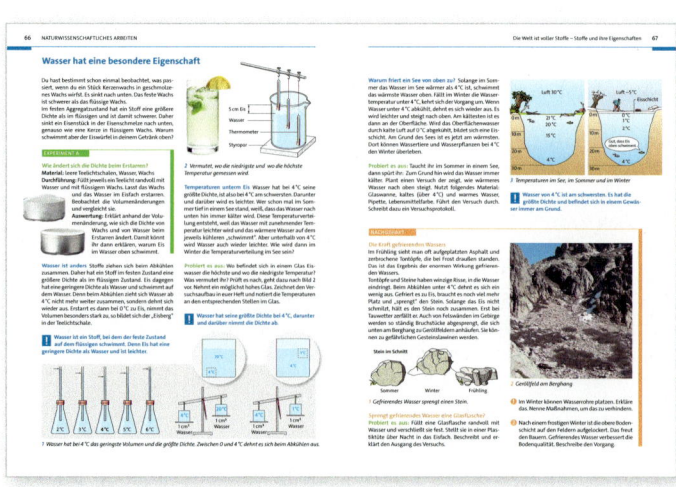

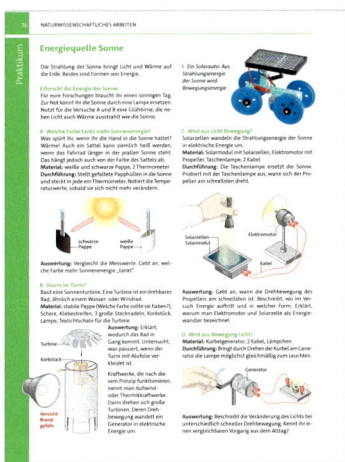

Praktikum-Seiten

Jedes Thema startet mit einem Praktikum. Mit spannenden Experimenten kannst du den neuen Stoff selbst entdecken und erforschen – wie ein Naturwissenschaftler.

Methoden-Seiten

Beim Forschen gehst du immer nach Plan und mit Methode vor. Diese Seiten stellen Schritt für Schritt die Arbeitsweisen der Naturwissenschaftler vor und zeigen auch, wie man mit Modellen arbeitet.

Nachgehakt-Seiten

Interessante Zusatzinformationen aus Natur und Technik kannst du hier nachlesen.

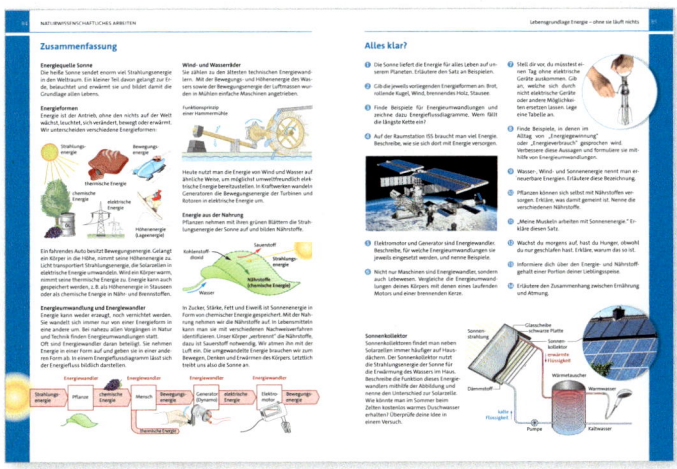

Zusammenfassung und Alles klar?-Seiten

Die wichtigsten Kapitelinhalte sind noch einmal kurz und knapp zusammengefasst. Die Seite ist eine gute Lernhilfe. Mit den Aufgaben am Ende eines Kapitels kannst du dein neues Wissen überprüfen und anwenden.

▶ Verweis auf Bilder, Tabellen oder Buchseiten

Kleine farbige Pfeile zeigen dir, dass du zum Text passende Informationen auch in einem Bild, einer Tabelle oder auf einer anderen Seite im Buch findest.

Register

Wie alle wissenschaftlichen Bücher hat das Buch ganz am Ende ein Register. Dort sind wichtige Begriffe alphabetisch aufgelistet. Wenn du etwas suchst, schlage dort nach. Die Seitenzahlen hinter jedem Begriff verraten dir, wo du darüber etwas im Buch findest.

Der Natur auf der Spur – nach Plan und mit Methode

1 So forschen Naturwissenschaftler. Sie suchen auf diese Weise nach Erklärungen für Vorgänge in der Natur.

Du fragst dich bestimmt auch oft: Wieso passiert das so und nicht anders? Genau das tun Naturwissenschaftler auch. Sie beobachten etwas in der Natur, haben dazu eine **Frage** und suchen nach einer Erklärung. Dabei gehen sie immer systematisch vor, ähnlich wie Detektive. Die Naturwissenschaft ist in drei Bereiche unterteilt: die Biologie, die Chemie und die Physik. Darin stellt jeder etwas andere Fragen an die Natur. Aber beim Forschen gehen sie alle gleich vor.

Naturwissenschaftliches Forschen So, wie ein Detektiv überlegt, wie das Verbrechen abgelaufen sein mag, so stellen auch Naturwissenschaftler erst einmal eine Vermutung an, wie etwas zu erklären sein könnte. Dann überprüfen sie, ob ihre **Vermutung** richtig oder falsch ist. Manchmal genügt es, etwas über längere Zeit zu beobachten. Meist muss etwas genauer untersucht werden, das nennt man Experimentieren oder einen Versuch durchführen.

Vermutung prüfen Willst du eine Vermutung überprüfen, dann brauchst du einen **Plan**. Was genau willst du untersuchen und wie gehst du vor? Welche **Materialien** sind dafür nötig?
Zur **Durchführung** des Plans kannst du verschiedene Methoden nutzen. Das sind Arbeitstechniken wie Mikroskopieren, Beobachten oder Sammeln.

Dann führst du den Plan durch. Jetzt kommt es darauf an, dass du ganz sorgfältig arbeitest. Beobachte scharf, miss genau und schreibe alles auf.
Zum Schluss erfolgt die **Auswertung** der Ergebnisse. War die Vermutung richtig oder falsch? Wenn du sorgfältig gearbeitet hast und das Ergebnis deine Vermutung nicht bestätigt, heißt das nicht, dass das Experiment misslungen ist. Eventuell findest du eine andere Vermutung oder es hat sich eine **neue Frage** ergeben. Dann kannst du einen **neuen Plan** machen und weiter forschen (▶ 1).
Forscher-Profis gehen auch auf **mögliche Fehler** ein, die beim Experimentieren vielleicht gemacht wurden.

Drei Naturwissenschaften und die Technik:
Biologen beschäftigen sich mit den Lebewesen, z. B. mit den Tieren und Pflanzen in einem See.
Physiker fragen sich, warum Enten auf dem Wasser schwimmen und nicht untergehen.
Chemiker untersuchen, ob das Wasser sauber ist.
Techniker nutzen die Forschungsergebnisse, um für uns nützliche Dinge zu entwickeln, z. B. Schiffe, die gut schwimmen und das Wasser nicht verschmutzen.

Forschermethoden Einige der Methoden wirst du in diesem Buch kennenlernen und anwenden.

Beobachten: Genaues Beobachten ist wichtig. Nicht nur das, was du siehst, ist wichtig, auch was du riechst oder hörst. Beobachtest du das Wetter über Wochen, dann führst du eine Langzeitbeobachtung durch. In einem Experiment kannst du beobachten, wie sich ein Farbstoff im Wasser verteilt.

Mikroskopieren: Unter einem Mikroskop werden die ganz winzigen Lebewesen eines Wassertropfens sichtbar oder auch die Formen der Zucker- und Salzkristalle.

Messen: Mit Messgeräten kannst du Temperaturen messen oder wie viele Milliliter Regen gefallen sind.

Sammeln, Bestimmen und Ordnen: Du sammelst Pflanzen, findest ihre Namen heraus und ordnest sie nach ähnlichen Merkmalen wie der Blütenfarbe.

Vergleichen: Beim Vergleichen findest du immer Gemeinsamkeiten und Unterschiede heraus. Beispielsweise wenn man das September-Wetter mit dem Wetter im August vergleicht.

Protokollieren: In einem Protokoll schreibst du genau auf, wie du vorgehst, notierst die Messwerte, was du beobachtet hast und zu welchem Ergebnis du kommst. Mithilfe des Protokolls sollte jeder den Versuch wiederholen können und zu den gleichen Ergebnissen kommen.

Das Experiment Mit einem Experiment versucht man eine Antwort auf eine Frage zu finden. Dazu untersucht man einen Vorgang systematisch und mithilfe der Methoden.

Ein Beispiel: Du fragst dich, warum sich deine Schattenlänge im Tagesverlauf verändert. Du könntest deine Vermutung dazu im Freien überprüfen. Dazu braucht man aber viel Zeit. Und kommt eine Wolke, ist der Schatten verschwunden. In vielen Fällen wird daher im Fachraum oder im Labor experimentiert. Dort kann man die Bedingungen genau kontrollieren, den Vorgang mit Hilfsmitteln im Kleinen nachbauen und untersuchen (▶ 2).

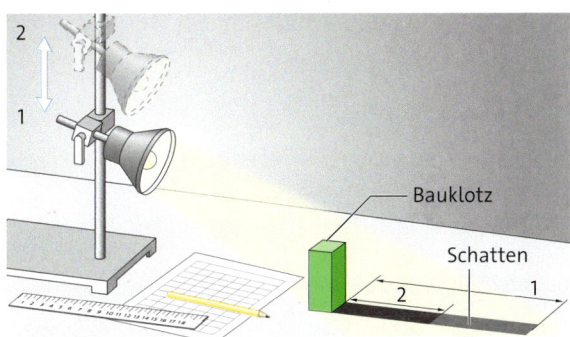

2 Erforschung der Schattenlänge im Experiment

Würde sich das Ergebnis ändern, wenn ich den Abstand der Lampe zum Bauklotz größer oder kleiner mache?

Ich vermute: Die Länge des Schattens hat etwas mit dem Sonnenstand zu tun.

Im Tagesverlauf ist mein Schatten mal länger und mal kürzer. Wieso ist das so?

Beobachtung und Frage   **Durchführung**   **Fehlerdiskussion**   **Vermutung**   **Neue Frage**

Ich stelle den Bauklotz auf den Tisch und dunkle den Raum ab. Die Lampe bewege ich seitlich über dem Bauklotz hoch und runter. Ich beobachte und notiere die Schattenlänge.

Je niedriger die Lampe, desto länger der Schatten. Die Ergebnisse zeigen: Die Schattenlänge ist vom Sonnenstand abhängig.

Habe ich richtig gemessen?

Planung und Material

Mit einem Experiment untersuche ich, ob sich die Schattenlänge mit dem Sonnenstand ändert. Ich brauche: Bauklotz, Lampe, Lineal, Papier und Stift.

❶ Arbeiten wie ein Wissenschaftler. Ordne jedem Papierschnipsel die richtige Überschrift zu. Schreibe dann die Erforschung der Schattenlänge in der richtigen Reihenfolge in dein Heft. Und so geht es los:
Beobachtung und Frage: Im Tagesverlauf ist mein Schatten …

❷ Versuche zu erklären, wie der Wissenschaftler auf seine Vermutung gekommen sein könnte.
Tipp: Überlege, wann ein Schatten zu sehen ist und wo die Sonne im Tagesverlauf am Himmel steht.

Auswertung

Sicherheit beim Experimentieren

1 Experimentieren im naturwissenschaftlichen Fachraum

Im naturwissenschaftlichen Unterricht wirst du vieles ausprobieren und genau untersuchen, also Experimente durchführen. Dabei musst du bestimmte Regeln beachten, um dich und andere nicht zu gefährden!

Vor dem Experimentieren Räume zuerst den Tisch leer. Am Arbeitsplatz wird nicht getrunken oder gegessen, denn du könntest aus Versehen etwas Giftiges verschlucken.
Lies aufmerksam die Anleitung für das Experiment. Stelle das erforderliche Material bereit. Überlege, welche Sicherheitsmaßnahmen notwendig sind.
Binde langes Haar zusammen und lege Bekleidungsstücke ab, die beim Experimentieren stören (z. B. Schal). Ziehe am besten einen Laborkittel an.

Experimentieren Baue alles auf und lasse den Versuchsaufbau von deinem Lehrer oder deiner Lehrerin kontrollieren. Arbeite dann vorsichtig und beachte die Sicherheitsregeln (▶ S. 11).

Nach dem Experimentieren Schließe Gas- und Wasserhähne, wenn du fertig bist. Entsorge Reste in die gekennzeichneten Behälter. Säubere den Platz und die Geräte und melde Beschädigungen.

Verhalten bei Unfällen Falls trotz aller Vorsicht doch einmal etwas schiefgeht, rufe sofort den Lehrer oder die Lehrerin. Im naturwissenschaftlichen Fachraum gibt es Sicherheitseinrichtungen, wie den Not-AUS-Schalter für Strom und Gas oder den Feuerlöscher (▶ S. 123).

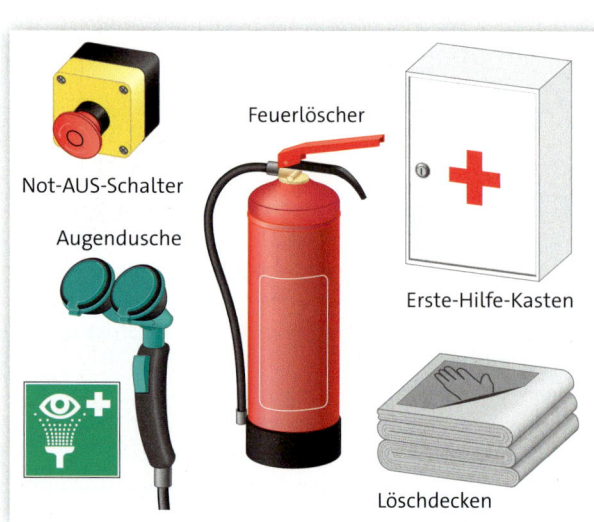

Sicherheitseinrichtungen im naturwissenschaftlichen Fachraum

① Beschreibe zu jedem Gegenstand eine mögliche Situation, in welcher er benötigt wird.

② Zeichne in einem Raumplan ein, wo die Sicherheitseinrichtungen sind.

③ Lies den Fluchtplan und schreibe den genannten Fluchtweg auf.

 Hinweis auf Erste-Hilfe-Kasten

 Hinweis auf Fluchtwege

2 Erhitzen im Reagenzglas

3 Die Geruchsprobe

> Als Stoffe bezeichnen Naturwissenschaftler alle Materialien, nicht nur Stoffe für die Kleidung. Sie sagen: Wasser ist ein flüssiger Stoff, Eisen ist ein fester Stoff.

Sicherheitsregeln beim Experimentieren

1. Trage immer eine Schutzbrille und binde lange Haare zusammen.
2. Verlasse bei laufendem Experiment nie den Platz.
3. Erhitze Flüssigkeiten im Reagenzglas vorsichtig und halte es dabei leicht schräg. Bewege das Reagenzglas ständig, sonst kann es zum plötzlichen Herausspritzen der Flüssigkeit kommen. Richte die Öffnung des Reagenzglases daher nie auf dich oder andere Mitschüler (▶2).
4. Fächle bei Geruchsproben Gase oder Dämpfe mit der Hand zur Nase (▶3). Rieche nie direkt daran.
5. Nimm niemals eine Geschmacksprobe vor.
6. Fasse die Stoffe nie mit den Fingern an. Verwende Löffel oder Spatel.

Gefahrstoffe An einigen Stoffbehältern kleben **Gefahrensymbole** (▶4). Sie sind dir sicher schon im Alltag aufgefallen, auf Farbdosen, Haushaltsreinigern oder Grillanzündern. Sie geben dir eine erste Information über den Stoff, ob er giftig, ätzend, explosiv oder umweltschädigend ist (▶S.122).

Giftige Stoffe können durch Einatmen oder Verschlucken zu schweren Gesundheitsschäden führen. Andere Stoffe sind schon durch Funken leicht entzündbar oder explosiv. Ätzende Stoffe zerstören Kleidung, Haut und Augen. Alle gefährlichen Stoffe werden deshalb als Gefahrstoffe bezeichnet und mit den Gefahrensymbolen gekennzeichnet.
Arbeitest du mit Gefahrstoffen, musst du unbedingt **Schutzbrille** und **Schutzhandschuhe** tragen.

Entsorgung Einige Stoffreste können die Umwelt stark gefährden. Deshalb dürfen Stoffe wie Öl- oder Benzinreste nicht ins Abwasser gelangen. Feste und flüssige Stoffreste gehören in entsprechend beschriftete Sammelbehälter. Entsorgungsunternehmen verwerten oder entsorgen die Chemikalien umweltgerecht. Frage die Lehrerin oder den Lehrer, worin du die Stoffreste entsorgen sollst.

explosionsgefährlich	leicht entzündlich	Gase unter Druck	brandfördernd	giftig	gesundheitsgefährdend	ätzend	gesundheitsschädlich	umweltgefährdend

4 Gefahrensymbole für Gefahrstoffe

Laborgeräte und Wärmequellen

Die Laborgeräte

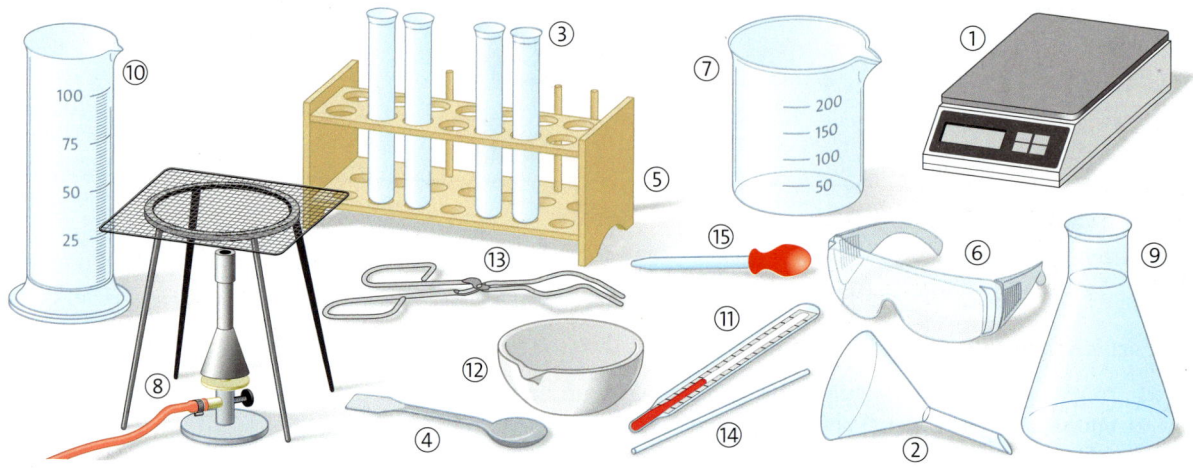

Kennst du die Laborgeräte? Viele von ihnen sind aus Glas und leicht zerbrechlich. Gehe daher vorsichtig mit ihnen um.
Einige Laborgeräte, die du im Unterricht benutzen wirst, sind hier dargestellt. Versuche die Geräte richtig zu benennen. Die Buchstaben hinter den Namen ergeben in der Reihenfolge 1–15 das Lösungswort: Messzylinder (E), Gasbrenner mit Vierfuß (D), Pipette (K), Becherglas (N), Waage (N), Thermometer (C), Tiegelzange (N), Spatellöffel (U), Trichter (A), Glaskolben (T), Reagenzglas (T), Abdampfschale (H), Rührstab (I), Schutzbrille (U), Reagenzglasständer (R). Schreibe die Lösung in dein Heft.
Lösungswort: ●●●●● ●●● ●●●●●●●

❶ Stellt Vermutungen an, wozu man die abgebildeten Laborgeräte verwendet.

Der Tauchsieder

Tauchsieder sind nur zum Erwärmen von Wasser geeignet. In der Heizspirale des Tauchsieders wird ein Draht elektrisch erhitzt. Die entstehende Wärme muss sofort an das Wasser abgegeben werden, sonst glüht der Draht durch.

Bedienungsanleitung

Schritt 1 Stelle die Heizspirale des Tauchsieders ins Wasser. Sie muss immer ganz vom Wasser bedeckt sein.

Schritt 2 Stecke jetzt mit trockenen Händen den Stecker des Tauchsieders in die Steckdose.

Schritt 3 Wenn das Wasser heiß ist, ziehst du den Stecker aus der Steckdose (aber nicht am Kabel!). Dann erst nimmst du den Tauchsieder aus dem Wasser und legst ihn auf einer feuerfesten Unterlage ab.

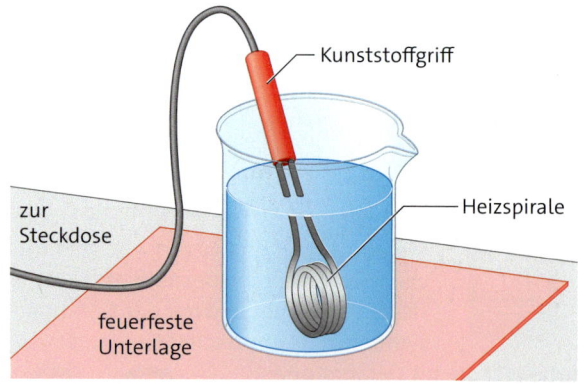

Sicherheitsregeln

1. Fasse den Tauchsieder immer am Griff an, denn die Spirale könnte noch heiß sein.
2. Heiße Tauchsieder dürfen nur auf einer feuerfesten Unterlage abgelegt werden.
3. Der Stecker darf nicht nass sein. Nur mit trockenen Händen darfst du ihn in die Steckdose stecken oder aus ihr herausziehen.

Der Gasbrenner

Das Experimentieren mit offener Flamme ist gefährlich, schnell kann ein Brand entstehen. Das gilt nicht nur für Gasbrenner, sondern auch für Kerzen.

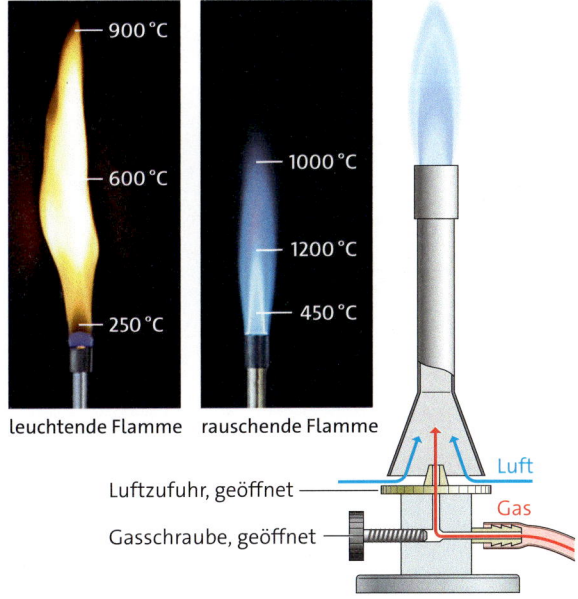

leuchtende Flamme   rauschende Flamme

Luftzufuhr, geöffnet
Gasschraube, geöffnet

Bedienungsanleitung

Schritt 1 Die Stellschrauben für Gaszufuhr und Luftzufuhr müssen geschlossen sein. Überprüfe es!

Schritt 2 Öffne den Gashahn am Tisch und anschließend die Gasschraube am Brenner. Jetzt strömt Gas aus. Entzünde es sofort mit einem Gasanzünder von der Seite (nicht von oben).

Schritt 3 Mit der Gasschraube am Brenner stellst du die Höhe der rötlich gelben Flamme auf ca. 10 cm ein. Diese **leuchtende Flamme** ist ungefähr 900 °C heiß. Sie rußt stark.

Schritt 4 Öffne jetzt vorsichtig die Luftzufuhr, bis die Flamme eine bläuliche Farbe hat. Diese **rauschende Flamme** ist viel heißer als die leuchtende Flamme (1200–1500 °C). Am heißesten ist sie etwas unterhalb der Spitze. Sie rußt nicht mehr.

Schritt 5 Schließe nach dem Versuch zuerst die Luftzufuhr und danach die Gaszufuhr am Brenner. Drehe anschließend den Gashahn am Tisch zu.

Sicherheitsregeln

1 Informiere dich für den Notfall, wo sich Gas-Not-AUS-Schalter, Feuerlöscher und Löschdecke befinden.
2 Trage immer eine Schutzbrille und binde lange Haare zusammen.
3 Entzünde das Gas immer von der Seite, nicht von oben.
4 Lasse offene Flammen nie unbeaufsichtigt.
5 Soll die Flammenhöhe vergrößert werden, verstärke erst die Gas- und dann die Luftzufuhr. Bei der Einstellung einer kleineren Flamme, wird erst die Luftzufuhr verringert und dann die Gaszufuhr.
6 Schließe sofort den Gashahn, wenn die Flamme des Brenners erlischt.
7 Schließe zuerst die Luftzufuhr, bevor du den Brenner wieder anzündest!
8 Bei Gasgeruch: Schließe sofort den Gashahn, informiere die Lehrerin oder den Lehrer. Öffne die Fenster!

❶ Formuliert die im Text auf Seite 10 genannten Vorschriften zum Experimentieren und begründet sie.

❷ Die Flamme eines Brenners darf nicht wie eine Kerze ausgeblasen werden. Begründe.

❸ Beim Experimentieren muss einiges beachtet werden. Geht alle Sicherheitsregeln auf den Seiten 11 bis 13 gemeinsam durch und begründet jede Regel. Diskutiert, warum auch Brillenträger eine Schutzbrille tragen sollen.

❹ Beschreibe dein Vorgehen, wenn die Flamme des Brenners plötzlich erlischt.

❺ Die Heizspirale des Tauchsieders gibt Wärme an das Wasser ab. Ihre Form zeigt ein wichtiges Naturprinzip, das Prinzip der Oberflächenvergrößerung. Versuche dieses Prinzip am Beispiel der Heizspirale zu erklären. Nenne weitere Beispiele aus der Technik.

! Experimentiere nie zu Hause allein. Besprich dein Experiment immer mit einem Erwachsenen.

Natur erleben, beobachten und erforschen

Wann hast du das letzte Mal auf einer Wiese gelegen, den Wind gespürt und den Wolken nachgeschaut? Hast du dich nicht auch schon gefragt, wie eine Wolke entsteht oder der Wind, oder wann welche Pflanze blüht. Antworten auf unsere Fragen an die Natur finden wir durch Erforschen. Wir beobachten, messen, bestimmen, sammeln, experimentieren, vergleichen und vieles mehr. Die Forschungsergebnisse und Beobachtungen über lange Zeiträume helfen uns zu verstehen, was da in der Natur passiert und wie sie sich verändert. Erst mit diesem Wissen können wir auch die richtigen Maßnahmen zum Schutz unserer Umwelt ergreifen.

❶ Die Bilder zeigen verschiedene naturwissenschaftliche Forschungsmethoden. Nenne und beschreibe sie. Finde passende Fragen, die mit den abgebildeten Tätigkeiten beantwortet werden könnten.

❷ In diesem Kapitel hast du die Möglichkeit das Wetter oder eine Wiese zu erkunden, indem du Langzeitbeobachtungen durchführst. Erkläre, warum diese Forschungsmethode vor allem von Naturschützern häufig angewandt wird.

Wir beobachten das Wetter …

Seit einigen Jahrzehnten verändert sich das Klima der Erde schneller als normal, sagen die Forscher. Um solche Klimaänderungen erkennen zu können, muss über lange Zeit das Wetter täglich beobachtet werden.

Werdet selbst zu Wetterforschern
Ihr müsst jeden Tag etwa zur gleichen Zeit Beobachtungen und Messungen vornehmen. Schreibt alles genau auf, legt dazu ein Beobachtungsprotokoll an (▶ S. 17). Auf der Seite 21 erfahrt ihr, wie ihr am Schluss der Wetterbeobachtung eure Messwerte in Diagrammen darstellt. Viele Informationen und Experimente rund ums Wetter findet ihr auf den nächsten Seiten.

Was wollt ihr beobachten und messen?
Die **Bewölkung** gibt an, wie stark der Himmel von Wolken bedeckt ist. Schätzt die Bewölkung ab und stellt sie in Symbolen dar.

Die **Windrichtung** gibt an, aus welcher Himmelsrichtung der Wind weht. Westwind bedeutet: Der Wind kommt aus Westen und weht nach Osten. Mit einem Kompass bestimmt ihr die Himmelsrichtung.

Die **Windstärke** gibt an, wie schnell der Wind ist. Ihr könnt sie anhand der Tabelle auf der Folgeseite unten schätzen oder ihr baut euch ein eigenes Messgerät.

Niederschläge gibt es in Form von Regen, Schnee oder Hagel. Die Niederschlagsmenge könnt ihr täglich mit einem selbst gebauten Regenmesser messen (▶ 2).

Zur Bestimmung des **Luftdrucks** nutzt man ein Barometer. Es zeigt den Druck in Hektopascal an (▶ S. 23). Das Barometer soll beim Messen im Schatten stehen.

Die **Lufttemperatur** misst man mit einem Thermometer. Gemessen wird im Schatten, etwa in Kopfhöhe und mindestens zehn Schritte von einer Hauswand entfernt. Übt vorher den Umgang mit den Messgeräten und das Ablesen der Messwerte (▶ S. 19).

Aus dem Wetterbericht: Die Niederschlagsmenge beträgt zwei Millimeter. Was bedeutet das? Auf der Straße würde das Wasser 2 Millimeter hoch stehen. Auf jeden Quadratmeter Erdboden sind genau 2 Liter Wasser gefallen. Bringt ein Schauer 20 Liter Regen je Quadratmeter, so steigt der Wasserspiegel in einem Schwimmbecken um 20 Millimeter an.

1 Wie viel da wohl herunterkommt?

Beobachtungen in der Natur gehören ebenfalls zum Wetterprotokoll. Sie zeigen, wie sich das Wetter auf die Natur auswirkt, beispielsweise auf das Wachstum und das Blühen der Pflanzen, auf die Reifung der Früchte oder die Färbung der Blätter.

❶ Beschreibt die Funktion des unten links abgebildeten Windsacks. Erklärt, wie der Stoff beschaffen sein muss, damit der Windsack gut funktioniert.

❷ Fotografiert und beschreibt Wolken. Notiert dazu die Wetterentwicklung an diesem und am folgenden Tag. Versucht aus der Art der Wolken vorherzusagen, ob es bald regnen wird.

Entwickelt und baut selbst ein Messgerät für Windrichtung oder Windstärke. Das kann aus Stoff sein, aus Pappe oder anderen Materialien. Probiert es aus.

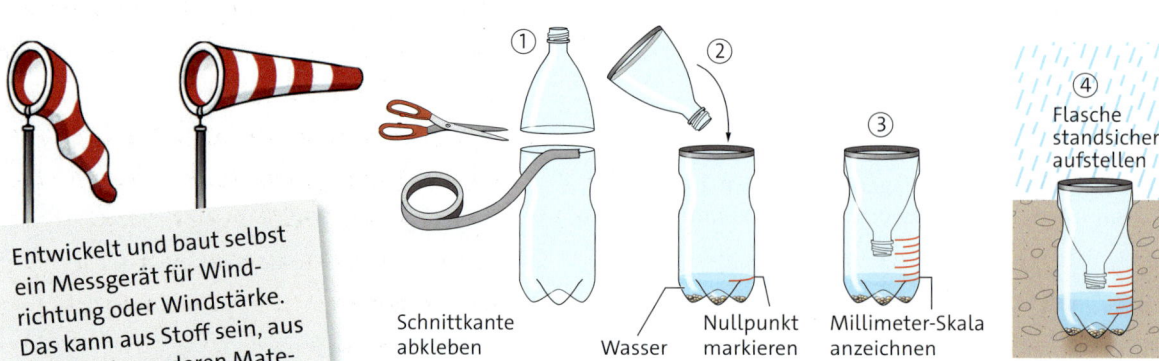

2 Regenmesser: Nach jeder Messung die Flasche bis zum Nullpunkt leeren.

... und schreiben ein Beobachtungsprotokoll

Titel: Wetterprotokoll April							Klasse:		
Ort:		Uhrzeit, zu der täglich abgelesen wurde:					Name:		
Datum	Bewöl-kung	Lufttempera-tur in °C	Wind-richtung	Windstärke (siehe Tabelle unten)	Luftdruck in hPa *Spalte*	Niederschlag		Menge in mm	Beobach-tungen in der Natur
						Art			
1. April	*Zeile* →								

Ihr sammelt viele Wetterwerte. Um die Übersicht zu behalten, werden sie in einer Tabelle geordnet aufgeschrieben.

Schritt 1   Titel
Gebt im Titel an, was ihr beobachtet. Notiert den Ort und die Zeit. Vergesst nicht euren Namen.

Schritt 2   Tabelle anlegen
Überlegt euch zuerst, was ihr notieren wollt. Dafür gliedert ihr das Blatt in entsprechend viele Spalten, für das Datum, die Bewöl-kung und so weiter. Diese Vorüberlegungen müssen alle gemeinsam machen. Denn nur wenn jeder das gleiche Protokoll verwendet, könnt ihr die Ergebnisse später miteinander vergleichen.

Schritt 3   Werte eintragen
Beobachtet das Wetter täglich möglichst zur gleichen Zeit. Legt für jeden Tag eine neue Zeile an. Tragt die gemessenen Wetterwerte und die Beobachtungen in das entsprechende Kästchen im Protokoll ein.

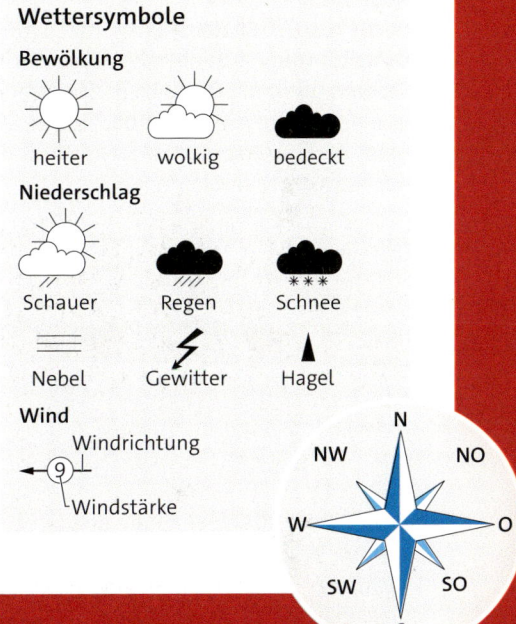

Wettersymbole
Bewölkung: heiter, wolkig, bedeckt
Niederschlag: Schauer, Regen, Schnee, Nebel, Gewitter, Hagel
Wind: Windrichtung, Windstärke

Wind-stärke	Bezeichnung	Geschwindigkeit in km pro Stunde	Auswirkungen des Winds
0	Windstille	0 bis 1	Rauch steigt senkrecht nach oben; auf See gibt es keine Wellen
1	leichter Zug	1 bis 5	Rauch steigt schräg empor; Blätter bewegen sich nicht
2	leichte Brise	6 bis 11	Wind im Gesicht spürbar; Blätter säuseln; Windfahne bewegt sich
3	schwache Brise	12 bis 19	Blätter und dünne Zweige bewegen sich; Wimpel wird gestreckt
4	mäßige Brise	20 bis 28	Wind bewegt Zweige und Äste, hebt Staub und loses Papier hoch
5	frische Brise	29 bis 38	kleine Bäumchen schwanken; weiße Schaumkronen auf See
6	starker Wind	39 bis 49	starke Äste bewegen sich; Regenschirme sind kaum zu halten
7	steifer Wind	50 bis 61	Bäume bewegen sich; Gehen gegen den Wind wird schwieriger
8	stürmischer Wind	62 bis 74	Zweige brechen von Bäumen; das Gehen wird stark behindert
9	Sturm	75 bis 88	kleine Schäden an Häusern; Dachziegel lösen sich; Äste brechen
10	schwerer Sturm	89 bis 102	Bäume entwurzeln; Schäden an Häusern
11	orkanartiger Sturm	103 bis 117	überall große Schäden; extrem hohe Wellen auf See
13	Orkan	ab 118	schwere Verwüstungen; die See ist aufgewühlt und ganz weiß

Das Thermometer

Thermometer sind Messgeräte zur Bestimmung der Temperatur. Das kann die Körpertemperatur sein, die Wassertemperatur eines Sees oder die Lufttemperatur.

! Temperaturen werden mit Thermometern in der Einheit Grad Celsius (°C) gemessen. Temperaturen unter 0 °C erhalten ein Minuszeichen.

EXPERIMENT A

Wie funktioniert ein Thermometer?
Material: Glaskolben mit durchbohrtem Stopfen, vollständig gefüllt mit gefärbtem Wasser (Lebensmittelfarbe), Glasrohr, Warm- und Eiswasserbad
Durchführung: Schiebt das Glasrohr durch den Stopfen bis in die Flüssigkeit. Erwärmt die Flasche in einem warmen Wasserbad, kühlt sie anschließend im Eiswasserbad. Markiert jeweils die Höhe der Flüssigkeit im Glasrohr.

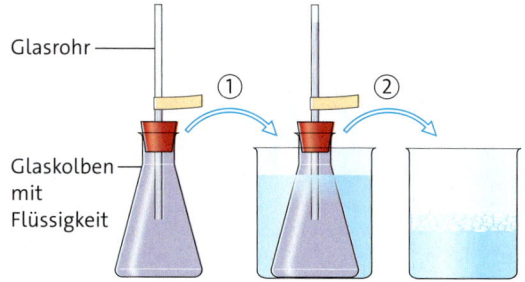

Auswertung: Beschreibt eure Beobachtungen. Prüft weitere Flüssigkeiten wie Speiseöl oder Alkohol (**Achtung:** Alkohol ist leicht entzündlich!). Vergleicht die Ergebnisse. Entsorgt Öl und Alkohol nach Anweisung der Lehrkraft.

Funktion des Flüssigkeitsthermometers Bei dieser Art von Thermometern wird die Temperatur von einer Flüssigkeit angezeigt. Sie befindet sich in einem Gefäß, das mit einem **Steigrohr** verbunden ist. Bei Erwärmung dehnt sie sich aus und steigt im Steigrohr. Bei Abkühlung zieht sie sich zusammen, im Steigrohr sinkt sie.

! Flüssigkeiten dehnen sich beim Erwärmen aus. Das kann man zur Temperaturmessung nutzen.

① Du misst mit einem Flüssigkeitsthermometer eine Lufttemperatur von −5 °C. Erkläre, warum die Flüssigkeit im Thermometer kein Wasser sein kann.

② Lies den nachfolgenden Text zum Messbereich. Gib die Messbereiche der Thermometer in Bild 1 an und erläutere, wofür sie genutzt werden.

1 Thermometer mit unterschiedlichen Messbereichen für verschiedene Zwecke

Messbereich Thermometer sind mit Strichen und Zahlen versehen, das ist die **Skala**. Daran wird der Temperaturwert abgelesen. Zwischen dem oberen und unteren Wert liegt der Messbereich. Er kann unterschiedlich sein, je nachdem, welche Temperaturen man messen möchte.

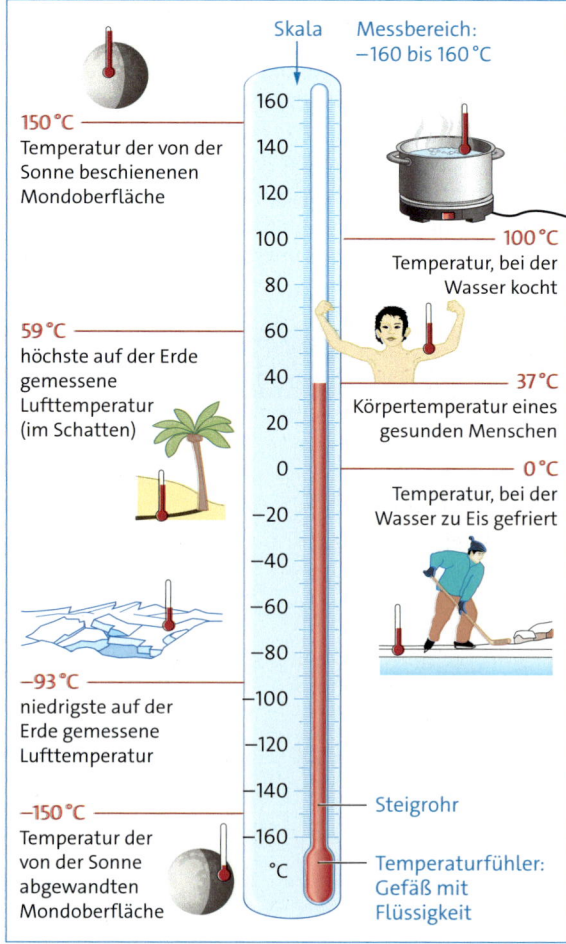

Richtig messen

In den Naturwissenschaften gibt es einiges zu messen, dazu nutzt man Messgeräte. Sie zeigen die Maßzahl an, die zusammen mit ihrer jeweiligen Maßeinheit angegeben wird. Man sagt auch kurz Einheit dazu. Große Einheiten werden meist in kleinere Einheiten unterteilt, wie die Einheit Meter in Zentimeter.

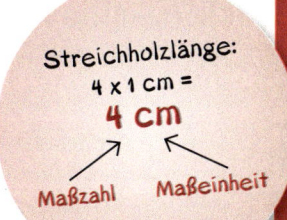

Ein Meter unterteilt in 100 Zentimeter

Zentimeter mit Millimeterunterteilung

Eine Messung ist immer der Vergleich mit einer Einheit: Willst du bestimmen, wie lang ein Streichholz ist, dann vergleichst du dessen Länge mit einem 1-Zentimeter-Stück. Du zählst die 1-Zentimeter-Stücke entlang des Streichholzes und kannst damit seine Länge angeben.

Messfehler können die Ergebnisse eines Experiments unbrauchbar machen. Das kann man vermeiden:

Schritt 1 Passendes Messgerät wählen
Überlege zuerst, was du messen willst und welches Messgerät dazu geeignet ist. Hat das Messgerät den passenden Messbereich mit der passenden Einheit? Zum Beispiel wird die Masse eines Apfels von einer Personenwaage nicht genau angezeigt. Dazu nutzt man Waagen, die im Grammbereich messen.

Schritt 2 Beim Messen beachten
– Warten, bis sich die Anzeige nicht mehr ändert.
– Die Messwerte immer auf Augenhöhe ablesen.
– Den Flüssigkeitsstand am tiefsten Punkt ablesen.
– Der Temperaturfühler eines Thermometers muss vollständig mit dem in Berührung sein, dessen Temperatur gemessen wird. Zum Messen der Lufttemperatur darf der Fühler nicht feucht sein.
– Ein Lineal immer genau am Nullstrich anlegen.

Schritt 3 Messwert notieren
Schreibe die abgelesene Zahl (Maßzahl) zusammen mit der Maßeinheit auf. Das ergibt deinen Messwert.

Naturwissenschaftler bezeichnen das, was wir im Alltag Gewicht nennen, als Masse. Die Masse des Apfels beträgt 167 g.

1 Warte, bis die Anzeige der Waage still steht.

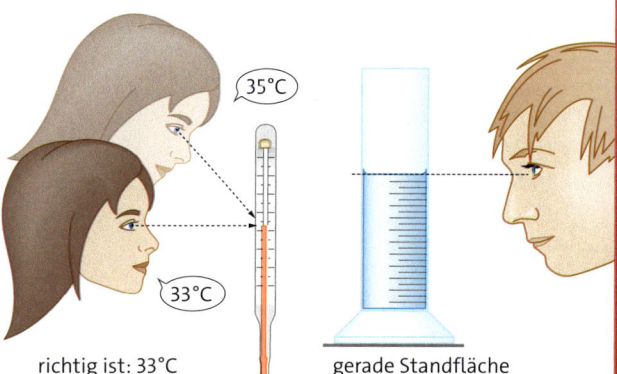

richtig ist: 33 °C   gerade Standfläche

2 Richtiges Ablesen von Thermometer und Messzylinder

❶ Erkläre, warum es wichtig ist, dass jeder die Messwerte auf die gleiche Weise abliest.

Messgröße	Messgerät	Einheit (Abkürzung)	Unterteilung	
die Länge	das Lineal oder das Maßband	Meter (m)	Zentimeter (cm):	1 m = 100 cm
			Millimeter (mm):	1 cm = 10 mm
die Temperatur	das Thermometer	Grad Celsius (°C)		
die Flüssigkeitsmenge (das Volumen)	der Messzylinder	Liter (l)	Milliliter (ml):	1 l = 1000 ml
die Masse	die Waage	Kilogramm (kg)	Gramm (g):	1 kg = 1000 g
			Milligramm (mg):	1 g = 1000 mg

Wolkenbildung und Niederschläge

Wenn die Wolkenränder „ausfransen", kannst du den Regenschirm zu Hause lassen (▶1). Die Wolke wird sich in der trockenen Umgebungsluft nach und nach auflösen.

Sind die Ränder der Wolke scharf begrenzt und quellen immer neue Wolkenhügel hervor, dann wird es bald regnen (▶2). Aber warum?

1 Wolke löst sich langsam auf

2 Wolke wächst rasch

EXPERIMENT A

Wie schnell verdunstet Wasser?
Material: Kreide, Wasser, Schwamm, Lampe
Durchführung: Malt mit einem nassen Schwamm zwei gleich große Flecken an die Tafel und umrandet sie mit Kreide. Beleuchtet einen Fleck mit der Lampe, sie stellt die wärmende Sonne dar.
Auswertung: Beschreibt eure Beobachtungen.

EXPERIMENT B

Wann entstehen Wolken?
Material: große leere Plastikflasche, heißes Wasser, Beutel Eiswürfel
Durchführung: Füllt das heiße Wasser in die Flasche. (**Vorsicht: Verbrennungsgefahr. Das Wasser darf nicht zu heiß sein, sonst schmilzt die Flasche.**) Gießt nun den Großteil des Wassers ab.
Legt den Beutel mit Eiswürfeln über die Öffnung.
Auswertung: Beschreibt, was passiert.

Wolken und Regen Ständig **verdunstet** überall auf der Erde Wasser. Das stellt man beim Austrocknen von Straßenpfützen fest oder wenn Wäsche trocknet. Dabei geht das Wasser in den gasförmigen Zustand über, den Wasserdampf, der sich in der Luft verteilt. Je wärmer die Luft ist, desto mehr Wasserdampf kann sie aufnehmen. Sehen kann man ihn jedoch nicht.
Steigt warme Luft in kältere Luftschichten auf, kühlt sie ab und kann nicht mehr allen Wasserdampf halten. Der Wasserdampf **kondensiert**, er geht in den flüssigen Zustand über. Es bilden sich winzige Wassertropfen, die in der Luft schweben. Eine weiße Wolke entsteht. Wenn die Wassertröpfchen „zusammenfließen" und groß und schwer werden, beginnt es zu regnen.

Nebel Nebel tritt oft im Frühjahr und Herbst in Flusstälern auf. Kühlt bodennahe Luft, die viel Wasserdampf enthält, rasch ab, bilden sich kleine Wassertröpfchen. Nebel ist quasi eine Wolke mit Bodenkontakt.

Hagel Hagelkörner entstehen meist in hohen, wasserreichen Gewitterwolken. Regentropfen werden durch starke Winde hochgerissen und gefrieren. Beim Herabfallen treffen sie auf Wassertröpfchen, die an ihnen festfrieren. Die entstandenen Eiskörner werden immer wieder hochgeweht, mehr und mehr Wasser lagert sich an. Die Eiskörner wachsen zu Hagelkörnern heran.

Schneeflocken Liegt in großen Höhen die Lufttemperatur weit unter 0 °C, entstehen aus dem Wasserdampf Eiskristalle – ohne zuvor Wassertropfen zu bilden. Die Kristalle vereinen sich zu Schneeflocken.

> ❗ Wolken, Nebel und Niederschläge entstehen immer dann, wenn feuchte, warme Luft abkühlt.

❶ Wenn du im Winter in kalter Luft ausatmest, bilden sich weiße Wolken. Erkläre ihre Entstehung.

❷ Atme einen kalten und einen warmen Spiegel an. Beschreibe und erkläre den Unterschied.

❸ Über Nacht bilden sich an Gräsern oft Tautropfen. Kommt die Sonne, dann verschwinden sie rasch wieder. Erkläre die Bildung und das Verschwinden der Tautropfen.

❹ Häufig sieht man am Himmel Kondensstreifen hinter Flugzeugen. Sammelt Vermutungen und diskutiert in der Klasse, woraus die Kondensstreifen bestehen könnten.

Natur erleben, beobachten und erforschen

Messwerte darstellen in Diagrammen

Wochentag	Mo	Di	Mi	Do
Niederschlagsmenge	2 mm	10 mm	5 mm	18 mm
Lufttemperatur	5 °C	10 °C	7 °C	4 °C

Damit man Veränderungen des Wetters gut erkennen kann, stellt man die Messwerte bildlich dar. Dazu könnte man nebeneinander stehende Regenmesser oder Thermometer zeichnen. Das ist aber sehr mühsam, es geht auch einfacher.

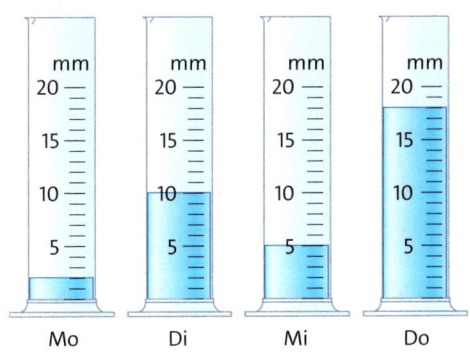

1 Die Messwerte

Das Säulendiagramm

Schritt 1 **Achsenkreuz zeichnen**
Zeichne ein Achsenkreuz. An die Hochachse, sie zeigt mit der Pfeilspitze nach oben, zeichnest du die Milliliterskala des Regenmessers. Schreibe die Messgröße mit der Einheit dazu. Nach rechts zeigt die Rechtsachse, hier werden die Tage eingetragen.

Schritt 2 **Säule zeichnen**
Zeichne für jeden Wochentag die Höhe der Niederschlagsmenge aus dem Regenmesser als Säule ein.

Das Punktdiagramm

Schritt 1 **Achsenkreuz zeichnen**
Zeichne ein Achsenkreuz wie beim Säulendiagramm. Notiere die Temperaturskala des Thermometers an der Hochachse.

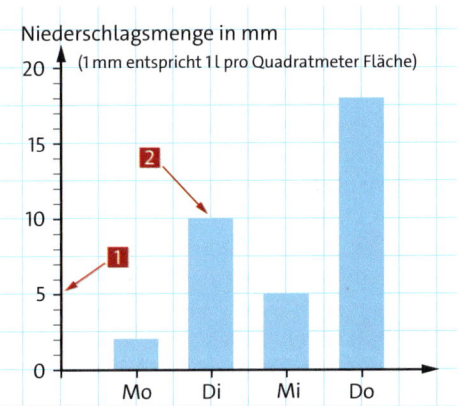

2 Das Säulendiagramm

Schritt 2 **Senkrechte anlegen**
Auf der Rechtsachse suchst du den Wochentag und ziehst eine dünne senkrechte Hilfslinie mit Bleistift und Lineal nach oben.

Schritt 3 **Waagrechte anlegen – Punkt eintragen**
Suche die an diesem Wochentag gemessene Temperatur auf der Hochachse. Ziehe von dort eine dünne waagerechte Hilfslinie nach rechts. Am Schnittpunkt, dort wo sie die senkrechte Hilfslinie berührt, machst du ein Kreuz.

Solche Diagramme geben einen besseren Überblick als Tabellen. Mit verschiedenen Farben können die Messwerte unterschiedlicher Orte in ein Diagramm eingezeichnet werden und so direkt miteinander verglichen werden.

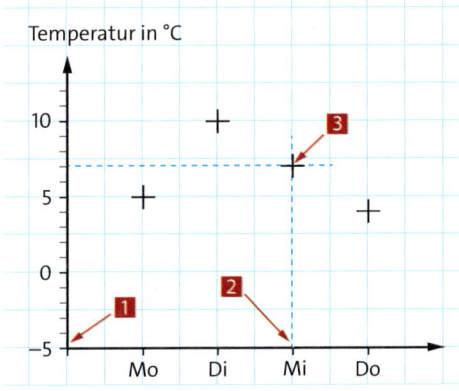

3 Das Punktdiagramm

❶ Das Diagramm rechts zeigt die Niederschlagsmengen für die Monate eines Jahres von zwei verschiedenen Regionen der Erde. Ein Ort wurde in Rot dargestellt, der andere in Grün. Vergleiche die Niederschlagsmengen der beiden Orte. Vermute, wo auf der Erde solche Mengen gemessen werden könnten.

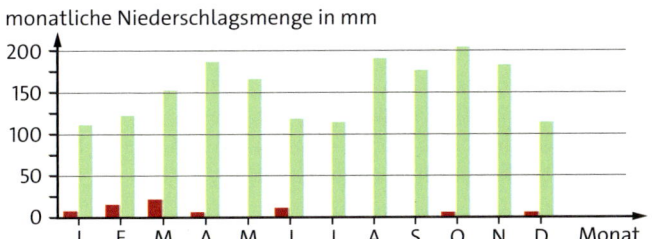

Ein Modell erklärt ...

... den Wasserkreislauf der Erde Der allergrößte Teil des Wassers auf der Erde füllt die Meere. Ständig verdunstet auf der Erde Wasser. Vor allem dort, wo die Sonne scheint und es warm ist. Es verdunstet aus Flüssen, Seen, den Meeren und Pflanzen. Selbst wir Menschen verdunsten ständig Wasser, wir schwitzen und geben Wasserdampf mit der Ausatemluft ab.

Der Wasserdampf verteilt sich in der Luft. In der kühleren Höhe kondensiert er wieder zu flüssigem Wasser. Sind die Wassertröpfchen groß genug, dann regnet es. Das Regenwasser versickert ins Grundwasser oder sammelt sich in Flüssen, die ins Meer fließen (▶1).

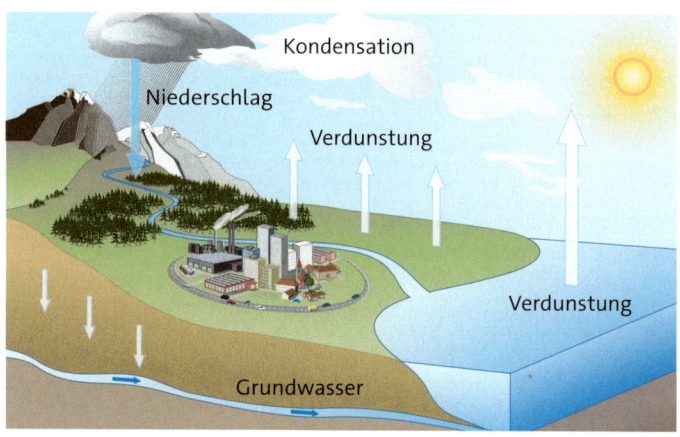

1 Wasserkreislauf

Forscher nutzen oft Modelle, um komplizierte Vorgänge vereinfacht darzustellen. Mithilfe von Modellen kannst du Vorgänge veranschaulichen, Zusammenhänge verstehen und erklären.

Schritt 1 Frage formulieren
Formuliere, was genau du veranschaulichen und erklären willst.

Schritt 2 Vereinfachen
Überlege, welche Merkmale beim Wasserkreislauf zusammenspielen. Wähle die Merkmale aus, von denen du glaubst, dass sie nötig sind, um zu zeigen, wie der Wasserkreislauf funktioniert. Lasse unwichtige Merkmale weg.

Schritt 3 Darstellen des Vorgangs
Überlege, wie du die Merkmale mit einfachen Mitteln nachbilden kannst. Wähle geeignete Materialien und baue ein Modell.

Schritt 4 Was zeigt das Modell und was nicht?
Das Modell unterscheidet sich in Größe, Form und Material vom Original. Es zeigt nicht die ganze Wirklichkeit, sondern nur die Teile des Vorgangs, die wichtig sind, um ihn zu verstehen. Prüfe, ob dein Modell sich eignet, den Wasserkreislauf zu erklären.

Modell Ein Modell hebt wichtige Merkmale des Originals hervor und lässt unwichtige weg. Auf diese Weise kann man viele Vorgänge in Natur und Technik anschaulich zeigen und verständlich machen. In der Forschung nutzt man auch oft Modelle, um Vermutungen zu überprüfen.

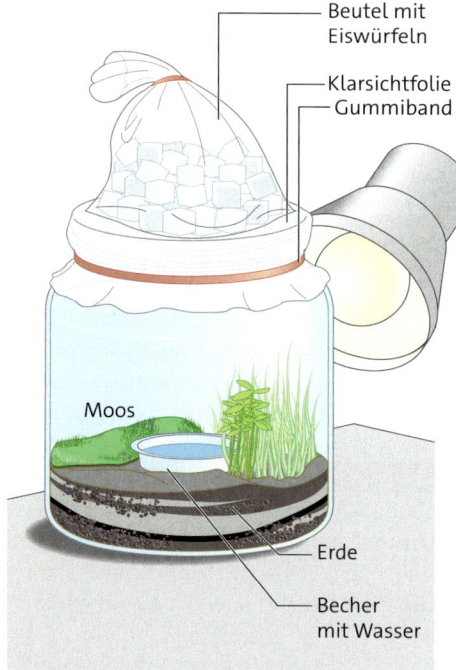

2 Das Modell zeigt den von der Sonne abhängigen Wasserkreislauf der Erde. Was man nicht sehen kann, das ist der Wasserdampf in der Luft. Er ist unsichtbar.

❶ Beschreibe, wie dein Modell den Wasserkreislauf auf der Erde erklärt. Vergleiche dabei Merkmale und Vorgänge im Modell mit den tatsächlichen in der Natur.

❷ Vergleiche Spielzeugmodelle mit ihren großen Vorbildern.

❸ Diskutiert, ob das abgebildete Modell (▶2) vereinfacht werden kann. Können einige Merkmale weggelassen werden? Plant in Gruppen euer Vorgehen, um das herauszufinden und probiert es aus.

Der Luftdruck

Um die Erde herum befindet sich eine etwa 100 Kilometer dicke **Lufthülle** (▶1). Wir leben auf dem Grund dieses riesigen „Luftmeers".

Die Luft der unteren Schichten wird durch die Masse der darüberliegenden Luftschichten zusammengedrückt, sie steht „unter Druck". Man spricht von Luftdruck. Der Luftdruck ist am Boden am größten. Du merkst aber von ihm nichts, weil dein Körper darauf eingestellt ist.

Anders ist es beim Tauchen, da spürst du den Wasserdruck, er drückt von allen Seiten auf deinen Körper. Fische im tiefen Meer sind darauf eingestellt und spüren den Druck des Wassers nicht. Genauso geht es uns mit der Luft um uns herum.

1 Lufthülle der Erde, aus dem Weltraum fotografiert

2 Satellitenfoto: Tiefdruckgebiet über Großbritannien

Luftdruck und Höhe Der Luftdruck wird mit einem Barometer (▶3) gemessen und in der Einheit **Hektopascal** (hPa) angegeben. An der Erdoberfläche ist der Luftdruck etwa so groß wie der Druck am Boden einer 10 m hohen Wassersäule. Er beträgt rund 1000 Hektopascal. Wenn wir auf einem Berg stehen, ist die Höhe der Luftsäule über uns geringer als im Tal. Der Luftdruck sinkt, je höher man steigt.

! **Luftdruckmessgeräte bezeichnet man als Barometer. Auf Meereshöhe wird im Mittel ein Luftdruck von 1013 hPa gemessen.**

Luftdruck und Wettervorhersage Schon seit mehr als 300 Jahren nutzt man das Barometer für die Wettervorhersage. Denn je nach Wetterlage ist der Luftdruck ein klein wenig anders. Luftdruckänderungen kündigen daher oft einen Wetterwechsel an. Bei langsam steigendem Luftdruck ist Wetterbesserung zu erwarten, langsames Sinken deutet eine Verschlechterung an. Je rascher und stärker die Änderung, desto schneller wechselt das Wetter, dann auch meist mit Sturm.

Auf Satellitenfotos (▶2) erkennt man Gebiete mit niedrigem Luftdruck an den vielen Wolken, das sind **Tiefdruckgebiete**. Dagegen sind **Hochdruckgebiete** meist wolkenfrei. Alle Wettervorgänge finden in den untersten zwölf Kilometern der Lufthülle statt. Oberhalb ist der Himmel immer blau und wolkenlos.

❶ Legt ein Barometer in ein großes Glas. Verschließt es ganz dicht mit einer Folie. Drückt auf die Folie. Beschreibt eure Beobachtung und erklärt sie.

❷ Baut euch ein Barometer nach dem Bild unten und erklärt seine Funktion. Messt den Luftdruck immer im Schatten.

❸ Das Barometer hat zwei Zeiger (▶3). Der dicke zeigt den aktuellen Luftdruck an, der dünne den Luftdruck vom Vortag. Lies beide Werte ab. Gib die Änderung des Luftdrucks an und sage die zu erwartende Entwicklung des Wetters voraus.

3 Barometer

❹ Regen – veränderlich – schön: Die Symbole dafür stehen auf vielen Barometern. Messt täglich den Luftdruck und prüft, ob die Angaben der Symbole mit dem Wetter übereinstimmen.

❺ Der Luftdruck ändert sich um etwa 1 hPa je 8 m Höhenunterschied. Erläutere, wie du ein Barometer bei einer Bergwanderung auch als Höhenmesser verwenden kannst.

Wie entsteht der Wind?

Öffnet einen aufgeblasenen Luftballon und haltet die Hand vor die Öffnung. Was spürt ihr? Wind! Die zusammengedrückte Luft im Ballon – die unter hohem Druck steht – strömt in die Umgebung mit niedrigerem Luftdruck. Der Luftdruckunterschied wird ausgeglichen. Doch wie entstehen solche Luftdruckunterschiede auf der Erde? Hier kommt die Temperatur ins Spiel. Untersucht, was passiert, wenn Luft erwärmt wird.

EXPERIMENT A

Bewegt Erwärmung die Luft?
Material: Teelichter, Räucherstäbchen
Durchführung: Stellt Teelichter im Kreis auf und entzündet sie. Beobachtet die Kerzenflammen. Prüft mit dem Räucherstäbchen die Luftströmung.

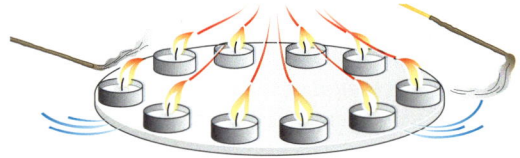

Auswertung: Wohin bewegt sich die warme Luft? Fertigt eine Zeichnung mit den Luftströmungen an.

See- und Landwind Die Sonne erwärmt die Erdoberfläche nicht überall gleich stark: Land wird stärker erwärmt als Wasser. Dadurch wird die Luft über den Landflächen wärmer als die über den Meeresflächen.
Warme Luftmassen über dem Land steigen auf und ziehen in großer Höhe Richtung Meer. Über dem Boden nimmt der Luftdruck ab, es entsteht ein **Tiefdruckgebiet** (T). Gleichzeitig erzeugen die hoch über dem Meer ankommenden Luftmassen über der Meeresoberfläche ein **Hochdruckgebiet** (H). Dort herrscht ein hoher Luftdruck, da die Luft abkühlt und nach unten sinkt.
Zum Ausgleich des Druckunterschieds strömt die Luft – ähnlich wie die Luft aus dem Luftballon – vom Hochdruckgebiet zum Tiefdruckgebiet. Auf der Erdoberfläche entsteht Wind. Am Tag weht der Seewind vom Meer zum Land. Abends kehrt sich der Kreislauf um, da das Land stärker abkühlt als das Meer. In der Nacht weht dann der Landwind vom Land zum Meer (▶1).

EXPERIMENT B

Überprüft die Windentstehung im Modell
Material: Becherglas, Räucherstäbchen, Pappe, Klebstreifen, Teelicht, Eiswürfel
Durchführung: Baut das abgebildete Modell nach. Kerze und Eiswürfel stellen die unterschiedlich erwärmte Erdoberfläche dar. Weist mit einem Räucherstäbchen die Luftströmungen nach.

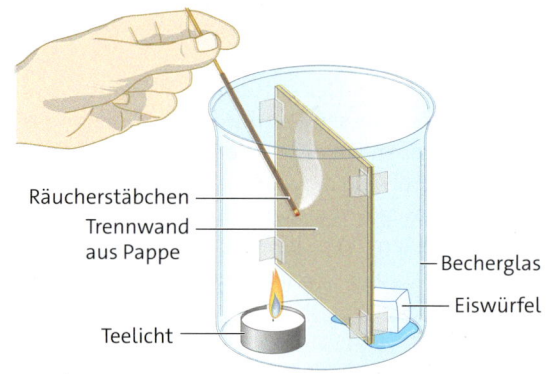

Auswertung: Deutet eure Beobachtungen. Nutzt die Begriffe „Hochdruckgebiet" und „Tiefdruckgebiet".

> **!** Ursache für Wind ist ein Luftdruckunterschied, der durch die Sonneneinstrahlung entsteht. Man kann daher sagen: Die Sonne treibt den Wind an.

❶ Zeichne das Modell von Experiment B mit Luftströmungen, Hoch- und Tiefdruckgebieten in dein Heft.

❷ Erkläre, wann du mit einem Segelschiff auslaufen würdest. Am Tag oder in der Nacht?

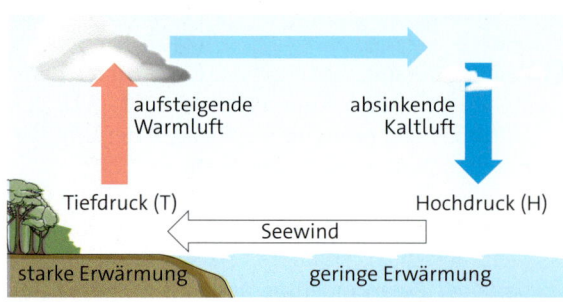

1 See- und Landwind: Der Wind weht an der Erdoberfläche jeweils vom Hochdruckgebiet zum Tiefdruckgebiet

Hochs und Tiefs bestimmen unser Wetter

Hoch- und Tiefdruckgebiete legen fest, wie der Wind weht. Sie bestimmen, wo sich Wolken bilden und wohin sie getrieben werden, ob kalte oder warme Luft zu uns kommt, ob es regnet oder die Sonne scheint.

Tiefdruckgebiet
Über Tiefdruckgebieten steigt warme Luft auf. In der Höhe kühlt sie ab, der enthaltene Wasserdampf kondensiert zu Wassertröpfchen. Deshalb bilden sich über Tiefs Wolken und es kann regnen.

Hochdruckgebiet
Über Hochdruckgebieten sinkt kühle Luft ab und erwärmt sich. Die Wolken lösen sich auf und es ist meist schönes Wetter.

Warm- und Kaltfronten
Warme tropische Luft aus dem Äquatorgebiet und kalte Polarluft aus der Arktis bestimmen unser Wetter in Mitteleuropa. Die warmen und kalten Luftmassen ziehen ständig über uns hinweg. Als Fronten bezeichnet man die Bereiche, wo sie aufeinandertreffen.
Eine Warmfront entsteht dort, wo eine warme Luftmasse auf eine kalte zuströmt. Die warme Luft steigt entlang der kalten Luft nach oben. Dabei kühlt sie sich langsam ab, es bilden sich Wolken und Regen fällt.
Trifft eine kalte Luftmasse auf eine warme, dann spricht man von einer Kaltfront. Die kalte Luft unterwandert die warme Luft und schiebt diese schnell nach oben. Dabei entstehen große Wolkentürme, die zu Gewitterwolken werden können.

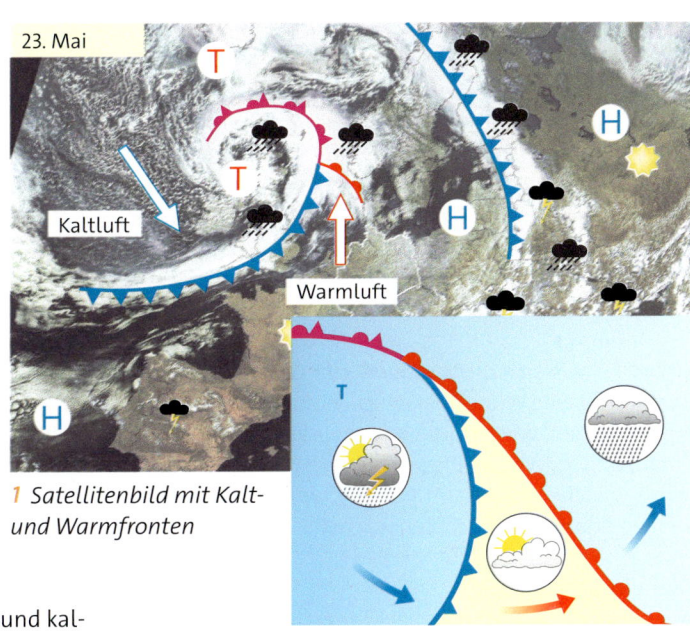

1 Satellitenbild mit Kalt- und Warmfronten

2 Das Wetter bei Warm- und Kaltfront

! Eine Warmfront erkennt man in Wetterkarten an der roten Linie mit kleinen Halbkreisen. Die blauen Linien mit kleinen Dreiecken zeigen Kaltfronten.

Ziehen die Fronten über uns hinweg, ändert sich das Wetter. Bevor uns die warme Luftmasse erreicht, gibt es entlang der Warmfront oft Dauerregen. Dann wird es plötzlich wärmer, die Wolken lösen sich auf und die Sonne scheint. Kommt danach die Kaltfront, regnet es heftig. Es kann Gewitter geben. Die Temperaturen sinken hinter der Kaltfront plötzlich ab.

Wie weht der Wind in den Bergen?

Tal- und Bergwind
In den Bergen gibt es zwar kein Meer, aber auch dort weht Wind. Im Gebirge weht der Talwind am Tag und der Bergwind in der Nacht. Diese Winde entstehen nach dem gleichen Prinzip wie See- und Landwind. Die Sonne erwärmt das Gestein der Berge stärker als das Tal. Nachts ist die Abkühlung im Tal geringer. Dadurch entstehen Luftdruckunterschiede.

❶ Erkläre die Entstehung von Tal- und Bergwind. Fertige Zeichnungen an und gib darin die Hoch- und Tiefdruckgebiete sowie die Windrichtung an.

❷ Vergleiche Tal- und Bergwind mit dem See- und Landwind. Gib an, was in den Bergen der See entspricht und was dem Land.

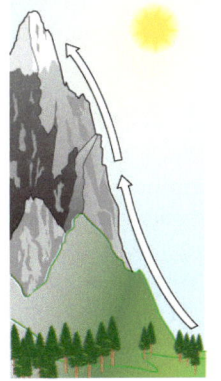

3 Talwind und Bergwind

Wir beobachten eine Wiese

Das Alpen-Edelweiß ist vom Aussterben bedroht, sagen die Naturschützer. Woher wissen sie das? Sie beobachten jedes Jahr unsere Wiesen. Sie bestimmen und zählen die verschiedenen Pflanzen. Im Vergleich mit den Vorjahren erkennen sie, ob eine Pflanze seltener wird und ob die Tiere der Wiese noch genügend Futterpflanzen finden. Wird eine Pflanze sehr selten, wie das Alpen-Edelweiß, dann wird sie unter Schutz gestellt. Nun müssen Maßnahmen entwickeln werden, die die Lebensräume der Pflanze wiederherstellen.

Erforscht, wie sich die Wiese mit der Zeit verändert
Beobachtet eine Wiese über einige Monate. Dabei könnt ihr erforschen, wie sich die Wiese verändert. Ihr könnt herausfinden, welche Pflanzen wann blühen und wie lange, welche Pflanze im Frühjahr zuerst blüht oder welche Pflanze am höchsten wächst.

1 Eine bunte Blumenwiese

Gemeinsame Planung
Am besten legt ihr die Beobachtungsfläche mit einem quadratischen Holzrahmen fest. Diesen teilt ihr mit Schnüren und Holzpflöcken in kleinere Quadrate (▶ 2). Jede Gruppe übernimmt ein Quadrat. Von jedem Quadrat wird alle zwei Wochen eine Karte gezeichnet, in die ihr jeweils die blühenden Pflanzen eintragt. Legt in der Gruppe fest, wer welche Aufgabe dabei übernimmt. Wechselt euch ab.
Überlegt zuvor, wie ihr eure Ergebnisse protokollieren wollt. Bedenkt, dass ihr in Gruppen arbeitet. Die Ergebnisse der einen Gruppe müssen später mit den Ergebnissen der anderen vergleichbar sein.
Tipp: Denkt euch gemeinsam für jede Pflanzenart ein kleines Symbol aus. Besorgt euch Lupen und Bestimmungsbücher für Wiesenpflanzen, um die Namen der Pflanzen herauszufinden (▶ S. 27).

2 Einteilung der Wiese in Quadrate

Durchführung
Führt alle zwei Wochen eure Beobachtung durch, tragt die blühenden Pflanzen in eure Karte ein und zählt sie. Notiert, was euch auf der Wiese aufgefallen ist. Fotografiert die Wiese jedesmal vom gleichen Blickpunkt aus. Sammelt von den häufigsten Pflanzen jeweils eine und legt ein Herbarium an (▶ S. 27).

Auswertung und Präsentation
Fügt eure Ergebnisse jeweils für einen Monat zusammen. Ihr habt jetzt einen genauen Überblick, was in welchem Monat auf eurer Wiese blüht und welche Pflanzen besonders häufig oder selten vorkommen.
Fertigt Plakate an und präsentiert sie euren Mitschülern. Ihr könnt die Fotos und die Bögen des Herbariums dafür nutzen.

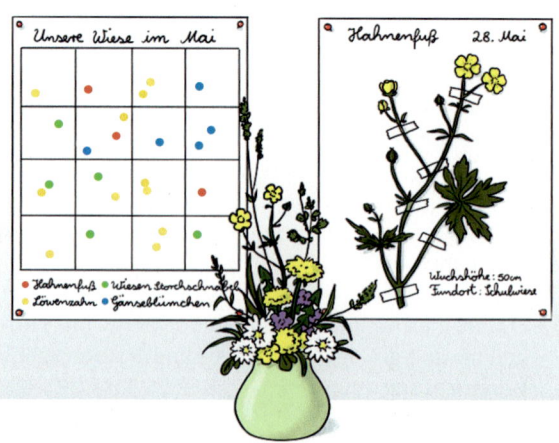

3 Auswertung und Präsentation

Wir bestimmen Pflanzen und legen ein Herbarium an

Ein Herbarium ist eine Sammlung gepresster und getrockneter Pflanzen. Bevor du dafür Pflanzen sammelst, musst du ihre Namen herausfinden, sie also bestimmen. Denn geschützte Pflanzen darfst du nicht abpflücken.

Pflanzen bestimmen

Schritt 1 — Pflanze bekannt
Du siehst eine Pflanze und glaubst zu wissen, wie sie heißt. Schlage in einem Bestimmungsbuch unter dem Namen nach, den du vermutest. Stimmt deine Vermutung?

Schritt 2 — Pflanze unbekannt
Die Pflanze, die da blüht, ist dir unbekannt. Wähle ein Bestimmungsbuch, das die Pflanzen nach Lebensräumen ordnet. In einigen Büchern sind sie nach der Blütenfarbe geordnet. Schlage den entsprechenden Abschnitt auf, zum Beispiel Wiese oder gelbe Blüte.

Schritt 3 — Pflanze bestimmen
Vergleiche die abgebildeten Pflanzen genau mit der, die du gerade siehst. Stimmen alle Merkmale wie Blütenfarbe und Blätterform überein? Dann hast du sie gefunden. Lies die Beschreibung zur Pflanze. Ist sie geschützt? Notiere den Namen, Wissenswertes, Fundort und Datum auf einen Zettel.

Schon vor Hunderten Jahren legten Naturforscher Herbarien an. So transportierten sie unbekannte Pflanzen aus fernen Ländern sicher nach Hause. Noch heute kann man diese Herbarien in Museen anschauen.

Ein Herbarium anlegen

Schritt 1 — Pflanzen sammeln
Sammle die nicht geschützten Pflanzen. Lege sie einzeln in eine Tüte zusammen mit dem Zettel, auf dem du Pflanzenname, Fundort und Datum notiert hast.

Schritt 2 — Pflanzen trocknen
Lege eine Pflanze, ohne sie zu knicken, zwischen zwei saugfähige Löschblätter und stecke diese gemeinsam mit dem Notizzettel zwischen Zeitungspapier. Nach einigen Lagen Zeitungspapier folgt die nächste Pflanze. Presse sie, indem du den Stapel am Schluss mit Büchern beschwerst. Lass die Pflanzen so eine Woche lang trocknen.

Schritt 3 — Pflanzen ordnen und abheften
Klebe die getrocknete Pflanze vorsichtig auf ein festes Blatt Papier. Übertrage die Informationen des Notizzettels. Hefte die Bögen in Klarsichthüllen in einem Ordner ab. Du kannst sie nach Blütenfarben ordnen.

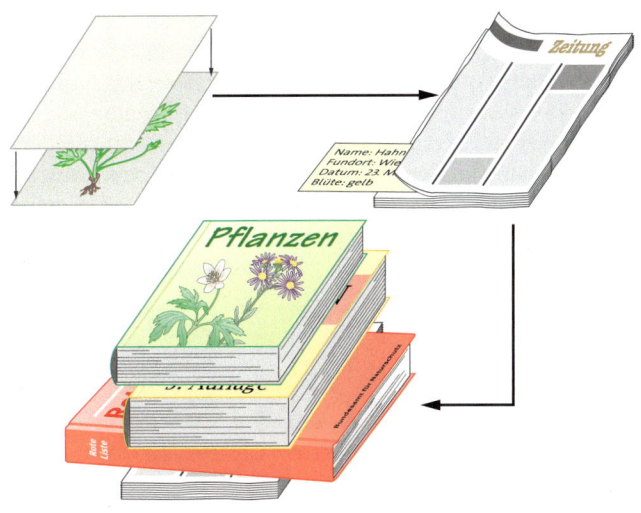

Boden ist nicht gleich Boden

Nach einem heftigen Regen verschwindet das Wasser auf der Wiese rasch wieder. Aber wohin? Es versickert in den Boden, in die Hohlräume (Bodenporen) zwischen den Bodenkörnchen. Boden besteht aus unterschiedlich großen Körnchen. Je größer sie sind, desto größer sind die Poren, und umso schneller versickert das Wasser.

Erforscht Böden an verschiedenen Orten
Nehmt von den Orten aus Experiment A jeweils eine Bodenprobe für Experimente B in Schraubgläsern mit. Entfernt zuvor große Steine, Pflanzenteile und Tiere. Beschriftet die Gläser mit dem Entnahmeort und dem Datum. Beschreibt die Böden, notiert Farbe und Geruch.

A Wie schnell versickert das Wasser?
Material: Konservendose ohne Boden und Deckel, Messzylinder, Wasser, Stoppuhr
Durchführung: Prüft Böden an verschiedenen Orten (Wald, Wiese und Trampelpfad, Acker, Sandkasten).

Schneidet die Pflanzen auf dem Probeboden kurz. Drückt dort die Dose 5 cm in die Erde. Gießt schnell 150 ml Wasser hinein und startet die Stoppuhr. Messt die Zeit, bis das Wasser versickert ist.
Auswertung: Vergleicht die Ergebnisse und leitet Unterschiede bei den Bodenporen ab.

❶ Wiese und Trampelpfad bestehen aus dem gleichen Boden. Trotzdem werdet ihr unterschiedliche Ergebnisse in Versuch A erhalten. Stellt dazu Vermutungen an und begründet sie.

Bodenbestandteile:

2 Bodenzusammensetzung

Sandiger Lehm enthält viel Sand. Toniger Lehm hat einen hohen Anteil an Ton.

B Wie gut hält der Boden das Wasser?
Material: trockene Bodenproben gleicher Menge, Stativ, Trichter, Becherglas, Messzylinder, Watte, Wasser, Stoppuhr
Durchführung: Baut den Versuch für jede Bodenprobe wie im Bild dargestellt auf. Verstopft den Trichter mit Watte und befüllt ihn mit einer Bodenprobe. Gießt 100 ml Wasser in den Trichter. Lest die Zeit ab, wann der erste Wassertropfen heraustropft. Lest die Wassermenge im Messzylinder ab, wenn kein Wasser mehr abfließt.
Auswertung: Vergleicht die Ergebnisse und deutet sie. Nutzt dazu die Texte in Bild 1.

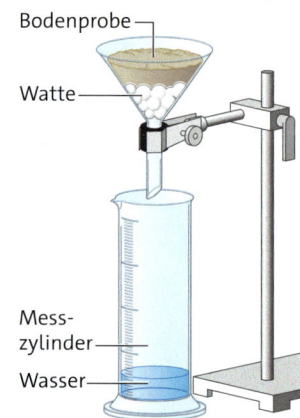

Sandboden
Sandboden ist sehr grobkörnig. Zwischen den Körnern befinden sich große Poren. Aus ihnen fließt Wasser rasch ab. Sandboden trocknet daher schnell aus. Pflanzenwurzeln finden nur schwer Halt. Versucht man Sandboden mit den Fingern zu formen, zerfällt er sofort.

Lehmboden
Lehmboden ist ein Gemisch aus unterschiedlich großen Körnern. Zwischen ihnen gibt es große und kleine Poren. Wurzeln durchdringen den Boden leicht. Die Bodenkörner halten zusammen. Man sagt, sie sind bindig. Daher lässt der Boden sich formen, wird jedoch schnell rissig.

Tonboden
Tonboden ist feinkörnig, er hat viele sehr kleine Poren, die reichlich Wasser aufnehmen können. Er neigt jedoch zu Staunässe. Bei Trockenheit wird er sehr hart. Wurzeln können Ton nur schwer durchdringen. Da er noch bindiger als Lehmboden ist, kann man Figuren aus ihm kneten.

1 Boden besteht aus zerkleinertem Gestein. Die vorhandenen Korngrößen bestimmen die Bodenart.

Vergleichen und ordnen

In einer Bücherei sind Bücher nach dem Alphabet geordnet, in deinem Mäppchen hast du vielleicht deine Buntstifte nach ihrer Länge oder nach Farben geordnet. Was genau tust du, wenn du Dinge ordnest? Du vergleichst sie nach einem von dir gewählten Merkmal, beispielsweise nach Farbe oder Länge.

Man kann Dinge miteinander vergleichen, aber auch Vorgänge wie die Wasserhaltefähigkeit von Böden. Immer ist dazu genaues Beobachten, Beschreiben und oft auch Messen notwendig.

1 Ordnen nach Farben

Schritt 1 Frage formulieren
Formuliere eine Frage, die du durch einen Vergleich beantworten möchtest. Beispiel: Aus welcher Bodenart bestehen die Bodenproben.

Schritt 2 Geeignete Merkmale für den Vergleich wählen
Überlege, welche Merkmale du vergleichen willst, um deine Frage zu beantworten. Beispielsweise kann man Bodenproben nach dem Merkmal Formbarkeit vergleichen, um die Bodenart zu bestimmen.

Schritt 3 Gemeinsamkeiten und Unterschiede finden
Beim Vergleichen stellst du Unterschiede und Gemeinsamkeiten fest. Lege eine Tabelle an, in der du die Gemeinsamkeiten notierst und die Unterschiede jeweils einander gegenüberstellst (▶1).

Schritt 4 Ergebnisse ordnen und auswerten
Ordne mithilfe der Ergebnisse die Dinge oder Vorgänge nach dem untersuchten Merkmal. Durch Ordnen der Bodenproben nach ihrer Formbarkeit ermittelst du, welcher der Böden eher sandig, lehmig oder tonig ist.

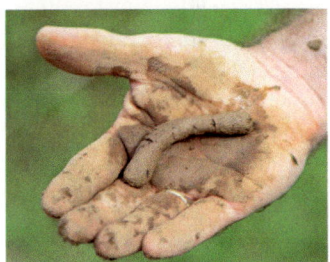

2 Vergleich durch Fingerprobe

❶ Vergleiche Bodenproben mithilfe der Fingerprobe: Reibe die Bodenproben zwischen Daumen und Zeigefinger, auch nahe am Ohr. Befeuchte sie gleichmäßig und rolle sie in den Handflächen zu Stiften. Notiere deine Beobachtungen in einer Tabelle. Ordne die Bodenproben nach ihrer Formbarkeit und werte das Ergebnis aus.

❷ Lea hat beim Vergleichen dreier Bodenproben folgende Ergebnisse in einer Tabelle notiert (▶1). Finde mithilfe der Texte auf Seite 28 heraus, um welche Bodenart es sich jeweils handelt. Gib an, welche der untersuchten Bodenproben sich gut für eine Bepflanzung eignet.

Vergleich	Bodenprobe A	Bodenprobe B	Bodenprobe C
Gemeinsamkeiten	Alle Bodenproben haben eine bräunliche Farbe und bestehen aus Bodenkörnchen.		
Unterschiede			
Aussehen und Anfühlen beim Reiben	butterartig, glatte, glänzende Schmierfläche	sehr feinkörnig, größere Einzelkörner sind sichtbar	körnig und rau, sichtbare und deutlich fühlbare Einzelkörner
Knirschen beim Reiben	kein Knirschen hörbar	leises Knirschen hörbar	lautes Knirschen hörbar
Formbarkeit	gute Formbarkeit, zu Stiften ausrollbar, Figuren formbar	etwas formbar, jedoch nicht gut ausrollbar, reißt dabei	keine Formbarkeit, zerrieselt
Beschmutzung der Hände	beschmutzt die Hände stark	leichte Beschmutzung der Hände	beschmutzt die Hände nicht

1 Ergebnisse eines Vergleichs von Bodenproben anhand der Fingerprobe

Boden – Lebensraum für Pflanzen und Tiere

Eine Handvoll Erde ist kein Dreck, sondern wertvoller Boden, der uns mit Nahrung versorgt. Aber nur auf einem gesunden Boden können Pflanzen gut wachsen.

Woraus besteht der Boden? Zum größten Teil besteht Boden aus zerbröckeltem Gestein, das durch die Einwirkung von Hitze, Frost und Wind mehr und mehr in kleine **Körnchen** zerfällt. Ein geringer, aber wichtiger Teil des Bodens ist der **Humus**. Das sind abgestorbene Pflanzen- und Tierreste, die von **Bodenlebewesen** zerkleinert und zersetzt wurden. Im Humus stecken wichtige Nahrungsbestandteile für die Pflanzen.

Auch wenn es nicht so aussieht, aber in dem kleinen Stück Boden unter deinem Fuß leben mehr Bodenlebewesen als Menschen auf der Erde. Neben den gut erkennbaren Regenwürmern und Asseln sind es verschiedene, winzig kleine Tierchen, die man nur unter einem Mikroskop sehen kann. Sie versorgen den Boden ständig mit fruchtbarem Humus.

Miteinander verbundene Hohlräume, die **Bodenporen**, durchziehen den gesamten Boden. Eine Mischung aus großen und kleinen Poren ist günstig für das Wachstum von Pflanzen und Lebewesen. Denn nur in den großen Poren ist neben Wasser auch Luft enthalten, die die Bodentiere zum Atmen brauchen.

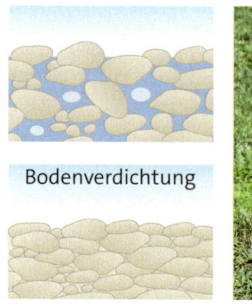
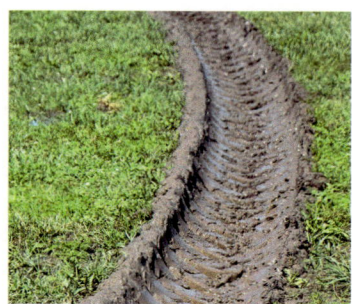

1 Bodenverdichtung verringert die Wasseraufnahme.

Bodenverdichtung Auf einem Acker hinterlässt der schwere Traktor tiefe Reifenspuren (▶1). Dort wo Fußgänger eine Abkürzung quer über die Wiese nehmen, bildet sich mit der Zeit ein Trampelpfad. An diesen Stellen ist der Boden verdichtet. Die Bodenkörnchen sind dort dicht zusammengedrückt und die Bodenporen zerstört. Ohne Wasser und Luft stirbt jedoch jegliches Leben im Boden ab. Es ist daher wichtig, dass wir unsere Böden vor übermäßiger Verdichtung schützen.

> **!** Steinkörner, Humus und die mit Wasser und Luft gefüllten Bodenporen bilden den Boden. Er ist Lebensraum für Pflanzen und Bodenlebewesen.

EXPERIMENT A

Verfahren zur Bestimmung der Bodenart

Nur selten kommen Böden in reiner Form als Sand, Schluff oder Ton vor. Meist sind es Mischungen. Die Zusammensetzung der verschiedenen Korngrößen gibt an, ob es sich um einen sandigen, lehmigen oder tonigen Boden handelt. Dazu müssen die Anteile der Korngrößen bestimmt werden. Als Bodenprobe verwendet man jeweils trockene, zerkrümelte Erde.

Bodenart	Korngröße	
Steine	größer als 2 mm	
Sand	0,06–2 mm	Lehm (etwa gleiche Anteile aller drei Bodenarten)
Schluff	0,002–0,06 mm	
Ton	kleiner als 0,002 mm	

Absiebung Mit Feinsieben trennt man die Bodenkörnchen nach ihrer Größe. Siebt die Bodenprobe zunächst durch das grobmaschigste Sieb. Verwendet für die durchgefallene Erde jeweils das Sieb mit der nächst kleineren Maschengröße. Ermittelt die Bodenart. Vergleicht dazu die Ergebnisse mit den Werten der Tabelle.

Aufschlämmung Mit Wasser lassen sich die Bodenkörnchen ebenfalls nach ihrer Größe trennen, denn die größeren Körnchen sind schwerer als die kleineren Körnchen und sinken im Wasser schneller nach unten.

Gebt die Bodenprobe zusammen mit viermal so viel Wasser in ein hohes Glasgefäß und schüttelt es kräftig. Ist alles gut verteilt, stellt das Gefäß ab. Jetzt darf es nicht mehr bewegt werden. Beobachtet, wie die einzelnen Körnchen unterschiedlich schnell absinken. Messt nach einem Tag die Höhe der sichtbaren Schichten, die sich am Boden abgesetzt haben und bestimmt die Bodenart.

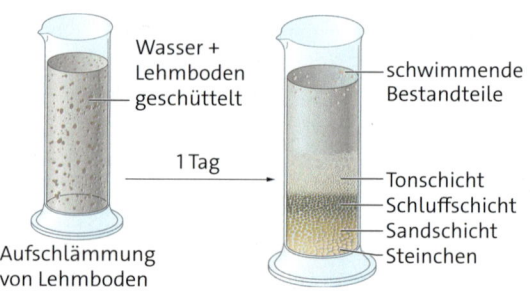

2 Humusreiche Erde mit Regenwürmern

Probiert es aus: Baut euch ein Regenwurmglas. Ihr braucht ein großes Glasgefäß, eine Papprolle, Gartenerde, Sand, Blätter, Gemüse und Regenwürmer. Stellt die Papprolle in die Mitte des Gefäßes. Füllt das Gefäß um die Papprolle herum schichtweise mit Gartenerde und Sand. Legt Blätter und Gemüsestückchen oben auf. Befeuchtet alles gleichmäßig und setzt einige Regenwürmer unter die Blätter (▶3). Achtet darauf, dass die Erde im Wurmglas nicht austrocknet.
Führt über drei Wochen ein Beobachtungsprotokoll und wertet es anschließend aus. Fotografiert das Glas alle drei Tage. Beschreibt die Veränderungen und begründet, welche Bedeutung der Regenwurm für den Boden hat.

Regenwurm Die zarten, nackten Regenwürmer gehören zu den wichtigsten Lebewesen der Erde. Sie leben in ihren selbst gebauten, weitverzweigten Röhren im feuchten Boden. Licht und Trockenheit schaden ihnen, daher kriechen sie nur nachts an die Bodenoberfläche und ziehen Blätter und andere abgestorbene Pflanzenteile in ihre Röhren. Von den verwesenden Pflanzen ernähren sie sich und das, was sie dann ausscheiden – der Wurmkot – ist wertvoller **Humus**. Wie ein Dünger enthält er die wichtigen Nährstoffe, die Pflanzen zum Wachsen brauchen. Humus erkennt man an seiner schwarzbraunen Farbe.

Die kleinen fleißigen Gartenarbeiter graben ständig neue Gänge bis zu zwei Meter in die Tiefe. Dabei lockern und vermischen sie den Boden. Regenwasser und Luft können leicht eindringen und die Bodenporen füllen. Im aufgelockerten Boden breiten sich Pflanzenwurzeln rasch aus.

> ❗ **Regenwürmer verbessern die Fruchtbarkeit des Bodens. Sie düngen, lockern und vermischen ihn.**

Ein Regenwurm hat keine Lungen wie wir, er atmet über seine Hautoberfläche. Das funktioniert allerdings nur, wenn die Haut feucht ist. Daher meidet der Regenwurm das Licht, denn dort, wo Licht ist, herrscht meist Trockenheit. Seine Haut trocknet sehr schnell aus und dabei erstickt er.
Eine weitere Gefahr für das Leben des Regenwurms, aber auch für alle anderen Bodenlebewesen, sind Giftstoffe. Sie gelangen zum Beispiel durch Schädlings- und Unkrautvernichtungsmittel in den Boden.

> **Regenwürmer sind Lebewesen. Seid achtsam mit ihnen, haltet sie feucht und setzt sie anschließend wieder in den Garten.**

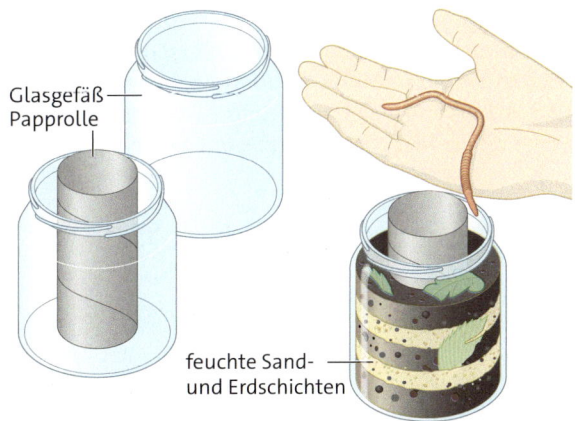

3 Ein Wurmglas zur Beobachtung von Regenwürmern

❶ Eignet sich der Boden in Bild 2 für eine Bepflanzung? Begründe deine Antwort.

❷ Der Boden ernährt uns Menschen. Nenne Gefahren für den Boden und Maßnahmen zu seinem Schutz.

❸ Erkundige dich bei Landwirten, welche Bodenarten in eurer Region vorherrschen und welche Pflanzen angebaut werden.

❹ Du hast in deinem Garten sehr sandigen Boden. Überlege, wie du seine Bodenfruchtbarkeit verbessern kannst. Begründe dein Vorgehen.

❺ Beschreibe, wie du Sand-, Lehm- und Tonboden voneinander unterscheiden kannst.

❻ Vergleicht die drei Verfahren zur Bestimmung der Bodenart miteinander (Fingerprobe, Absiebung, Aufschlämmung). Beschreibt die jeweils genutzten Bodenmerkmale. Erläutert, welche Probleme ihr bei der Durchführung hattet.

NATURWISSENSCHAFTLICHES ARBEITEN

Das Mikroskop – Aufbau und Handhabung

Mit dem Mikroskop kannst du winzige Dinge entdecken, die du mit bloßem Auge oder einer Lupe nicht sehen kannst. Auch im Kriminallabor setzt man Mikroskope ein, um Beweise zu finden. So können kleinste, am Tatort hinterlassene Kleidungsfasern den Dieb überführen. Beim Mikroskopieren gehst du so vor:

Schritt 1 Grundeinstellung
Zunächst drehst du den Objekttisch mit dem Grobtrieb ganz nach unten. Stelle die kleinste Vergrößerung ein (kleinstes Objektiv). Schalte die Lampe ein.

Schritt 2 Objekt auflegen
Lege den Objektträger mit dem Objekt auf den Objekttisch. Das Objekt ist das, was du anschauen willst. Es muss über der Lichtöffnung liegen.

Schritt 3 Scharf stellen
Drehe unter seitlicher Beobachtung den Objekttisch vorsichtig mit dem Grobtrieb nach oben (▶2), bis sich Objekt und Objektiv gerade noch nicht berühren. **Vorsicht, wenn du zu weit drehst, kann das Objekt oder das Objektiv zerstört werden.** Schaue nun durch das Okular. Bewege den Objekttisch mit dem Feintrieb langsam nach unten, bis das Bild scharf ist.

Schritt 4 Weiter vergrößern
Mit der kleinsten Vergrößerung erhältst du einen Überblick. Möchtest du eine besonders schöne Stelle genauer ansehen, dann schiebe sie in die Mitte des Bilds. Drehe den Objekttisch unter seitlicher Beobachtung etwas nach unten. Erst jetzt darfst du am Objektivrevolver die nächste Vergrößerung einstellen.

Sicherheitsregeln

1. Trage das Mikroskop nur am Stativ.
2. Beginne immer mit der kleinsten Vergrößerung.
3. Drehe nur am Objektivrevolver, nie am Objektiv.
4. Achte darauf, dass das Objektiv nie das Objekt berührt.
5. Berühre die Okular- und Objektivlinsen nicht mit den Fingern.

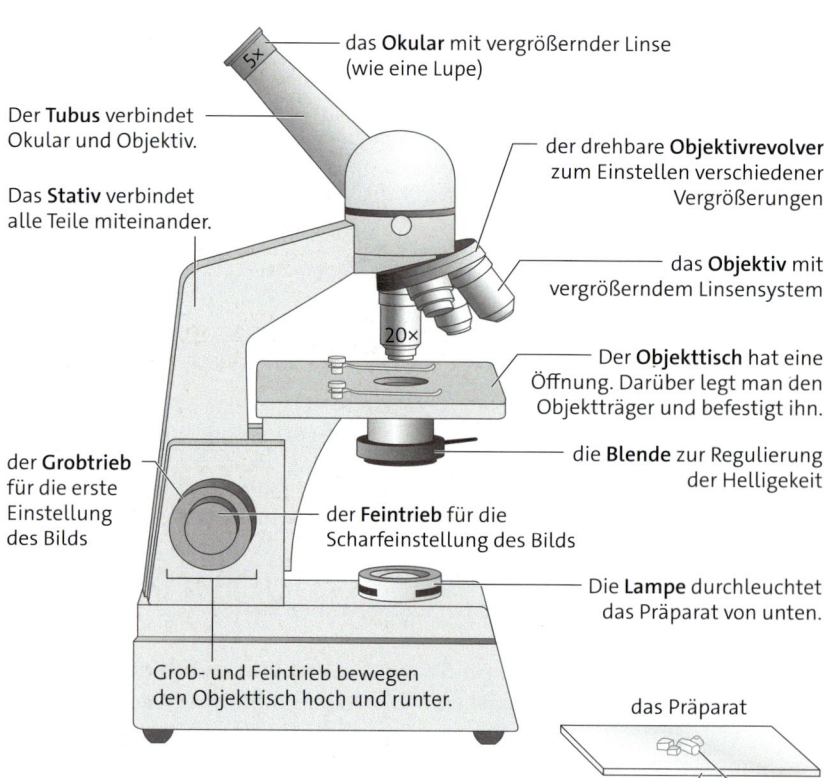

1 Aufbau des Mikroskops

- das **Okular** mit vergrößernder Linse (wie eine Lupe)
- Der **Tubus** verbindet Okular und Objektiv.
- Das **Stativ** verbindet alle Teile miteinander.
- der drehbare **Objektivrevolver** zum Einstellen verschiedener Vergrößerungen
- das **Objektiv** mit vergrößerndem Linsensystem
- Der **Objekttisch** hat eine Öffnung. Darüber legt man den Objektträger und befestigt ihn.
- die **Blende** zur Regulierung der Helligkeit
- der **Grobtrieb** für die erste Einstellung des Bilds
- der **Feintrieb** für die Scharfeinstellung des Bilds
- Die **Lampe** durchleuchtet das Präparat von unten.
- Grob- und Feintrieb bewegen den Objekttisch hoch und runter.
- das Präparat / Objektträger / Objekt

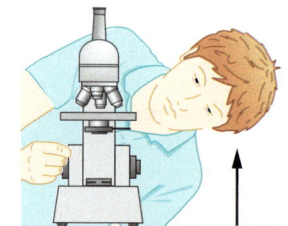
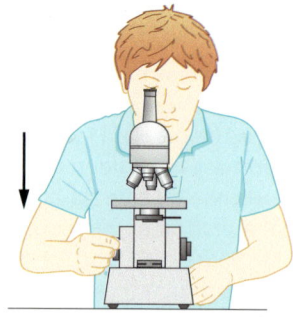

2 Scharfstellen des Bilds

❶ Streue einige Salz- und Zuckerkristalle auf einen Objektträger und mikroskopiere sie. Erkennst du Unterschiede?

Wir mikroskopieren Tiere im Laubaufguss

Mit dem Mikroskop kannst du Mikroorganismen betrachten, die sich in Laub und Boden tummeln. Ihr Lebensraum ist der dünne Wasserfilm um Bodenpartikel und Laub. Eine Möglichkeit, sie in großer Zahl zu erhalten, ist die Zucht in einem Laub- oder Heuaufguss.

Schritt 1 Laubaufguss ansetzen
Gib zerkleinertes welkes Laub oder Heu in ein Glasgefäß. Übergieße es mit Leitungswasser und ein wenig Tümpelwasser. Lasse etwa 5 cm Luft bis zum Deckel. Decke das Gefäß ab und lasse es bei Zimmertemperatur stehen. Nach etwa drei Tagen bildet sich an der Wasseroberfläche eine schleimige Schicht, die Kahmhaut. Sie wird von Pilzen und Bakterien gebildet.

Schritt 2 Präparat herstellen
Untersuche den Laubaufguss alle zwei bis drei Tage. Entnimm dazu mit einer Pipette etwas Flüssigkeit und gib einen Tropfen auf einen sauberen Objektträger. Stelle ein Deckgläschen schräg an den Rand des Tropfens und senke es vorsichtig ab. Sauge überschüssige Flüssigkeit mit Saugpapier ab (▶1).

Schritt 3 Mikroskopieren und bestimmen
Suche unter dem Mikroskop kleine Lebewesen. Verschaffe dir zuerst einen Überblick mit der kleinsten Vergrößerung. Vergrößere dann einen Ausschnitt.
Vergleiche die entdeckten Mikroorganismen mit den Abbildungen in einem Bestimmungsbuch und notiere, wann du welche entdeckt hast.

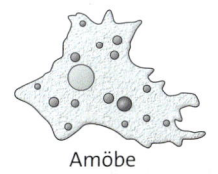
Amöbe

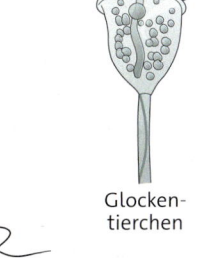
Glockentierchen

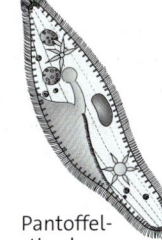
Augentierchen

Pantoffeltierchen

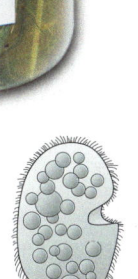
Heutierchen

2 Mikroorganismen im Laubaufguss

❶ Zeichne die Grundformen der Mikroorganismen mit einem feinen durchgängigen Bleistiftstrich. Gib den Namen des Objekts und die Vergrößerung an.

❷ Versuche zu erkennen, wie sich einige der Mikroorganismen fortbewegen und beschreibe es.

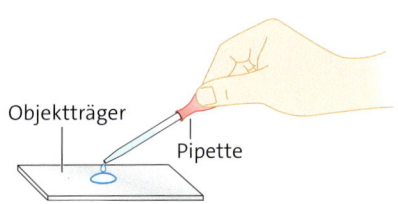
Objektträger — Pipette

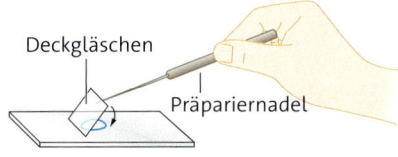
Deckgläschen — Präpariernadel

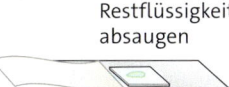
Restflüssigkeit absaugen

1 Herstellung des Präparats

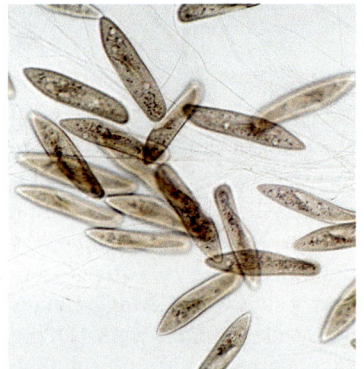
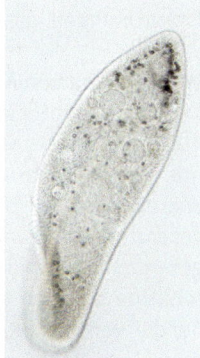

3 Mikroskopische Bilder von Pantoffeltierchen

Zusammenfassung

Naturbeobachtungen
Das Wissen über die Natur war für die Menschen immer schon lebenswichtig. Viele Erkenntnisse sammelten sie durch Beobachtungen. Wo wachsen die essbaren Pflanzen? Welche Wolken kündigen Regen an? Bald suchte man nach Erklärungen für die Naturbeobachtungen – es entstanden die Naturwissenschaften. Forscher begannen systematisch zu beobachten und zu experimentieren. Sie nutzten dazu technischen Entwicklungen wie die Lupe, das Thermometer oder das Mikroskop. Heute gehen alle Naturwissenschaftler auf die gleiche Weise vor und verwenden die gleichen Arbeitsmethoden.

Naturwissenschaftliche Arbeitsmethoden
Wichtige Arbeitsmethoden sind neben dem genauen Beobachten, das Messen, Erstellen von Diagrammen, Sammeln, Bestimmen, Mikroskopieren, Vergleichen und Ordnen. Alles wird in einem Protokoll aufgeschrieben. So können Wissenschaftler weltweit die Daten und Erkenntnisse für ihre Forschungen nutzen.

Messen und Messgeräte
Naturwissenschaftler müssen häufig etwas messen. Dazu steht ihnen eine Vielzahl an Messgeräten zur Verfügung. Es hängt von der Wahl des passenden Messgeräts und der richtigen Handhabung ab, ob die Ergebnisse am Ende brauchbar sind. Jede gemessene Größe besteht aus der Maßzahl und seiner Maßeinheit.

Diagramme – Messwerte grafisch dargestellt
Hat man viele Messwerte gesammelt, kann man leicht den Überblick verlieren. Für die Auswertung werden die Messwerte daher meist grafisch dargestellt, z. B. als Säulen- oder Punktdiagramme. Dann sind die Ergebnisse überschaubar, und auch Zusammenhänge und Entwicklungen lassen sich feststellen.

Verwendung von Modellen
Oft können Untersuchungen nicht direkt in der Natur durchgeführt werden. In solchen Fällen hilft man sich mit vereinfachten Modellen. Ein Modell wird so entwickelt, dass eine bestimmte Beobachtung erklärt und gezeigt werden kann oder eine Antwort auf eine Frage gefunden werden kann. Dazu werden wichtige Eigenschaften deutlich gemacht, unwichtige weggelassen. Bei der Verwendung von Modellen muss man sich immer klarmachen, welche Unterschiede und Gemeinsamkeiten zur Wirklichkeit bestehen.

Langzeitbeobachtungen
Naturbeobachtungen über viele Jahre sind wichtig für den Erhalt unserer Natur. Denn nur so können wir langfristige Veränderungen feststellen, wie den Rückgang bestimmter Pflanzen und Tiere oder die fortschreitende Klimaerwärmung. Die Ursachen dafür müssen erforscht werden, um Schutzmaßnahmen zu treffen.

Wolken und Niederschläge
Wasser durchläuft einen Kreislauf im Wechsel von Verdunstung, Kondensation und Niederschlag. Der Motor dafür ist die Sonne. Durch Erwärmung verdunstet Wasser zu Wasserdampf, er steigt mit der Luft auf und kondensiert bei Abkühlung wieder zu Wasser. Wolken, Nebel und Niederschläge entstehen immer dann, wenn warme Luft, die viel Wasserdampf enthält, abkühlt.

Luftdruck und Wind
Die Masse der Luft in der Atmosphäre drückt auf die Erdoberfläche, diesen Luftdruck kann man mit einem Barometer messen. Der mittlere Luftdruck beträgt 1013 hPa. Weil die Sonne die Erde nicht überall gleich stark erwärmt, kommt es zu Luftdruckunterschieden. Dort, wo warme Luft nach oben steigt, entsteht an der Erdoberfläche ein Tiefdruckgebiet, wo kühle Luft absinkt ein Hochdruckgebiet. Zum Druckausgleich weht der Wind stets vom Hochdruckgebiet zum Tiefdruckgebiet.

Wiese und Boden
Beobachtet man eine Wiese übers Jahr, kann man je nach Jahreszeit andere Pflanzen blühen sehen.

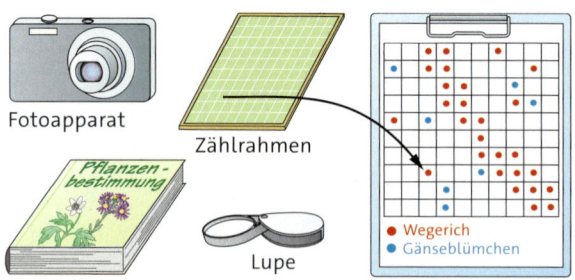

Welche und wie viele Pflanzen wachsen, ist nicht nur vom Wetter abhängig, sondern auch von der Bodenart und dem Zustand des Bodens.
Böden unterscheiden sich in ihrem Gehalt an Humus und durch die verschiedenen Korngrößen. So ergeben sich unterschiedlich große Bodenporen für die Wasser- und Luftaufnahme. Der Boden ist Lebensgrundlage für viele Lebewesen. Er liefert uns unsere Nahrung. Es ist wichtig ihn zu erhalten und zu schützen, z. B. vor Verdichtung und Giftstoffen.

Alles klar?

❶ Erkläre, warum Naturwissenschaftler Beobachtungen durchführen und Protokolle dazu schreiben.

❷ Du möchtest 120 ml Wasser abmessen. Begründe, welches der Gefäße du für geeignet hältst.

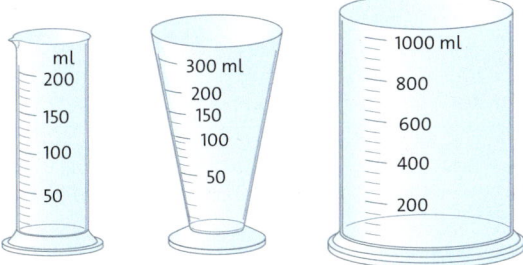

❸ Schreibe für deinen Nachbarn oder deine Nachbarin eine Bedienungsanleitung für ein Thermometer.

❹ In Experiment B (▶ S. 24) habt ihr ein Modell zur Untersuchung der Windentstehung gebaut. Beim Vergleich seiner Eigenschaften mit der Wirklichkeit in der Natur wurde Folgendes behauptet:
  A Mit dem Teelicht wird ein Waldbrand simuliert.
  B Mit Eiswürfel und Teelicht stellt man Temperaturunterschiede auf der Erde vereinfacht dar.
  C Der Eiswürfel steht für die schmelzenden Eisschollen an den Polen der Erde.
Gib an, welche Behauptung du für richtig hältst und begründe deine Entscheidung

❺ Ein Globus ist ein verkleinertes Modell der Erde. Vergleiche den Globus mit der Wirklichkeit. Erläutere den Nutzen von Modellen.

❻ Lies den Flüssigkeitsstand im Messzylinder rechts ab.

❼ Finde zu Hause heraus, wie viel Wasser du aus einem Liter Schnee erhältst, wenn er getaut ist. Schreibe einen Versuchsplan und zeichne den Versuchsaufbau. Überlegt gemeinsam, woran es liegen könnte, falls nicht alle den gleichen Wert erhalten haben.

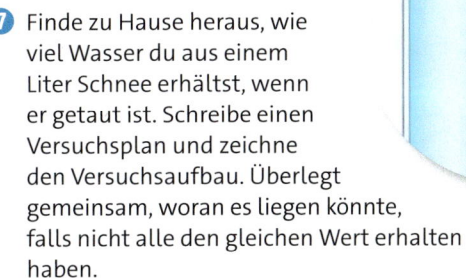

❽ Nico hat im Frühjahr die Samen einer Wildblumenmischung im Balkonkasten ausgesät. Jetzt wollte er wissen, welche Pflanzen gewachsen sind und wie viele. Dazu hat er die Pflanzen bestimmt, gezählt und folgende Ergebnisse notiert.
Zählung 1. Juli: Gänseblümchen (10), Wegwarte (2), Färberkamille (2), Margerite (3), Wilde Möhre (5).

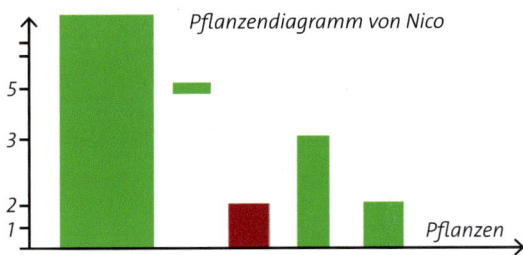

Bewerte das Diagramm, das Nico gezeichnet hat. Erstelle in deinem Heft aus Nicos Notizen eine Tabelle. Zeichne anhand der Tabelle ein Säulendiagramm, sodass jeder das Diagramm verstehen kann.

Ein Diagramm widerspricht
Louis und Lea haben beobachtet, dass bei Wind die Straße schneller trocknet. Sie vermuten: Je stärker der Wind, desto kürzer ist die Trocknungsdauer.
Um das zu untersuchen, haben sie nach jedem Regen Messungen durchgeführt und die Messwerte in einer Tabelle notiert. Im Diagramm dazu erkennt man jedoch, dass ihre Vermutung nicht immer zutrifft.
Knifflig: Beschreibe die Abweichungen im Diagramm, die der Vermutung widersprechen. Scheinbar spielen weitere Faktoren eine Rolle, vermute, welche das sein könnten.

Trocknungsdauer der Straße nach Regen bei verschiedenen Windstärken

Datum	12.03.17	17.03.17	22.03.17	23.03.17	28.03.17	29.03.17
Windstärke	6	2	3	4	3	1
Trocknungsdauer in Stunden (h)	0,5	1,5	1,5	1,25	2,5	3,0

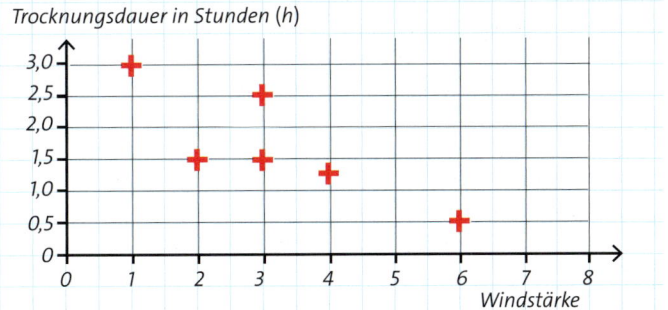

Wasser – kostbares Nass und wichtiges Lösemittel

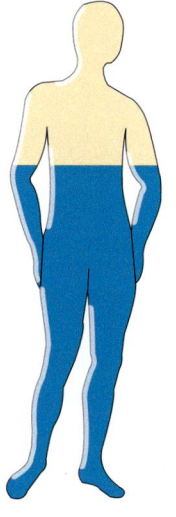

Wasser hat weder Geschmack, noch Geruch und Farbe. Und doch ist Wasser ein wichtiger Stoff für alle Lebewesen. Ohne Wasser wachsen keine Pflanzen, Mensch und Tier würden nach kurzer Zeit verdursten. Der Mensch besteht zum größten Teil aus Wasser. Wenn du 30 Kilogramm wiegst, dann trägst du etwa 20 Kilogramm Wasser mit dir. Wasser ist ein gutes Lösemittel für viele feste, flüssige und gasförmige Stoffe. Nur deshalb können Fische im Wasser atmen und wir uns leckere Limonaden herstellen.

Täglich verbrauchen wir große Mengen unseres kostbaren Trinkwassers. Das verschmutzte Wasser muss wieder gereinigt werden. Und das ist gar nicht so einfach.

Was hier wohl passiert?

Wird das Wasser wieder sauber?

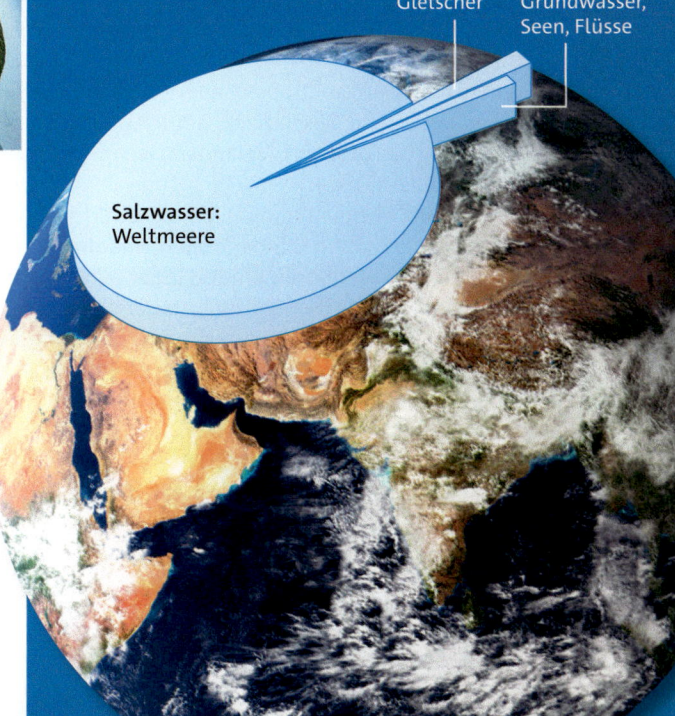

Süßwasser: Polareis, Gletscher

Süßwasser: Grundwasser, Seen, Flüsse

Salzwasser: Weltmeere

❶ Stelle dir einen Tag ohne Wasser vor. Beschreibe ihn: Wenn ich aufgestanden bin …

❷ „Wasser – so viel und doch zu wenig." Versucht zu erklären, was damit gemeint ist. Seht euch dazu das Bild der Erde an: weiße Wolken, braunes Land und viel blaues Wasser. Ihr wisst ja, dass wir Süßwasser zum Leben brauchen. Das Meerwasser ist zu salzig, das kann man nicht trinken.

Wer macht das leckerste Erfrischungsgetränk?

Auch ein Koch experimentiert gern in seiner Küche. Meist, um ein neues Gericht oder Getränk zu erfinden. Will er ein erfrischendes Getränk entwickeln, muss er herausfinden, was mit den Zutaten im Wasser passiert. Welche lösen sich gut in Wasser, welche nicht? Ergibt eine bestimmte Kräutermischung einen erfrischenden Geschmack? Wie viel Zucker und Zitronensaft ist notwendig, damit es nicht zu süß und nicht zu sauer ist? Während der Durchführung der Kochexperimente beobachtet er, wie Farbe, Geruch und Geschmack sich verändern.

Am Ende hat er ein fertiges Rezept mit einer Zutatenliste und der Beschreibung der Zubereitung. Sind darin die Mengen der Zutaten genau angegeben, so wird jedem das „Nachkochen" gut gelingen.

Forschen in der Küche:
Wie wird Wasser zum Erfrischungsgetränk?

Erfindet euer eigenes Erfrischungsgetränk. Arbeitet dazu in Gruppen. Bringt Geschmack und Farbe in das Wasser. Gut riechen soll es auch. Nutzt Tees, Kräuter, Gewürze, Frucht- oder Gemüsesäfte. Versucht, eine möglichst klare (durchsichtige) Flüssigkeit mit einer schönen Farbe zu erhalten.

Planung: Überlegt, welche Geräte und Zutaten ihr braucht und wie ihr vorgehen wollt. Bedenkt, dass es einige Zeit dauert, bis sich Geschmacksstoffe von Kräutern im Wasser gelöst haben. Anhand Aufgabe 1 könnt ihr vorher einiges ausprobieren. Besprecht euren Plan mit eurer Lehrerin oder eurem Lehrer.

Durchführung: Benutzt nur Materialien (Gläser, Sieb, Flaschen) aus der Küche, nichts aus dem Fachraum. Denn ihr wollt ja auch kosten. Vergesst nicht, jeden Schritt genau aufzuschreiben, auch die Mengen der benutzten Zutaten.

Ergebnis auswerten: Probiert euer Getränk und beurteilt es. Beschreibt Geschmack, Geruch und Farbe. Was könntet ihr verbessern? Verändert wenn nötig euer Rezept.

Präsentieren: Wenn ihr glaubt, dass euer Erfrischungsgetränk gut ist, dann überlegt euch, wie ihr es euren Mitschülern präsentieren wollt. Findet einen Namen, wählt eine schöne Flasche aus und malt Etiketten, auch eines mit den Inhaltsstoffen des Getränks. Schreibt ein Rezept, sodass andere es „nachkochen" können.

> **! Die Sprache der Wissenschaftler:**
> Spricht der Koch von einer Zutat, dann sagt der Wissenschaftler Stoff dazu.
> Wasser ist für ihn ein flüssiger Stoff, Zucker ein Feststoff und Luft ein gasförmiger Stoff.

Getränke ähnlich heutigen Limonaden gab es bereits vor 400 Jahren, z. B. aus Rosen, Zimt, Kräutern oder Früchten.

Ein einfaches Rezept für Limonade
Zutaten:
- 300 ml Leitungswasser
- 5 g Zucker
- 10 ml Zitronensaft
- 1 Msp Backpulver

Zubereitung: Der Zitronensaft und der Zucker werden in das Wasser eingerührt. Anschließend gibt man eine Messerspitze Backpulver hinzu.

❶ Gebt Kräuter und Gewürze jeweils einzeln in ein Glas Wasser. Verändert sich Farbe, Geruch und Geschmack des Wassers? Haben sich alle Teile im Wasser gelöst? Wenn nicht, wie bekommt ihr das Wasser wieder klar? Probiert auch verschiedene Mischungen aus.

❷ Tee lässt man in heißem und nicht in kaltem Wasser ziehen. Plant in Gruppen ein Experiment dazu. Ihr braucht: 2 Teebeutel, 2 Gläser, warmes und kaltes Wasser. Besprecht und notiert, wie ihr vorgeht. Beschreibt genau, was ihr herausfindet.

Wasser – ein Lösemittel

Gibt man Zucker in Wasser und rührt um, ist der Zucker bald nicht mehr zu sehen. Man sagt: Zucker löst sich in Wasser. Er ist aber noch da, denn das Wasser schmeckt jetzt süß. Wenn das Wasser vollständig verdunstet, wird der Zucker wieder sichtbar. Löst sich ein Stück Farbstoff in Wasser, verändert das zwar die Farbe des Wassers (▶1), es bleibt aber klar. Das Farbstoffstückchen selbst ist bald nicht mehr zu sehen.

1 Farbstoff löst sich in Wasser.

> **!** Stoffe, die sich in Wasser lösen, nennt man wasserlöslich. Sie bilden mit Wasser eine klare wässrige Lösung. Für viele Stoffe ist Wasser ein gutes Lösemittel.

Ein Stoff löst sich in Wasser, wenn er nicht mehr zu sehen ist und das Wasser klar bleibt. Ein unlöslicher Stoff bleibt sichtbar. Erforscht das Lösemittel Wasser. Schreibt genau auf, wie ihr beim Experimentieren vorgeht und notiert Beobachtungen und Ergebnisse in einer Tabelle.

EXPERIMENT A

Welcher Feststoff löst sich in Wasser?
Prüft Kochsalz, Mehl, Zucker, Sand und Tafelkreide. Notiert zuvor, welches Ergebnis ihr vermutet.
Material: Becherglas, Wasser, Löffel, Rührstäbe
Durchführung: Füllt für jeden Stoff ein Becherglas mit 100 ml Wasser. Beschriftet das Becherglas und gebt einen Löffel des Stoffs ins Wasser. Rührt um und wartet ab. Nutzt jeweils einen sauberen Löffel.

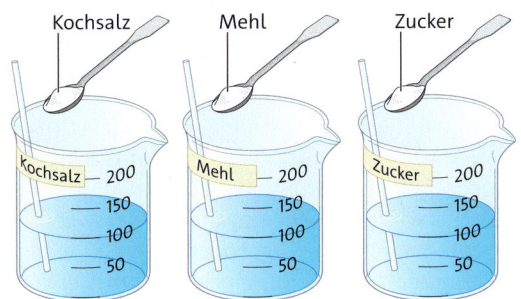

Auswertung: Vergleicht die Ergebnisse. Ordnet die Stoffe nach ihrer Löslichkeit in Wasser.

EXPERIMENT B1

Wie viel Feststoff löst sich in Wasser?
Material: 2 Bechergläser, 2 Messlöffel, 2 Rührstäbe, Wasser, Salz, Zucker
Durchführung: Gebt nacheinander einen gestrichenen Löffel Salz in 100 ml Wasser. Rührt nach jedem Löffel, bis es gelöst ist. Zählt, wie viele Löffel Salz ihr braucht, bis es sich nicht mehr löst und am Boden liegen bleibt. Wiederholt den Versuch mit Zucker.
Auswertung: Vergleicht die benötigten Mengen an Salz und Zucker, bis sich ein Bodensatz gebildet hat.

Gesättigte Lösung Wenn eine Lösung nichts mehr von dem Stoff aufnehmen kann, ist sie gesättigt. Der ungelöste Stoff bleibt dann als Bodensatz liegen.

> **!** In jeweils der gleichen Menge Lösemittel lösen sich verschiedene Stoffe in unterschiedlichen Mengen. Jeder Stoff hat daher eine andere Löslichkeit.

EXPERIMENT B2

Kann mehr Wasser mehr Stoff lösen?
Durchführung: Wiederholt Experiment B1. Löst Salz und Zucker diesmal in jeweils 200 ml Wasser.
Auswertung: Vergleicht die Ergebnisse mit denen aus Experiment B1. Erkennt ihr eine Regel?

Löslichkeit Die Löslichkeit eines Stoffs gibt an, wie viel sich davon in einer bestimmten Menge Lösemittel lösen kann, bis die Sättigung eintritt. So lösen sich maximal 36 Gramm Salz in 100 Milliliter Wasser. Nimmt man doppelt so viel Wasser, braucht man auch die doppelte Menge des zu lösenden Stoffs, um wieder die Sättigung zu erreichen.

EXPERIMENT C

Verschwinden die Stoffe in der Lösung?
Material: Schälchen, Pipetten, gesättigte Lösungen
Durchführung: Gebt in je ein Schälchen 20 Tropfen einer gesättigten Lösung (z. B. aus Experiment B2). Stellt sie für einen Tag an einen warmen Ort.
Auswertung: Erklärt eure Beobachtung.

❶ Beim Experimentieren werden die Bechergläser beschriftet. Erläutere den Sinn dieser Maßnahme.

❷ Dein Tee ist zu süß. Überlege, was du tun kannst, um ihn wieder genießbar zu machen. Probiere es aus.

❸ Löst sich Zucker oder Salz auch ohne Umrühren in Wasser? Notiere deine Vermutungen und überprüfe sie zu Hause. **Tipp:** Du brauchst etwas Geduld.

Der wissenschaftliche Weg zur Beantwortung einer Frage ...

Experimente helfen uns, Naturerscheinungen planmäßig zu beobachten und zu untersuchen. So bekommen wir Antworten auf unsere Fragen. Du kannst zum Beispiel untersuchen, unter welchen Bedingungen sich Stoffe gut lösen.

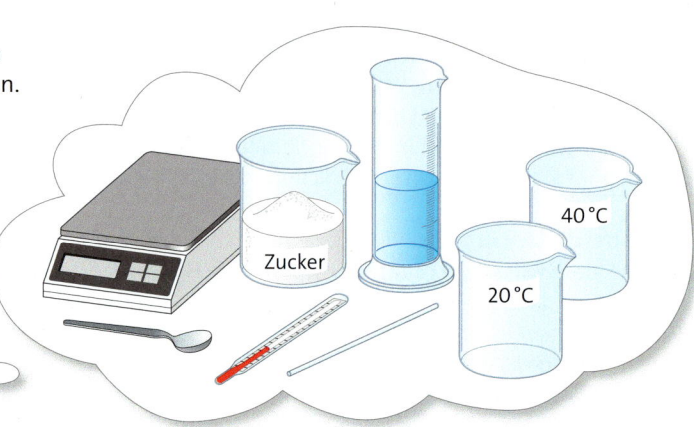

Schritt 1 — Beobachtung und Frage
Du beobachtest etwas und fragst dich, warum es so und nicht anders passiert.

→ Gibt man Zucker in kalten Tee, bleibt oft ein Bodensatz, im warmen Tee dagegen nicht. **Ändert die Wassertemperatur die Löslichkeit von Zucker?**

Schritt 2 — Hypothese (Vermutung)
Möglicherweise hast du schon Erfahrungen und eine Idee, wie die Antwort sein könnte.

→ Bei höherer Wassertemperatur nimmt die Löslichkeit von Zucker zu.

Schritt 3 — Versuchsplanung und Material
Überlege dir einen Versuch, um deine Vermutung zu überprüfen. Wie willst du vorgehen, was ist dabei zu beachten und was brauchst du dafür? Was musst du bei deinem Versuch beobachten und messen?

→ Es soll geprüft werden, wie viel Zucker sich in unterschiedlich warmem Wasser löst, bis die Sättigung eintritt. Dazu braucht man: 2 Bechergläser, Löffel, Thermometer, Messzylinder, Waage, Wasser (20 °C, 40 °C), Rührstab, Glas mit Zucker.

Schritt 4 — Durchführung des Versuchs
Führe das Experiment durch. Bei der Durchführung muss genau vorgegangen werden. Es wird beobachtet und gemessen und alles notiert.

→ Das Glas mit Zucker wird gewogen und die Masse in Gramm notiert. Ein Becherglas wird mit 100 ml Wasser von 20 °C gefüllt. Löffelweise wird Zucker hinzugegeben und gerührt, bis zur Sättigung. Das Zuckerglas wird erneut gewogen. Der Messwert wird vom Anfangswert abgezogen. So erhält man die Masse des gelösten Zuckers in Gramm. Der Versuch wird mit 40 °C warmem Wasser wiederholt.

Schritt 5 — Auswertung und Deutung
Zeigen die Ergebnisse, ob deine Vermutung richtig oder falsch war? Kannst du damit einen Je-desto-Satz formulieren?

→ Der Vergleich der Ergebnisse zeigt, dass sich mehr Zucker im 40 °C warmen Wasser gelöst hat als im 20 °C warmen Wasser. Je höher die Wassertemperatur, desto größer die Löslichkeit von Zucker.

Schritt 6 — Fehlerdiskussion
Wurden beim Experimentieren Fehler gemacht oder ungenau gemessen? Hätte man es besser machen können?

→ Wurden die Messwerte richtig abgelesen? Wurde immer gleich viel Wasser benutzt?

Schritt 7 — Neue Frage
Oft entstehen durch einen Versuch neue Fragen, die zu weiteren Experimenten führen.

→ Nimmt auch bei Salz die Löslichkeit in Wasser mit höherer Temperatur zu?

... und das Versuchsprotokoll

Alle Schritte eines Experiments von der Fragestellung bis zur Deutung werden in einem Versuchsprotokoll schriftlich festgehalten. So machen es alle Wissenschaftler. Solche Protokolle sind die Grundlage, um mit anderen über die Experimente zu sprechen und Ergebnisse zu vergleichen.

Schritt 1 — Titel, Frage, Vermutung
Beschrifte das Protokoll mit deinem Namen, Datum und Ort. Formuliere die Frage und die Vermutung.

Schritt 2 — Material
Notiere die Geräte und Stoffe, die du für deinen Versuch brauchst. Gib Sicherheitsmaßnahmen an, wenn Gefahrstoffe genutzt werden oder eine Verletzungsgefahr besteht.

Schritt 3 — Versuchsaufbau und Durchführung
Beschreibe die Durchführung des Experiments. Das kann auch eine Zeichnung sein, die den Versuchsaufbau und das Vorgehen zeigt.

Schritt 4 — Beobachtung und Messwerte
Notiere Beobachtungen und Messwerte. Nutze dazu wenn möglich Tabellen.
Achtung: Beobachtungen sind nur das, was man wirklich sehen, riechen, hören oder messen kann. Wenn deine Freundin auf der anderen Seite der Erdkugel das Experiment nach deinem Protokoll durchführt, sollte sie die gleichen Beobachtungen machen.

Schritt 5 — Auswertung und Interpretation
Werte die Beobachtungen und Messwerte aus und formuliere das Ergebnis. Du kannst auch Diagramme zeichnen. Vergleiche, deute, erkläre und leite Schlussfolgerungen entsprechend der Fragestellung ab.

❶ Beschreibe die allgemeine Vorgehensweise beim Experimentieren an einem Beispiel.

❷ Führt das Zuckerexperiment (▶ S. 40) durch. Jeder schreibt dazu ein Versuchsprotokoll. Vergleicht eure Protokolle untereinander.

❸ Bei einem Experiment wird immer nur ein Faktor verändert, alle anderen bleiben gleich. Die zwei Faktoren für die Löslichkeit eines Stoffs sind Wassermenge und Wassertemperatur. Nenne für das Zuckerexperiment den Faktor, der verändert wurde, und den Faktor, der gleich geblieben ist. Gib den Grund dafür an. **Tipp:** Lies die Frage, die für das Experiment formuliert wurde, noch einmal durch.

Maren Maus, Klasse 5, Schule München   *Datum: 20.05.2017*

Versuchsprotokoll

Nimmt die Löslichkeit von Salz bei höherer Wassertemperatur zu, so wie bei Zucker?

Vermutung: Da bei höherer Wassertemperatur die Löslichkeit von Zucker zunahm, könnte auch die Löslichkeit von Salz zunehmen.

Material: 2 Bechergläser, Wasser, Thermometer, Waage, Löffel, Messzylinder, Rührstab, Kochsalz

Versuchsaufbau:

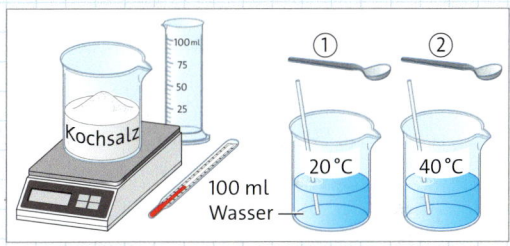

Durchführung: Das Glas mit Kochsalz wird vor und nach jedem Versuch gewogen. Löffelweise wird Salz im 20 °C warmen Wasser (100 ml) gelöst, bis die Sättigung eintritt. Die verbrauchte Salzmenge wird berechnet. Der Versuch wird mit 40 °C warmem Wasser wiederholt.

Beobachtung und Messwerte: Im kalten Wasser löst sich Salz weniger schnell.

Wassertemperatur	20 °C	40 °C
Kochsalzmenge bis zur Sättigung	36 g	37 g

Auswertung und Deutung: Die Ergebnisse bestätigen meine Vermutung nicht. Kochsalz ist in warmem oder kaltem Wasser fast gleich gut löslich. Die Löslichkeit von Zucker war stärker temperaturabhängig. Die Temperatur ändert die Löslichkeit der Stoffe unterschiedlich stark.

Fehlerdiskussion: Wurden die Messwerte richtig abgelesen? Hat sich das Wasser zu schnell abgekühlt?

Gase in Wasser lösen

Es ist Sommer, du hast ein Glas kühle Sprudellimonade vor dir. Nach einer Stunde möchtest du den Rest trinken. Iiih, er ist warm und schmeckt fad. Wo ist der Sprudel hin und was sprudelt da überhaupt?
Gibst du Brausepulver in Wasser, dann beginnt es zu sprudeln. Es hat sich ein Gas gebildet. Es ist das Kohlenstoffdioxid. Kohlenstoffdioxid ist wie auch der Sauerstoff, den wir zum Atmen brauchen, ein Bestandteil der Luft.

EXPERIMENT A1

Wie viel Gas löst sich in Wasser?
Material: 2 Brausetabletten, Wasser (20 °C), Glasplatte, Wanne, Messzylinder (500 ml), Tiegelzange
Durchführung: Deckt den randvoll mit Wasser gefüllten Messzylinder mit der Glasplatte ab. Stellt ihn kopfüber in die Wanne mit Wasser. Nehmt unter Wasser die Glasplatte weg und steckt mit der Tiegelzange eine Brausetablette darunter. Markiert den Wasserstand am Messzylinder, nachdem die Brausetablette aufgelöst ist. Gebt nun die zweite Brausetablette unter den Messzylinder.
Auswertung: Vergleicht die jeweils gebildeten Gasmengen und erklärt das Ergebnis.

Gesättigte Lösung Gase lösen sich bis zu einer bestimmten Menge in Wasser. Dann ist die Lösung gesättigt. Das ungelöste Gas bildet keinen Bodensatz, es entweicht nach oben aus dem Wasser.

EXPERIMENT A2

Ändert die Temperatur die Löslichkeit von Gasen?
Wiederholt Experiment A1 mit warmen Wasser von etwa 40 °C.
Auswertung: Vergleicht die Messwerte mit den Messwerten aus Experiment A1.

Löslichkeit Im kalten Wasser löst sich mehr Gas als im warmen Wasser. Wird Wasser erwärmt, dann sinkt die Löslichkeit von Gas, es entweicht.

! Jedes Gas hat eine andere Löslichkeit. Sie sinkt, wenn die Wassertemperatur steigt.

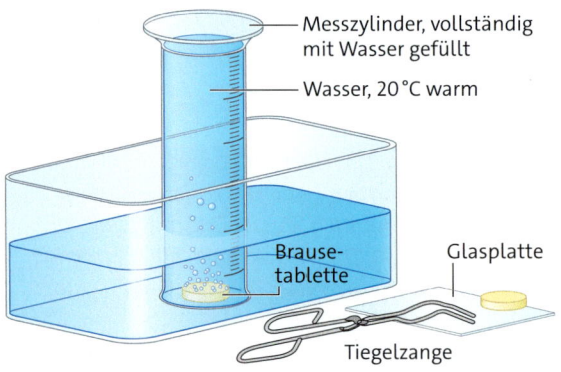

1 Brausetablette lösen und Gas auffangen

❶ Schau dir den Versuchsaufbau rechts an. Beschreibe ihn und erkläre, was der Versuch zeigt.

❷ Erkläre, warum die Sprudellimo nicht mehr sprudelt, wenn sie eine Zeit lang in der Sonne stand.

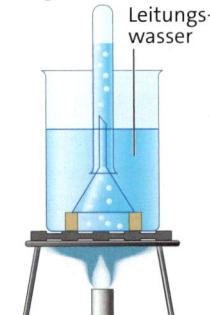

METHODE

Der Nachweis von Kohlenstoffdioxid
Klares Kalkwasser wird milchig, immer wenn es mit Kohlenstoffdioxid zusammenkommt. Dieses Wissen nutzen Chemiker, um das farblose Gas nachzuweisen.
Durchführung: Ihr bekommt einen Glaskolben mit Kalkwasser (**Schutzbrille und Laborhandschuhe!**). Baut den Versuch auf und erwärmt die Flasche mit den Händen. Entsorgt das Kalkwasser nach Angabe der Lehrkraft.

! Ein Nachweis ist eine Methode, um einen Stoff zu identifizieren.

Flüssigkeiten in Wasser lösen

Viele flüssige Stoffe lösen sich gut in Wasser. Sie lösen sich dann in unbegrenzter Menge. Bestimmte Flüssigkeiten jedoch nicht. Sie lassen sich mit Wasser meist nur vorübergehend mischen, wenn man kräftig schüttelt. Dann bildet sich eine trübe Flüssigkeit, eine Emulsion (▶1). Die Flüssigkeiten entmischen sich nach einiger Zeit wieder.

EXPERIMENT A

Welche Flüssigkeit löst sich in Wasser?
Prüft Öl und Essig. Notiert zuvor eure Vermutungen.
Material: 2 Reagenzgläser mit Stopfen, Reagenzglashalter, 2 Pipetten, Essig, Öl, Wasser
Durchführung: Gebt je drei Finger hoch Wasser in die Reagenzgläser. Tropft mit jeweils einer sauberen Pipette in das eine Essig und in das andere Öl. Verschließt die Reagenzgläser und schüttelt sie kräftig.
Auswertung: Vergleicht die Löslichkeit der Stoffe. Entsorgung nach Anweisung der Lehrkraft.

EXPERIMENT B

Wie viel ergibt eine Lösung aus 50 ml Wasser und 50 ml Alkohol?
Ihr bekommt den in Bild 2 dargestellten Versuchsaufbau. Alkohol und Wasser sollen gemischt werden. Vermutet zuvor, wie hoch der Flüssigkeitsstand im mittleren Messzylinder sein wird.
Durchführung: Führt das Experiment durch. Beachtet, wie man den Flüssigkeitsstand genau abliest.
Achtung: Alkohol ist leicht entzündlich.
Auswertung: Vergleicht das Ergebnis mit eurer Vermutung. Entsorgung nach Anweisung der Lehrkraft.

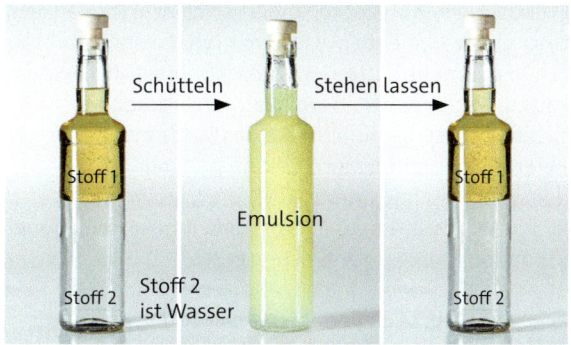

1 Egal, wie lange man schüttelt, Stoff 1 schwimmt immer wieder oben. Welcher Stoff das wohl ist?

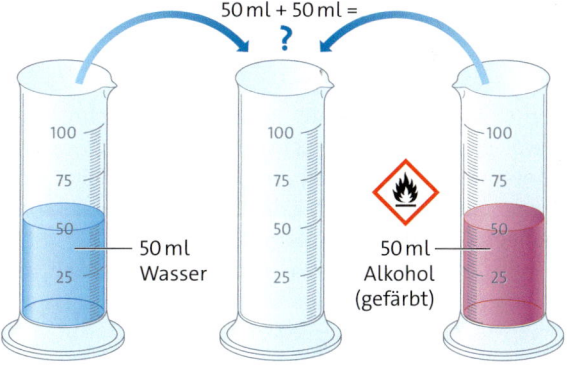

2 Mischen von Alkohol und Wasser

Wie kann man das Ergebnis von Experiment B erklären? Die Naturwissenschaftler haben sich dafür ein Modell überlegt, das **Teilchenmodell**, es beschreibt den Aufbau der Stoffe (▶ Methode). Mit ihm kann man dieses und auch andere Phänomene erklären und verstehen.

METHODE

Der Aufbau der Stoffe im Teilchenmodell
Alkohol, Wasser und alle anderen Stoffe sind aus vielen kleinen Teilchen aufgebaut, die sich ständig bewegen. Zwischen den Teilchen ist nichts, leerer Raum. Die Teilchen sind so winzig klein, selbst unter einem Mikroskop kann man sie nicht sehen. Ein Stoff besteht immer aus gleichen Teilchen. Die Teilchen verschiedener Stoffe unterscheiden sich in Größe, Form und Masse.
Mit dem Teilchenmodell lässt sich der Mischungsversuch erklären: Teilchen verschiedener Stoffe können sich miteinander vermischen. Wasser- und Alkoholteilchen sind unterschiedlich groß. Durch die Bewegung der Teilchen gelangen die kleineren Wasserteilchen in die Lücken zwischen den größeren Alkoholteilchen – so wie die Reiskörner zwischen die Erbsen.

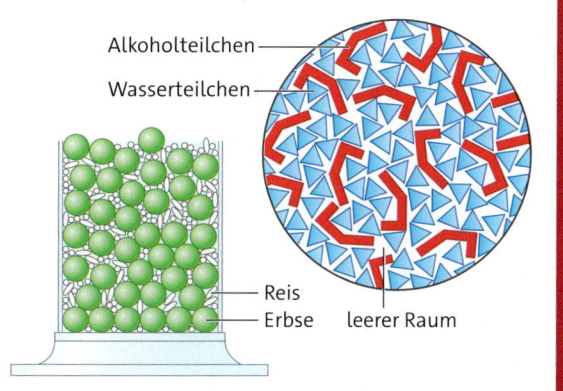

! Vorstellungsmodelle wie das Teilchenmodell helfen beim Erklären von Beobachtungen. Sie stellen komplizierte Vorgänge vereinfacht dar.

Die Löslichkeit – es kommt auch auf die Temperatur an

Die Löslichkeit von Zucker änderte sich beim Erwärmen, trotz gleichbleibender Wassermenge. Im Brausetabletten-Experiment hatte sich mehr Kohlenstoffdioxid im kalten Wasser gelöst als im warmen Wasser.
Tatsächlich ist die Löslichkeit eines Stoffs mehr oder weniger von der Temperatur abhängig. Daher muss neben der Wassermenge immer auch die Wassertemperatur gleich sein, wenn man die Löslichkeiten verschiedener Stoffe miteinander vergleichen will.

> **!** Die Löslichkeit verschiedener Stoffe ist nur vergleichbar bei gleicher Wassermenge und gleicher Wassertemperatur.

Mit der Löslichkeit eines Stoffs gibt man also an, wie viel davon in einer bestimmten Menge Wasser bei einer bestimmten Temperatur gelöst werden kann, bis die Sättigung eintritt.
Die Angabe der Löslichkeit von Zucker lautet danach: 203,9 g Zucker lösen sich in 100 ml Wasser bei 20 °C.

> **!** Die Löslichkeit ist eine Eigenschaft eines Stoffs. Jeder Stoff hat eine andere Löslichkeit.

❶ Erkläre, was jeweils passiert, wenn eine gesättigte Zuckerlösung abkühlt oder wenn das Wasser daraus verdunstet.

NACHGEHAKT

Hitzewelle bedroht Fische

Immer wieder im Sommer liest man Nachrichten wie diese: Hitzewelle – ein Fischsterben droht.
In natürlichen Gewässern, in Flüssen und Seen, sind immer Gase aus der Luft gelöst. Darunter auch Sauerstoff, den die Fische zum Atmen brauchen.
Wie bei allen Gasen sinkt jedoch die Löslichkeit des Sauerstoffs bei steigender Wassertemperatur. Das hat große Bedeutung für die Bewohner der Gewässer. Ist zu wenig Sauerstoff im Wasser gelöst, dann können sie nicht mehr mehr ausreichend atmen.
Wie für das Wetter gibt es auch für das Wasser an Flüssen und Seen viele Messstationen. Wissenschaftler kontrollieren dort ständig die Sauberkeit des Wassers, den Wasserstand und die Wassertemperatur. Steigt irgendwo die Temperatur so hoch, dass die Fische an Sauerstoffmangel leiden, dann schlagen sie Alarm.
Von Booten aus wird Sauerstoff ins Wasser eingeleitet, kleinere Teiche werden mit kühlem Wasser aufgefüllt. Zur Not können auch Industrieanlagen, die ihr warmes Abwasser in die Flüsse leiten, abgeschaltet werden.
Wird schnell genug gehandelt, dann erholen sich die Fische bald wieder.

2 In mehr als 6000 Fischteichen wird im Gebiet des Aischgrunds vor allem der Spiegelkarpfen gezüchtet.

❷ Bei lang anhaltender Hitze und ausbleibenden Niederschlägen steigt die Wassertemperatur, gleichzeitig sinkt der Wasserstand. Erläutere die Auswirkungen auf kleine Bäche oder Teiche und deren Bewohner.

❸ Die Sauerstoffeinleitung in ein Gewässer ist nur sinnvoll, wenn sie während der gesamten Hitzeperiode durchgeführt wird. Nenne den Grund.

❹ Fischteichbetriebe haben in Bayern eine lange Tradition. Schon im Mittelalter legten Mönche in Franken die ersten Teiche für die Karpfenzucht an. Plant den Besuch einer Teichanlage oder sammelt eure Fragen und schreibt einen Brief. Fragt auch nach, welche Maßnahmen der Teichbetreiber bei Hitzeperioden unternimmt.

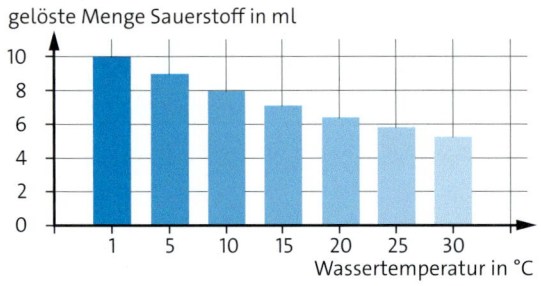

1 Löslichkeit von Sauerstoff in 1 Liter Wasser

Das Teilchenmodell für den Lösevorgang

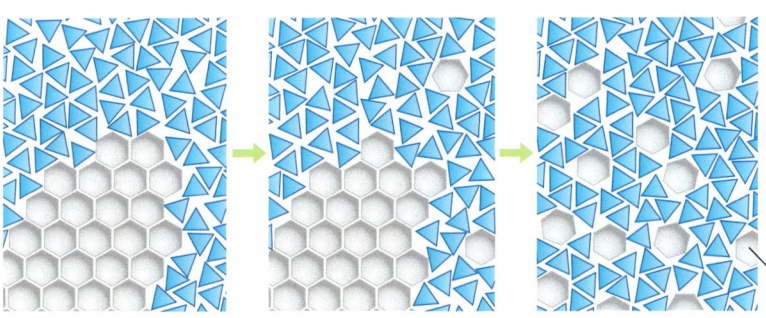

1 Teilchenmodell: Ein Zuckerkristall löst sich in Wasser.

Wissenschaftler nutzen gerne Modelle. Mit einem Modell können sie komplizierte Vorgänge einfach darstellen und erklären. Auch Voraussagen sind möglich.

▲ Wasserteilchen
⬡ Zuckerteilchen

Das Teilchenmodell besagt: Jeder Stoff ist aus vielen kleinen Teilchen aufgebaut, sie bewegen sich ständig, zwischen ihnen ist nichts (▶ S. 43). Den Lösevorgang von Zucker in Wasser können wir damit so beschreiben:

Schritt 1   Vereinfachen
Wir stellen uns vor: Die Teilchen eines Feststoffs liegen dicht gepackt und haben einen starken Zusammenhalt. So bleiben sie auf ihren Plätzen und jedes Teilchen schwingt nur an seinem Platz.
Die Teilchen einer Flüssigkeit sind stärker in Bewegung und ihr Zusammenhalt ist geringer. Die Teilchen stoßen ständig gegeneinander und verschieben sich dabei gegenseitig.
Alle Teilchen sind immer in Bewegung, durch Erwärmen des Stoffs werden sie schneller, durch Abkühlen langsamer.

 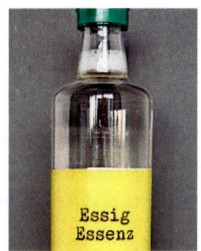

Schritt 2   Darstellen des Lösevorgangs
Der Zuckerkristall, der aus dicht gepackten Teilchen besteht, ist umgeben von Wasserteilchen. Die Wasserteilchen prallen aufgrund ihrer Bewegungen auf die Zuckerteilchen. Einige Wasserteilchen schieben sich zwischen die Zuckerteilchen am Rand des Kristalls. Dabei verlieren die Zuckerteilchen mehr und mehr ihren Zusammenhalt. Sie driften auseinander und verteilen sich.

2 Teilchenmodell und Wirklichkeit: oben Essigwasser, unten Sprudelwasser

 Essigteilchen
 Kohlenstoffdioxidteilchen

Schritt 3   Was zeigt das Modell und was nicht?
Das Modell beschreibt vereinfacht den Vorgang, wie ein Feststoff sich in Wasser löst. Die einzelnen Teilchen des gelösten Stoffs verteilen sich dabei zwischen den Wasserteilchen. In Wirklichkeit sehen wir die Teilchen nicht. Wir wissen also nicht, wie sie aussehen. Man kann sich die Teilchen eines Stoffs auch in einer anderen Form und Farbe vorstellen.

❶ Zucker löst sich in heißem Wasser schneller als in kaltem. Auch der Tee zieht schneller, wenn das Wasser heiß ist. Erkläre diese Vorgänge mithilfe des Teilchenmodells. **Tipp:** Die Teilchenbewegung ändert sich mit der Temperatur.

❷ Aus Erfahrung weißt du, dass sich der Zucker im Tee durch Umrühren schneller löst. Erkläre mithilfe des Teilchenmodells die Beschleunigung des Lösevorgangs durch das Umrühren.

❸ **Knifflig:** Kandiszucker löst sich langsamer als Würfelzucker. Versuche den Vorgang mithilfe des Teilchenmodells zu erklären. **Tipp:** Betrachte die Oberfläche vom Kandiszucker und vom Würfelzucker.

Stoffgemische und Reinstoffe

Stoffgemische In unserer Umwelt gibt es viele Stoffgemische. Nebel ist ein Gemisch aus Wassertröpfchen und Luft. Selbst die Luft ist ein Gemisch, denn sie besteht aus unterschiedlichen Gasen. In der Limonade sind Kohlenstoffdioxid, Zucker, Farb- und Geschmacksstoffe im Wasser gelöst.

! Wenn feste, flüssige oder gasförmige Stoffe miteinander vermischt sind, spricht man von **Stoffgemischen**.

In manchen Stoffgemischen sind die Bestandteile noch deutlich erkennbar, so wie in einer Mischung aus Steinen und Erde. Hier kannst du die Steine einfach durch Auslesen vom Stoffgemisch trennen.
In anderen Gemischen sind die einzelnen Stoffe nicht mehr zu unterscheiden wie im Salzwasser. Mithilfe bestimmter **Trennverfahren** kann man auch solche Gemische wieder in die einzelnen Stoffe trennen (▶ S. 47).

! Stoffgemische kann man wieder in die einzelnen Stoffe trennen, weil die Eigenschaften der Stoffe in den Gemischen erhalten bleiben.

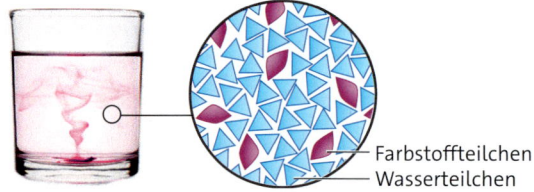

1 Stoffgemische (z. B. Farbstofflösung) bestehen aus unterschiedlichen Teilchen.

Reinstoffe Trennt man ein Gemisch in die einzelnen Stoffe auf, erhält man die Reinstoffe wie Zucker, Salz oder Sauerstoff. Man erkennt sie an ihren stets gleichen Eigenschaften. So schmeckt Zucker immer gleich süß. In einem Gemisch mit Wasser dagegen ist die Süße davon abhängig, wie viel Zucker man ins Wasser gibt.

! Stoffe, die man nicht weiter in verschiedene Stoffe trennen kann, nennt man **Reinstoffe**.

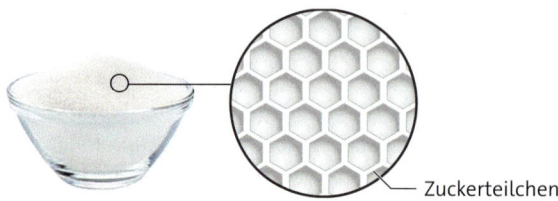

2 Reinstoffe (z. B. Zucker) bestehen aus gleichen Teilchen.

3 Gemisch aus Farbstoff und Wasser

Teilchenmodell Im Teilchenmodell stellen wir uns vor, dass ein Reinstoff nur aus gleichen Teilchen aufgebaut ist. Gemische dagegen bestehen aus mindestens zwei verschiedenen Teilchensorten, da mindestens zwei verschiedene Reinstoffe enthalten sind.

Wasser – Reinstoff oder Gemisch? Sprechen wir von Süß- oder Trinkwasser, meinen wir eigentlich ein Gemisch. Denn im natürlichen Wasser sind immer Gase der Luft und Mineralstoffe gelöst. Erst wenn Wasserdampf abkühlt und zu flüssigem Wasser wird, erhalten wir reines Wasser. Man sagt auch destilliertes Wasser dazu, denn **Destillation** heißt das Trennverfahren, mit dem man reines Wasser gewinnt.

❶ Ordne die Beschreibungen den Bildern (A bis C) zu:
 – Wasser verdunstet aus der Farbstofflösung.
 – Farbstoff ist in Wasser gelöst.
 – Fester Farbstoff bleibt zurück.
 Beschreibe mithilfe des Begriffs „Teilchen", was in den Bildern dargestellt ist.

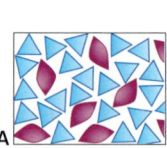 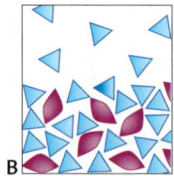 

A　　　　　　B　　　　　　C

❷ Stoffgemisch oder Reinstoff? Ordne die folgenden Begriffe in einer Tabelle: destilliertes Wasser, Nudelsuppe, Kreide, Tee (im Glas), Zucker, Müsli und Eisen. Ergänze die beiden Spalten um je zwei Beispiele. Begründe jeweils deine Entscheidung.

❸ Sieh dir das Etikett auf einer Flasche Wasser an. Erkläre, warum dieses Wasser ein Stoffgemisch ist.

❹ Deine Füllertinte ist ein Gemisch und kein Reinstoff. Begründe dies. Überlege dir einen Versuch, mit dem du das zeigen kannst.

Gemische und ihre Trennung

Stoffgemische bestehen aus verschiedenen Reinstoffen. Mit bestimmten Trennverfahren lassen sich die einzelnen Reinstoffe wieder heraustrennen. Je nach Gemisch und Eigenschaften der Reinstoffe benutzt man unterschiedliche Verfahren. Oft werden verschiedene Trennverfahren auch nacheinander angewandt.

Auslesen Lose nebeneinanderliegende Bestandteile werden mit der Hand verlesen, auch mithilfe einer Lupe und einer Pinzette.

Absetzenlassen und Abgießen Wenn unlösliche Feststoffe in einer Flüssigkeit schwerer sind als die Flüssigkeit, sinken sie darin nach unten und setzen sich ab. Die schwersten Bestandteile sinken am schnellsten und liegen ganz unten im Bodensatz. Die Flüssigkeit über dem Bodensatz gießt man ab.

Sieben und Filtrieren Mit einem Sieb kann man Feststoffe unterschiedlicher Größe oder Feststoffe von Flüssigkeiten trennen. Ein Filter wirkt wie ein ganz feines Sieb. Im Filter bleibt der Rückstand zurück. Die gereinigte Flüssigkeit, das Filtrat, geht durch die Poren des Filters hindurch. Das Filtrat kann noch gelöste Stoffe enthalten, die durch die Poren passen.

Verdunsten und Eindampfen Um gelöste Feststoffe aus ihren Lösungen zu trennen, lässt man die Flüssigkeit in einem offenen Gefäß verdunsten. Der feste Stoff bleibt zurück. Der Vorgang des Verdunstens wird durch Erhitzen der Lösung beschleunigt. Das Lösemittel verdampft, der zuvor gelöste Stoff bleibt zurück.

Destillieren Wird eine Lösung aus Feststoff und Lösemittel erhitzt, verdampft bei einer bestimmten Temperatur die Flüssigkeit. Der Dampf entweicht, kühlt im Glasrohr ab und kondensiert. Die entstehende Flüssigkeit sammelt sich im Auffanggefäß. Man erhält das reine Lösemittel, das Destillat. Der gelöste Stoff bleibt im Destilliergefäß zurück.

❶ Gib für jede Trennmethode ein Beispiel an. Erkläre, aufgrund welcher Stoffeigenschaft das Gemisch getrennt wird.

❷ Beschreibe den Unterschied zwischen den Trennverfahren Eindampfen und Destillieren.

❸ Zum Abgießen der Nudeln verwendet man ein großes Sieb, zum Kaffeekochen einen Filter. Erkläre den Unterschied.

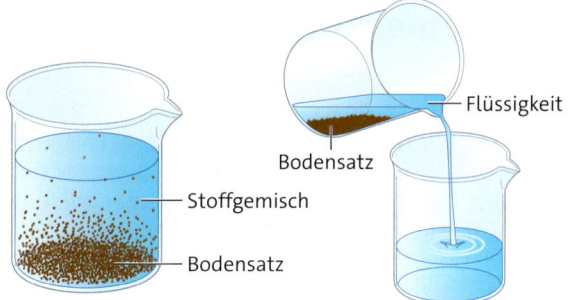

1 Absetzenlassen und Abgießen

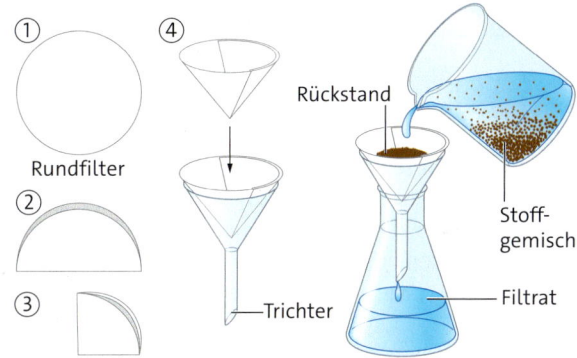

2 Falten des Rundfilters und Filtrieren

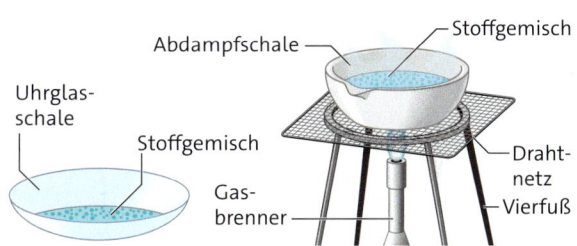

3 Verdunsten (links), Eindampfen (rechts)

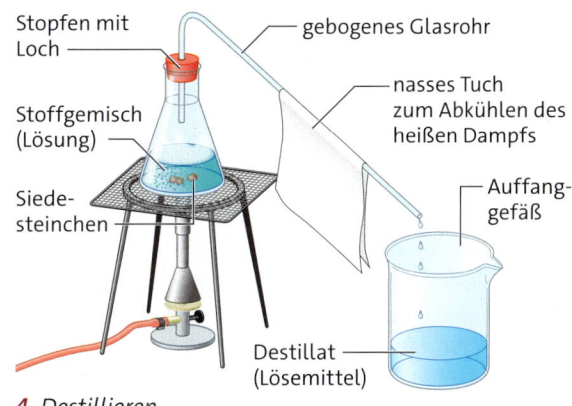

4 Destillieren

❹ Schau dir zu Hause den geöffneten Staubsauger an. Darin werden die Schmutzteile von der mit angesaugten Luft getrennt. Erkläre das Trennverfahren.

Wir trennen Stoffgemische

Zum Nudelkochen gibst du Salz ins Wasser. Es ist nicht mehr zu sehen. Ist es verschwunden? Das Wasser schmeckt salzig, das Salz muss noch drin sein. Schüttest du das Nudelwasser durch ein Sieb ab, bleiben die Nudeln zurück. Kann man so auch das Salz aus dem Wasser heraustrennen? Vielleicht mit einem Filter? Hebt man den Deckel eines kochenden Nudelwassertopfs hoch, dann bilden sich an seiner Unterseite Wassertropfen. Lass dir zu Hause einige Tropfen in ein Glas geben und probiere nach dem Abkühlen. Schmeckt es salzig?

Lest auf Seite 47 nach. Das kann hilfreich sein.

EXPERIMENT A

Kann man „Meerwasser" trennen?
Stellt ein Gemisch aus Wasser, Sand und Salz her.
Welche Gruppe schafft es, Salz aus dem Wasser zu trennen? Die abgebildeten Geräte können euch beim Experimentieren nützlich sein. Beschreibt genau, wie ihr die Aufgabe gelöst habt.

EXPERIMENT B

Kann man reines Wasser aus Salzwasser gewinnen?
Stellt ein Gemisch aus Wasser und Salz her. Baut mit den abgebildeten Geräten das Prinzip „Nudeltopf-Deckel" nach. Welcher Gruppe gelingt es, reines (destilliertes) Wasser zu erhalten? Demonstriert, wie ihr ohne zu kosten beweisen könnt, dass kein Salz mehr drin ist.

Bevor ein Glasröhrchen in den Gummistopfen gesteckt wird, muss es mit einem Tropfen Glycerin „leichtgängig" gemacht werden. Das Glasröhrchen dicht am Stopfen anfassen, sonst bricht es. **Verletzungsgefahr!**

 Die Stoffe einer Lösung können durch verschiedene Trennverfahren voneinander getrennt werden.

NACHGEHAKT

Meerwasser entsalzen – die Sonne hilft
Trinkbares Süßwasser ist Mangelware. Wo die Sonne viel scheint, wird daher Süßwasser aus Meerwasser gewonnen: Meerwasser wird in eine flache Wanne geleitet, die durch ein geneigtes Glasdach abgedeckt ist. Durch die Sonneneinstrahlung erwärmt es sich. Das Wasser verdunstet und das Salz bleibt zurück. Aufsteigender Wasserdampf verflüssigt sich am kühlen Glasdach, fließt an der Glasscheibe herunter und sammelt sich in der Auffangrinne. Bevor dieses destillierte Wasser als Trinkwasser verwendet werden kann, muss eine geringe Menge an Mineralstoffen zugegeben werden, die unser Körper braucht.

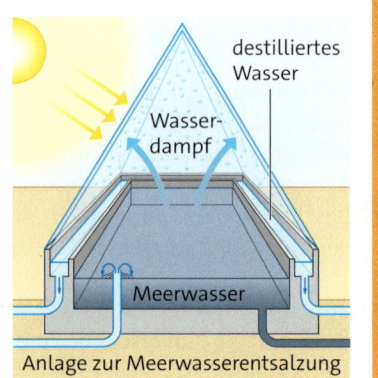

❶ Baut euch eine kleine Anlage zur Meerwasserentsalzung.

Wasser – kostbares Nass und wichtiges Lösemittel 49

Trinkwasser – ein seltener Stoff

Nur ein sehr kleiner Teil des Wassers auf der Erde ist für uns nutzbares Süßwasser. Sauberes Trinkwasser aus dem Hahn gibt es nicht überall. Teilweise muss Wasser mühsam aus tiefen Brunnen hochgepumpt werden. Nicht immer ist es gesund.

Grundwasser Das Regenwasser sickert tief in den Boden ein, bis es auf eine wasserundurchlässige Schicht trifft. Dort sammelt sich das Wasser als Grundwasser. Auf dem Weg durch die Erd-, Sand- und Kiesschichten wird es gefiltert wie durch ein Sieb. Es sieht daher relativ sauber aus. An einigen Stellen tritt es als Quellwasser wieder an die Oberfläche.

Trinkwasser Das Oberflächenwasser aus Flüssen und Seen kann man heutzutage nicht trinken. Das Grund- und Quellwasser ist zwar wegen der Filterwirkung des Bodens schon relativ sauber, aber auch dieses Wasser wird bei uns erst noch aufbereitet, bevor es als Trinkwasser aus der Wasserleitung fließt. Denn Schadstoffe aus Düngern und Pflanzenschutzmitteln gelangen bis ins Grundwasser. Auch Krankheitserreger können enthalten sein.

Abwasser Das Trinkwasser, das wir in unseren Haushalten verschmutzen, wird als Abwasser bezeichnet. Es darf nicht in die Gewässer gelangen. Deshalb wird es in der Kanalisation gesammelt und in **Kläranlagen** weitergeleitet.
In die Kanalisation gelangt alles, was zu Hause die Toilette hinuntergespült oder in das Waschbecken gegossen wird. Es läuft über kleine Abwasserrohre ab, diese vereinigen sich zu immer größeren Rohren, bis sie schließlich unterirdische „Flüsse" bilden (▶1).

> Informiert euch, woher euer Trinkwasser stammt.

2 Hier wird Grundwasser hochgepumpt.

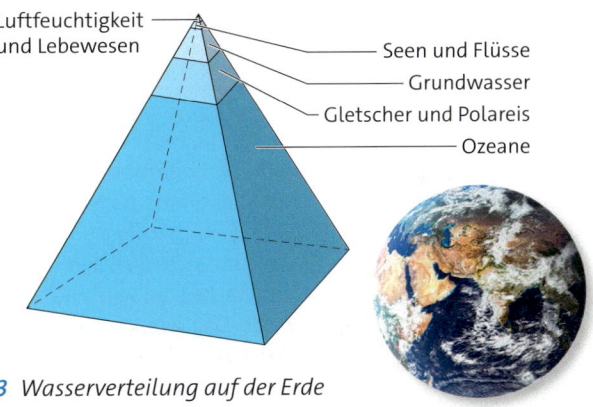

3 Wasserverteilung auf der Erde

1 Bootsfahrt durch die Kanalisation

❶ Das Bild der Erdkugel vermittelt den Eindruck, als sei Wasser im Überfluss vorhanden. Das Salzwasser der Ozeane ist aber kaum zu gebrauchen. Sieh dir in Bild 3 die Verteilung des gesamten Wassers auf der Erde an. Gib an, welche der im Bild genannten Wasserbereiche Süßwasser sind. Vergleiche die Mengen an Salzwasser und Süßwasser miteinander.

❷ Jeder bekommt eine Flasche mit „Schmutzwasser". Baue zu Hause ein Modell zur Wasserversickerung durch den Boden. Zeichne und beschreibe den Aufbau deines Modells. Wird das Wasser „sauber"? Vergleicht euer gereinigtes Wasser miteinander.

Abwasserreinigung in der Kläranlage

Abwasser gelangt von den Industrien und Haushalten in die Kläranlage. Bevor es in die Flüsse eingeleitet wird, muss es dort in mehreren Stufen gereinigt werden.

1. Stufe: die mechanische Abwasserreinigung
Das Abwasser fließt zuerst durch den **Rechen**. Er hält die größeren Gegenstände zurück. Im **Sandfang** setzen sich schwere Stoffe wie Kies und Sand ab. Einige Zeit bleibt das Wasser dann im **Vorklärbecken**. Es ist das Absetzbecken für feine Stoffe wie Fasern oder Gemüsereste. Sie sinken langsam zu Boden und bilden Schlamm, der abgetrennt und in den Faulturm befördert wird. An der Wasseroberfläche sammeln sich leichte Stoffe wie Öle und Folienreste, sie werden abgeschöpft.

2. Stufe: die biologische Abwasserreinigung
Das vorgereinigte Abwasser wird nun ins **Belebungsbecken** gepumpt. Dort leben unzählige Bakterien und Kleinstlebewesen, die man Mikroorganismen nennt (▶ 3). Sie werden mit Luft versorgt und ernähren sich von ganz feinem Bioabfall im Abwasser. Im nachfolgenden **Nachklärbecken** sinken die kleinen Biohelfer als Klärschlamm zu Boden. Der Bodensatz wird in den Faulturm geleitet.

3. Stufe: die chemische Abwasserreinigung
Einige Schadstoffe werden durch chemische Prozesse beseitigt. Dazu werden Chemikalien ins Abwasser gegeben. Sie binden die gelösten Schadstoffe und bilden unlösliche Flocken. Diese setzen sich mit dem Restschmutz am Boden des Nachklärbeckens ab und werden in den Faulturm gepumpt. Das gereinigte Wasser kann jetzt in einen Fluss oder See eingeleitet werden.

2 Kläranlage

3 Das Pantoffeltierchen, eines der vielen Mikroorganismen im Belebungsbecken

Im **Faulturm** bauen Bakterien den Klärschlamm weiter ab. Dabei bildet sich Faulgas, ein brennbares Gas, das in Kraftwerken zur Energiebereitstellung genutzt wird. Viele Trennschritte sind also nötig, weil wir mit vielen unterschiedlichen Stoffen das Wasser verschmutzen. Doch nicht alle Stoffe können mit diesen Techniken aus dem Wasser entfernt werden. So gelangen einige Schadstoffe, beispielsweise aus Reinigungsmitteln, trotz Kläranlage in die Gewässer.

> ❗ In einer Kläranlage werden Abwässer durch mechanische Trennmethoden sowie biologische und chemische Verfahren weitgehend gereinigt.

❶ Nenne die Reinigungsstufen einer Kläranlage und gib an, was jeweils entfernt wird.

❷ Ordnet dem Foto (▶ 2) die einzelnen Stationen aus der Schemazeichnung (▶ 1) zu.

❸ Sammelt Informationen über die nächste Kläranlage in eurer Nähe.

❹ Vermute, was passieren würde, wenn wir unsere Abwässer nicht reinigen würden.

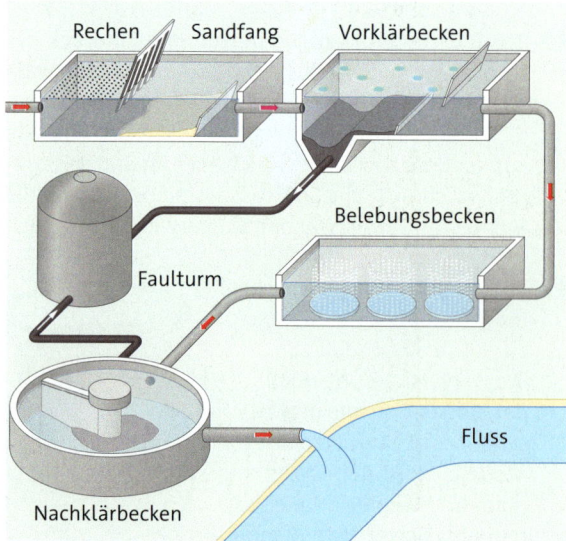

1 Schema einer Kläranlage

Wasserschutz ist lebenswichtig

Mehr als eine Milliarde Menschen haben keinen Zugang zu sauberem Trinkwasser. Täglich sterben weltweit Menschen und Tiere durch verschmutztes Wasser.

Verschmutzung durch Mineralöl Allein die Reste eines leeren Mineralölfasses können einen See und seine Bewohner vergiften. Mineralöle sind Motor-, Heiz- oder Lampenöle und im Gegensatz zu Speiseölen hochgiftig. Lebewesen sterben, wenn sie davon trinken.
Da sich Öl und Wasser kaum mischen, bildet sich auf dem Wasser eine Ölschicht. Wenn Vögel dort eintauchen, um Fische zu fangen, gelangt das Öl in ihr Gefieder (▶1). Naturschützer versuchen die ölverklebten Vögel zu reinigen. Das ist sehr mühsam. Vögel, die das Öl bereits geschluckt haben, überleben meist nicht.

Probiert es aus: Untersucht eine Feder, die ihr in eine Speiseöl-Wasser-Mischung getunkt habt. Könnt ihr die Feder mit Wasser säubern, ohne sie kaputt zu machen? Beschreibt, was das für die Vögel bedeutet.

Schutz des Wassers Der beste Schutz ist, möglichst keine Schad- und Schmutzstoffe ins Wasser gelangen zu lassen. Weder in die Natur noch ins Abwasser. Dünger, Pflanzenschutzmittel, Öle, Lacke, Kosmetikreste, Reinigungsmittel oder Nagellackentferner belasten das Wasser besonders stark. Sie enthalten Schadstoffe, die weder in der Kläranlage noch während der Bodenversickerung zurückgehalten werden. So gelangen sie in die Gewässer und ins Grundwasser.

Wasser sparen Auch möglichst wenig Wasser zu verbrauchen gehört zum Wasserschutz. Täglich verbraucht jeder in Deutschland etwa 120 Liter Wasser, das sind zwölf Zehn-Liter-Eimer. Ein tropfender Wasserhahn vergeudet am Tag über fünf Liter sauberes Trinkwasser.
Mögliche Sparmaßnahmen: Wasserhahn schließen beim Händeeinseifen, duschen statt baden …

❶ Notiere Maßnahmen zum Wasserschutz.

❷ Informiere dich über Durchflussbegrenzer für Wasserhähne und Spartasten an der Toilettenspülung.

❸ Du willst deine Fahrradkette ölen. Erkläre, was du dabei beachten sollst und wie du vorgehst.

❹ Im Unterricht anfallende Gefahrstoffe sollen in speziellen Behältern gesammelt werden. Gib Gründe für diese Vorschrift an.

1 Ein freiwilliger Helfer rettet den ölverschmierten Seevogel nach einem Öltankerunglück im Atlantik.

In Wasserschutzgebieten wird Trinkwasser gewonnen. Hier muss das Grundwasser besonders geschützt werden. So ist die Durchfahrt für Fahrzeuge mit Gefahrstoffen verboten und auch die Düngung der Felder.

Kein Trinkwasser: Wasser aus Wasserhähnen mit diesem Schild darf nicht getrunken werden.

2 So können Schadstoffe bis ins Grundwasser gelangen.

Zusammenfassung

Wasser als Lösemittel
Wasser ist für viele feste, flüssige und gasförmige Stoffe ein gutes Lösemittel. Die Löslichkeit gibt an, wie viel des Stoffs sich in einer bestimmten Menge Wasser lösen kann. Sie ist für fast alle Stoffe temperaturabhängig. Nimmt Wasser nichts mehr von dem gelösten Stoff auf, dann ist die Lösung gesättigt.

Reinstoffe und Stoffgemische
Ein Stoff, der sich nicht weiter auftrennen lässt, ist ein Reinstoff. Er ist aus gleichen Teilchen aufgebaut. Gemische bestehen aus mindestens zwei verschiedenen Reinstoffen. Nicht immer sind die einzelnen Bestandteile im Gemisch noch erkennbar.

Die einzelnen Stoffe in einem Gemisch können voneinander getrennt werden, da sie sich in ihren Eigenschaften unterscheiden. Verschiedene Verfahren werden zur Stofftrennung angewendet.

Der Lösevorgang im Teilchenmodell
Beim Lösevorgang in Wasser verteilen sich die Teilchen des sich lösenden Stoffs gleichmäßig zwischen den Wasserteilchen. Durch Erwärmen, Umrühren und Zerkleinern kann man den Lösevorgang beschleunigen.

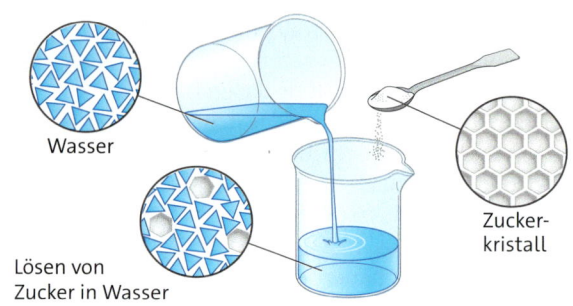

Lösen von Zucker in Wasser

Trinkwasser und Abwasser
Trinkwasser ist unser wichtigstes Lebensmittel. Es muss sauber sein. Deshalb wird es aus Grundwasser aufbereitet, bevor es zu uns in die Häuser gelangt.
Das Abwasser wird in der Kanalisation gesammelt und in die Kläranlage gepumpt. Dort wird es mithilfe verschiedener Trennverfahren gereinigt und in die Gewässer eingeleitet.

Wasserschutz
Für uns Menschen und für alle anderen Lebewesen ist sauberes Wasser lebenswichtig. Mittlerweile wird es immer weniger auf der Erde. Daher müssen wir alle darauf achten, dass keine Schadstoffe ins Wasser gelangen, und wir sollten sparsamer damit umgehen.

Trennverfahren für Gemische

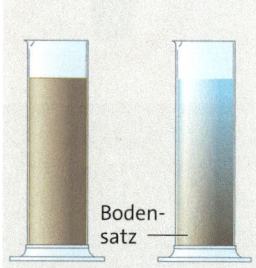 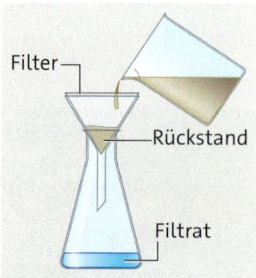  

Absetzenlassen:
Unlösliche, feste Stoffe, die schwerer als Wasser sind, sinken ab und bilden einen Bodensatz. Die Flüssigkeit darüber wird abgegossen.

Filtrieren:
Filterpapier ist ein feines Sieb. Die größeren Teile des Gemischs passen nicht durch seine kleinen Poren.

Eindampfen:
In Wasser gelöster Zucker lässt sich nicht durch Filtrieren abtrennen. Fester Zucker bleibt aber zurück, wenn man das Wasser verdampfen lässt.

Destillieren:
Wenn Salzwasser erhitzt wird, verdampft nur das Wasser. Der Wasserdampf wird aufgefangen und abgekühlt. So erhält man destilliertes Wasser.

Alles klar?

1. Wasser ist ein Lösemittel für viele Stoffe. Ordne die folgenden Stoffe in zwei Gruppen, in Wasser löslich oder nicht löslich: Kochsalz, Sand, Zucker, Luft, Glas, Öl, Kupfer, Essig, Eisen.

2. In der Tabelle ist die Löslichkeit einiger Stoffe in Wasser aufgelistet. Erkläre die Temperaturangabe.

Stoff	Löslichkeit in 100 ml Wasser bei 20 °C
Zucker	203,9 g
Kochsalz	36,0 g
Gips	0,26 g
Kalkstein	0,0015 g

3. Erkläre den Begriff „gesättigte Lösung".

4. Puderzucker löst sich schneller als Kristallzucker. Erkläre dies mit dem Teilchenmodell.

5. Wasser löst auch Luft und damit den Sauerstoff, der in der Luft enthalten ist. Gib die Jahreszeit an, in der besonders wenig Sauerstoff in den Gewässern gelöst ist. Erkläre, was das für die Fische bedeutet.

6. Nur selten kann Wasser aus der Natur direkt getrunken werden. Nenne Gründe dafür.

7. Das Wasser, das bei uns aus dem Hahn kommt, ist Süßwasser. Nenne den Unterschied zwischen Salz- und Süßwasser und gib jeweils Beispiele für deren Vorkommen an.

8. Erkläre, was mit destilliertem Wasser gemeint ist.

9. „Die Erde ist zum größten Teil mit Wasser bedeckt, warum soll ich dann Wasser sparen?", fragt Jonas. Was könntest du ihm antworten? Schreibe es ihm in einem Brief.

10. Schreibt zu Hause auf, wofür ihr Wasser benötigt. Tragt in der Schule eure Angaben an der Tafel zusammen. Überlegt zuvor, wie ihr sie sinnvoll ordnen könnt.

11. Erkläre, warum man zum Malen mit Wasserfarben immer auch etwas Wasser benötigt.

12. Gib die Gemische an, die sich durch Absetzen trennen lassen: schlammiges Wasser, Salzwasser, Wasser mit Teeblättern.

13. Bestehen Limonaden fast nur aus Wasser und Zucker? Plant zur Beantwortung der Frage ein Experiment. Testet verschiedene Getränke. Vergleicht die Ergebnisse mit den Angaben auf den Etiketten.

14. **Knifflig:** Ein Gemisch aus Reis, Sand und Salz soll getrennt werden. Beschreibe dein Vorgehen und nenne die Trennverfahren.

15. Nenne Beispiele für Reinstoffe und für Stoffgemische. Ordne sie in einer Tabelle.

16. Speiseölreste sollen nicht ins Abwasser gelangen. Sie müssen gesammelt werden und kommen in die Restmülltonne. Begründe diese Vorschrift.

Goldwaschen
Versucht ein Gemisch aus 10 g Kupferspänen (statt Gold), 100 g feinem Sand und Wasser mit der Methode der Goldwäscher zu trennen. Wer erhält die größte Kupfermenge? Gebt die Trennverfahren an, die ihr nutzt. Aufgrund welcher Eigenschaften des Kupfers gelingt die Trennung?

Die Welt ist voller Stoffe – Stoffe und ihre Eigenschaften

Stoffe nennt der Naturwissenschaftler alle festen, flüssigen und gasförmigen Materialien wie Glas, Wasser oder Luft. Die Form, die Stoffe annehmen, wird als Körper bezeichnet. Zum Beispiel ist ein Becher ein Körper, er kann aber aus verschiedenen Stoffen bestehen. Die Stoffe zu erkennen, ist manchmal gar nicht so einfach. Doch jeder Stoff hat ganz typische Eigenschaften. Einige Stoffeigenschaften wirst du in diesem Kapitel kennenlernen. Unser Müll ist ein Stoffgemisch, er enthält Glas, Plastik, Metall, Papier und vieles mehr. Erst durch die Trennung nach Stoffgruppen ist es möglich, viele der Stoffe wieder zu verwenden. Und was macht die Natur mit ihrem „Abfall"?

Körper: Joghurtbecher
Stoff: Plastik

Körper: Flasche
Stoff: Glas

Körper: Flasche
Stoff: Plastik

Körper: Konservendose
Stoff: Metall

Körper: Tüte
Stoff: Papier

Körper: Becher
Stoff: Plastik

Körper: Becher
Stoff: Glas

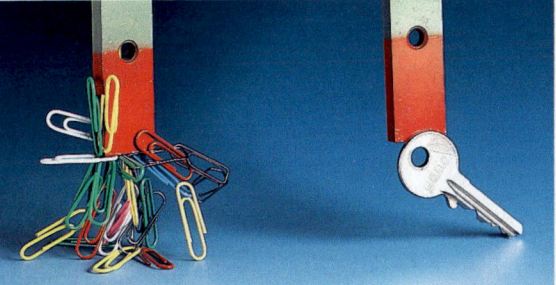

Gleich groß = gleich schwer?

Körper: Luftballon
Stoffe: Gummi, Luft

Bin ich biegsam?

Nein!

Stoffe raten

① Einer Person wird ein Stoff „auf die Stirn geschrieben": Glas, Holz, Eisen, Gummi, Wasser, Baumwolle, Luft … Die Person weiß nicht, um welchen Stoff es sich handelt. Durch Fragen soll sie ihn herausfinden. Ihre Mitschüler dürfen nur mit Ja oder Nein antworten. Notiert die genannten Eigenschaften.

② Täglich fällt viel Müll an. Müll zu trennen schützt die Umwelt. Liste auf, wie du den Müll getrennt sammelst. Nenne Gründe für diese Stofftrennung.

Stoffe erkennt man an ihren Eigenschaften

Schaut euch mal um, welche Stoffe seht, riecht oder spürt ihr. Versucht sie zu benennen: Der Tisch ist aus Holz. Was da aus dem Ballon entweicht, ist Luft. Die Flasche ist aus Kunststoff, der Inhalt ist Wasser. Jeder Stoff hat typische Eigenschaften. Kennt man einige seiner Stoffeigenschaften, so kann man ihn von anderen unterscheiden. Form und Größe spielen dabei keine Rolle. Ob loser Zucker oder Würfelzucker, der Stoff Zucker ist immer süß und wasserlöslich.

> **!** Jeder Stoff hat typische Eigenschaften. Daran erkennt und unterscheidet man Stoffe.

A Stoffe erkennen mit den Sinnen

Einige Stoffeigenschaften könnt ihr schon mit euren Sinnen erkennen, durch Sehen, Riechen, Fühlen oder Hören. Auch durch Schmecken, doch das Probieren unbekannter Stoffe kann gesundheitsgefährdend sein.
Sammelt Materialien, deren Stoffe ihr untersuchen wollt: Schraube, Korken, Mehl, Zucker, Salz, Puderzucker, Apfelsaft, Apfelessig, Wasser, Olivenöl, Parfüm, Buch, gefüllter Fahrradschlauch, Joghurtbecher ...
Durchführung: Untersucht die Stoffe mit euren Sinnen.
Achtung: keine Geschmacksproben vornehmen!
Sehen: Beschreibt genau, wie der Stoff aussieht. Ihr könnt auch eine Lupe benutzen.
Riechen: Nehmt Geruchsproben vorsichtig vor (▶ S. 11).
Fühlen: Ertastet den Stoff mit den Fingern, auch mit verbundenen Augen. **Vorsicht, Stoffe können ätzend sein.**
Hören: Schlagt mit einem Bleistift die Gegenstände an und beschreibt, was ihr hört.
Notiert für jeden Stoff die Eigenschaften auf einen Zettel. So erstellt ihr einen Stoffsteckbrief.

Stoffeigenschaften:			
	matt		stechend
porös	weich	pulvrig	weiß
verformbar		dumpf	fest
	gasförmig		
aromatisch		glatt	hart

B Stoffe erkennen mit Hilfsmitteln

Nicht alle Stoffe kann man allein mit den Sinnen eindeutig erkennen wie Puderzucker und Mehl oder Eisen und Aluminium. Jetzt braucht ihr Hilfsmittel (▶1), um weitere Eigenschaften im Experiment zu erforschen.
Untersucht Stoffproben: Mehl, Puderzucker, Eisen, Zinn, Holz, Zucker, Salz, Aluminium, Wachs, Kunststoff ...
Planung: Überlegt euch Versuche, um folgende Stoffeigenschaften zu prüfen:
– Löseverhalten in Wasser
– Verhalten beim Erhitzen (prüft nur kleine Mengen)
– magnetisch – nicht magnetisch
– schwimmt, schwebt oder sinkt in Wasser

Besprecht eure Versuchspläne und die Sicherheitsmaßnahmen mit dem Lehrer oder der Lehrerin.
Durchführung an Stationen: Bildet vier Gruppen. Jede Gruppe baut an ihrem Tisch ihren Versuch auf und legt ein Blatt mit Aufgabenstellung und Durchführung aus. Dann führt sie den Versuch durch. Ist eine Gruppe fertig, säubert sie den Platz und wechselt zum nächsten freien Tisch. Jeder notiert seine Beobachtungen. Erstellt gemeinsam Stoffsteckbriefe.

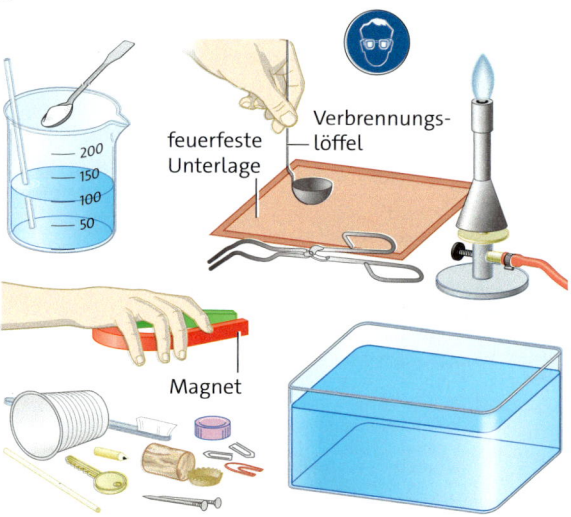

1 Untersuchung von Stoffeigenschaften

① Für den Zaubertrank fehlen noch Salz und Mehl. Ihr habt vier unbeschriftete Gläser mit weißen Stoffen: Mehl, Puderzucker, Salz und Zucker. Überlegt, wie ihr die fehlenden Stoffe herausfinden könnt, ohne zu kosten. Schreibt ein Versuchsprotokoll.

② Steckbrieflich gesucht ...
Einer oder eine von euch nimmt einen Steckbrief und liest schrittweise die Eigenschaften vor. Wer errät den Stoff zuerst?

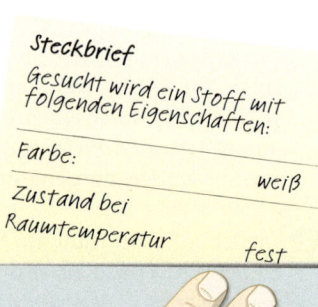

Körper bestehen aus Stoffen

Wenn wir unsere Umgebung betrachten, dann unterscheiden wir Formen wie Tasse und Ball und die Stoffe, aus denen sie bestehen.

Stoffe Einige Stoffe können wir sehen und anfassen. Manche davon sind fest wie die Keramik der Tasse. Andere dagegen sind flüssig wie der Tee darin. Daneben gibt es Stoffe, die wir nicht sehen: Duftet der Tee, dann befinden sich seine Duftstoffe in der Luft. Sie sind unsichtbar, weil sie gasförmig sind. Auch Luft ist ein Stoff. Wir sehen sie nicht. Weht jedoch der Wind, dann spüren wir sie.
Stoffe nennt man in der Naturwissenschaft also nicht nur das, woraus Kleider und Hosen hergestellt werden.

! **Stoffe haben typische Eigenschaften. Es gibt feste, flüssige und gasförmige Stoffe.**

Mit fest, flüssig oder gasförmig beschreibt man den Zustand eines Stoffs. Dinge aus festen Stoffen ändern ihre Form nicht von alleine. Flüssigkeiten passen sich der Umgebung an. So nimmt Wasser die Form des Gefäßes an und fließt immer zum tiefsten Punkt. Deshalb fließen Flüsse stets den Berg herunter. Gase verteilen sich gleichmäßig im verfügbaren Raum.

Körper Den Raum, den ein Stoff einnimmt, nennt der Naturwissenschaftler Körper. Tassen sind feste Körper, man erkennt sie an ihrer Form. Auch Flüssigkeiten und Gase bilden Körper. Das Wasser im See ist ein flüssiger Körper, die Luft im Ballon ist ein gasförmiger Körper. Dort, wo ein Körper ist, hat kein anderer Platz. Tauchst du in der Badewanne unter, so verdrängt dein Körper das Wasser. Der Wasserspiegel steigt.

1 Körper oder Stoff?

2 Verschiedene Körper und Stoffe

Stoffgemische Häufig haben wir keine Reinstoffe sondern Stoffgemische vor uns. Deren Eigenschaften sind abhängig von ihren einzelnen Bestandteilen. Unsere Geldmünzen sind zum Beispiel Gemische aus verschiedenen Metallen. Nicht alle Münzen sind magnetisch. Die einzigen Reinstoffe, die für diese Eigenschaft verantwortlich sein können, sind Eisen, Nickel und Cobalt. Nur Münzen, die mindestens einen dieser Stoffe enthalten, werden vom Magneten angezogen.

Stoffgruppen Einige Eigenschaften von Eisen treffen auch auf Kupfer, Zinn und Aluminium zu. Sie haben einen metallischen Oberflächenglanz und sind undurchsichtig. Stoffe mit gemeinsamen charakteristischen Eigenschaften fasst man in Gruppen zusammen. In diesem Fall ist es die Stoffgruppe der **Metalle**.
Eine andere Stoffgruppe sind die **Hölzer**. Je nachdem von welcher Baumart das Holz stammt, unterscheiden sie sich zwar in Maßerung oder Härte, aber in vielen anderen Eigenschaften sind sie ähnlich. Alle Stoffe, die Mensch und Umwelt schädigen können, bezeichnen wir als **Gefahrstoffe**. Auch die Verwendung kann zur Einteilung genutzt werden. So werden Hölzer, Glas und auch viele Metalle als **Werkstoffe** genutzt.

❶ Jeder hat einen Stoff an die Tafel geschrieben (▶1). Nicht alles ist richtig. Listet Stoffe und Körper in einer Tabelle auf. Teilt die Stoffe in sinnvolle Gruppen ein. Findet noch weitere Stoffe, die zu den Gruppen gehören.

❷ Will man einen Stoff sinnvoll nutzen, ist es wichtig, seine Eigenschaften zu kennen. Überlege für drei Stoffe, welche Körper man daraus herstellen kann. Erkläre jeweils, warum sich der Stoff dazu gut eignet.

Die Temperatur verändert Stoffe

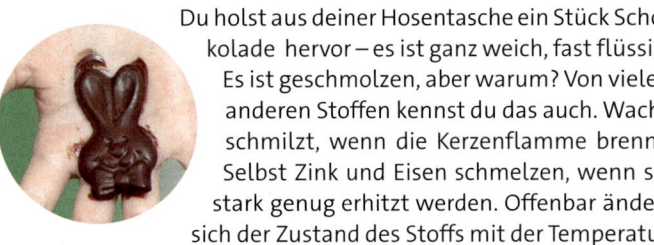

Du holst aus deiner Hosentasche ein Stück Schokolade hervor – es ist ganz weich, fast flüssig. Es ist geschmolzen, aber warum? Von vielen anderen Stoffen kennst du das auch. Wachs schmilzt, wenn die Kerzenflamme brennt. Selbst Zink und Eisen schmelzen, wenn sie stark genug erhitzt werden. Offenbar ändert sich der Zustand des Stoffs mit der Temperatur.

Temperatur und Zustandsänderung Bei Raumtemperatur ist Wasser flüssig. Kühlt man es stark ab, **erstarrt** es zu festem Eis. Erwärmt man das Eis, dann **schmilzt** es und wird wieder flüssig. Kochendes Wasser **verdampft** zu Wasserdampf – er ist gasförmig. Am kalten Topfdeckel **kondensiert** der Wasserdampf zu flüssigem Wasser. Wasserdampf, flüssiges Wasser und Eis sind drei verschiedene Zustandsformen von Wasser.
Die Zustände – fest, flüssig und gasförmig – nennt man auch **Aggregatzustände** (▶1). Der Aggregatzustand eines Stoffs ist abhängig von der Temperatur. Beschreibt man Eigenschaften von Stoffen, dann gibt man den Zustand an, den sie bei Raumtemperatur (20 °C) haben.

> ❗ Viele Stoffe können in drei Aggregatzuständen vorkommen. Ob ein Stoff fest, flüssig oder gasförmig ist, hängt von der Temperatur ab.

Die Temperaturen, bei denen die Zustandsänderungen stattfinden, heißen: **Schmelztemperatur**, beim Übergang von fest zu flüssig und **Siedetemperatur**, beim Übergang von flüssig zu gasförmig. Flüssigkeiten können auch unterhalb der Siedetemperatur in den gasförmigen Zustand wechseln. Man nennt das Verdunsten, z. B. verdunstet Wasser beim Trocknen der Wäsche.

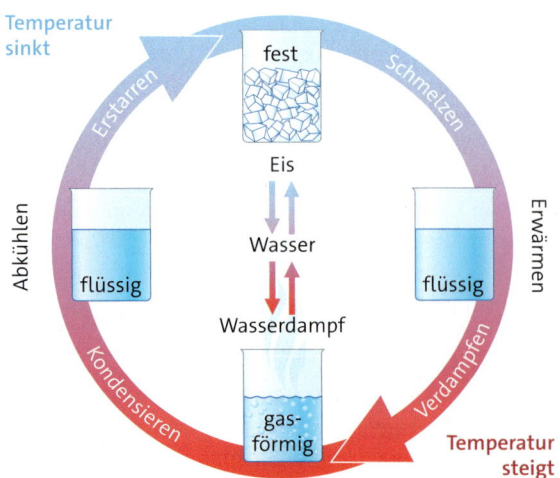

1 Die Temperatur ändert den Aggregatzustand.

Eine Kerze, drei Aggregatzustände Wenn ihr genau beobachtet, könnt ihr bei einer brennenden Kerze alle drei Aggregatzustände von Wachs erkennen.

> **EXPERIMENT A**
>
> **Was brennt bei der Kerze?**
> Schaut den Versuchsaufbau an. Was vermutet ihr, wird passieren?
> **Material:** Kerze, dünnes Glasrohr, Reagenzglashalter, Streichholz
> **Durchführung:** Zündet eine Kerze an und beobachtet sie genau. Haltet dann ein Ende des Glasrohrs in die Mitte der Kerzenflamme. Führt an das andere Ende langsam ein brennendes Streichholz.
>
>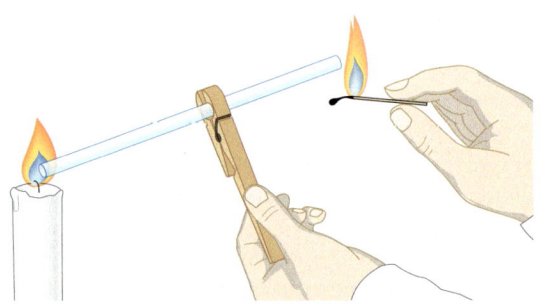
>
> Pustet nun die Kerze aus und haltet ein brennendes Streichholz in den weißen Rauch, nahe beim Docht.
> **Auswertung:** Erklärt eure Beobachtungen. Gebt an, in welchem Aggregatzustand Wachs brennt.

❶ Bei der brennenden Kerze ist Wachs in allen drei Aggregatzuständen vorhanden. Zeichne auf, wo sie sich an der Kerze befinden und beschreibe die Zustandsänderungen mit den Fachbegriffen.

❷ Nenne Vorgänge, bei denen du den Wechsel von Aggregatzuständen beobachten kannst.

❸ Schau dir das Teilchenmodell auf der nächsten Seite an. Gib an, bei welchem Zustand der Zusammenhalt zwischen den Teilchen am größten ist und wann sie den kleinsten Abstand haben.

❹ Knifflig: Erkläre anhand des Teilchenmodells (▶ S. 59) die beiden folgenden Beobachtungen:
  A: Flüssigkeiten und Gase passen ihre Form dem Gefäß an, Festkörper behalten jedoch ihre Form.
  B: Flüssigkeiten sind leichter zerteilbar als Festkörper.

Die Welt ist voller Stoffe – Stoffe und ihre Eigenschaften

Die Aggregatzustände im Teilchenmodell

Wie Wasser und Wachs können auch die meisten anderen Stoffe in drei Aggregatzuständen vorkommen: fest, flüssig und gasförmig.
In welchem Zustand ein Stoff vorliegt, hängt von seiner Temperatur ab.
Beim Erwärmen schmelzen feste Stoffe und Flüssigkeiten verdampfen.
Beim Abkühlen kondensieren Gase und Flüssigkeiten erstarren.

Mithilfe des Teilchenmodells kann man die drei Aggregatzustände beschreiben und zeigen, warum sie von der Temperatur abhängig sind. Wir stellen uns vor, jeder Stoff besteht aus winzig kleinen Teilchen, die in ständiger Bewegung sind. Zwischen ihnen ist nichts, leerer Raum. Mit steigender Temperatur bewegen sich die Teilchen immer stärker, sie benötigen mehr und mehr Platz und verlieren ihren Zusammenhalt.

❶ Denkt euch ein „Teilchenspiel" aus, in dem jeder von euch ein Teilchen darstellt. Wie könnt ihr die Zustände „fest", „flüssig" und „gasförmig" spielen? Vergleicht, wie viel Platz ihr für jeden Zustand braucht.

Stoffe in festem Zustand	Stoffe in flüssigem Zustand	Stoffe in gasförmigem Zustand

festes Wachs	**flüssiges Wachs**	**Wachsdampf**
Die Teilchen bewegen sich kaum, liegen dicht geordnet und haben einen starken Zusammenhalt. So bleiben sie auf ihren festen Plätzen. Jedes Teilchen schwingt nur an seinem Platz.	Die Teilchen bewegen sich stärker als im Feststoff, so verschieben sie sich gegenseitig. Ihre Abstände sind größer, ihr Zusammenhalt ist geringer, sie bleiben aber beisammen.	Die Teilchen bewegen sich heftig, die Abstände sind sehr groß. Sie haben keinen Zusammenhalt mehr und verteilen sich auf den gesamten Raum, der ihnen zur Verfügung steht.

Wird ein Feststoff erwärmt, schwingen die Teilchen immer schneller. Ihre Abstände werden größer, ihr Zusammenhalt nimmt ab. Der Feststoff geht bei Erreichen der Schmelztemperatur in den flüssigen Aggregatzustand über.

Erwärmt man weiter, nehmen Bewegung und Abstände der Teilchen immer mehr zu. Der Zusammenhalt nimmt ab. Bei Ereichen der Siedetemperatur geht der Stoff vom flüssigen in den gasförmigen Aggregatzustand über.

Schmelz- und Siedetemperatur sind Stoffeigenschaften

Die Schokolade beginnt schon in der Hosentasche zu schmelzen, Eisen und Kunststoff zum Glück nicht.

EXPERIMENT A

Was schmilzt wann?
Material: niedrige Glaswanne, Teelichter, leere Teelichtschalen, Drahtgitter, Uhr, Stoffproben von Butter, Zucker, Salz, Käse, Eis, Schokolade
Durchführung: Gebt in jede leere Schale eine etwa gleich große Portion eines Stoffs. Setzt sie auf das Drahtnetz jeweils über ein brennendes Teelicht und schaut auf die Uhr. Notiert jeweils die Zeit, bei der ein Stoff zu schmelzen beginnt.

Auswertung: Vergleicht die Schmelzzeiten der Stoffe. Sind alle Stoffe geschmolzen?

Schmelztemperatur Stoffe gehen vom festen in den flüssigen Zustand über, wenn sie ihre Schmelztemperatur erreicht haben. Sie ist für jeden Stoff eine andere. In Experiment A begann der Stoff mit der niedrigsten Schmelztemperatur zuerst zu schmelzen. Für das Schmelzen von Salz reichte die Temperatur der Kerzenflamme nicht aus.
Eisen bleibt bis 1540 °C fest. Daher wird ein Gegenstand aus Eisen auch bei größter Hitze im Sommer nie flüssig. Die hohen Temperaturen bei einem Vulkanausbruch können sogar Steine zum Schmelzen bringen.
Bei Abkühlung erstarren flüssige Stoffe und werden fest. Das kennst du bestimmt vom Bleigießen an Silvester. Heute verwendet man dafür Zinn, weil Blei giftig ist.

EXPERIMENT B

Schmelzen – Erstarren
Material: erbsengroßes Wachsstück, Verbrennungslöffel, Kerze, Schale mit Wasser
Durchführung: Gebt das Wachsstück in den Verbrennungslöffel und haltet ihn über die Kerzenflamme, bis das Wachs flüssig ist. Gießt das geschmolzene Wachs dann in die Schale mit Wasser.
Auswertung: Beschreibt die Zustände von Wachs während des Versuchs.

1 Flüssiges Eisen wird in eine Form gegossen.

Die Schmelztemperatur von Wachs kannst du ganz leicht selbst bestimmen (▶2). Dabei wirst du beobachten, dass die Wachstemperatur während des Schmelzvorgangs unverändert bleibt. Daran erkennt man die Schmelztemperatur. Erst wenn das Wachs vollständig geschmolzen ist, steigt seine Temperatur weiter an.

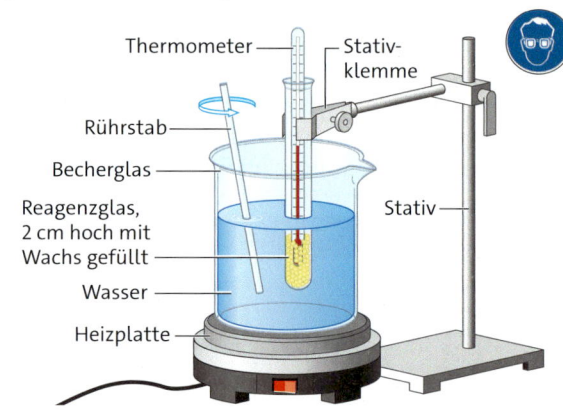

2 Versuchsaufbau zur Bestimmung der Schmelztemperatur von Wachs

> **!** Bei seiner Schmelztemperatur geht ein Stoff vom festen in den flüssigen Aggregatzustand über.
> Reinstoffe haben eine typische Schmelztemperatur.

❶ Bestimmt in Gruppen die Schmelztemperatur von Kerzenwachs (▶2). Diskutiert mögliche Gründe, falls ihr zu unterschiedlichen Ergebnissen kommt.

❷ Nenne Stoffe der Tabelle (▶4), die du mit einem Gasbrenner (1000 °C) schmelzen kannst.

❸ Es sind noch Nikoläuse aus Schokolade übrig. Beschreibe, wie du daraus Schokohasen für Ostern machst.

Siedetemperatur Kochst du Wasser lange genug, wird das flüssige Wasser im Kessel immer weniger, da es als unsichtbarer Wasserdampf entweicht (▶3). Wird eine Flüssigkeit erhitzt, beginnt sie zu kochen, sobald sie ihre Siedetemperatur erreicht – man sagt, sie siedet. Dabei geht sie in den gasförmigen Zustand über, sie verdampft.

> **!** Bei seiner Siedetemperatur geht ein Stoff vom flüssigen in den gasförmigen Aggregatzustand über. Reinstoffe haben eine typische Siedetemperatur.

EXPERIMENT C

Bei welchen Temperaturen schmilzt Eis und siedet Wasser? Wie heiß kann Wasser werden?
Arbeitet zu dritt. Legt eine Tabelle für Temperatur, Zeit und Beobachtungen an.
Material: Tauchsieder, Becherglas (400 ml) mit Wasser und Crash-Eis, Rührstab, Uhr, Stativ, Thermometer (Messbereich: −20 bis 120 °C)
Durchführung: Messt die Temperatur des Eiswassers. Wartet, bis sich die Temperaturanzeige nicht mehr verändert. Notiert diesen ersten Wert.
Taucht nun den Tauchsieder in das Eiswasser. Steckt erst jetzt den Stecker in die Steckdose. Messt alle 30 Sekunden die Temperatur. Der Thermometerfühler darf nicht das Becherglas oder den Tauchsieder berühren. Rührt vor jeder Messung um. Messt nach dem Sieden noch drei Minuten lang weiter.

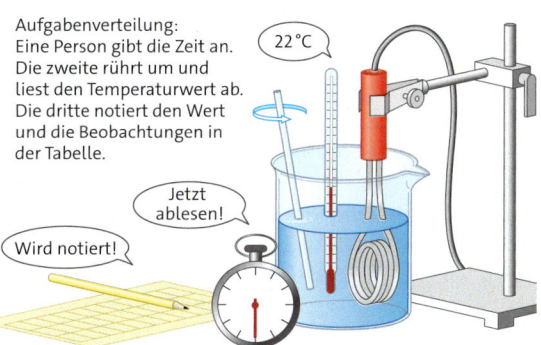

Aufgabenverteilung: Eine Person gibt die Zeit an. Die zweite rührt um und liest den Temperaturwert ab. Die dritte notiert den Wert und die Beobachtungen in der Tabelle.

Auswertung: Gebt die Schmelz- und Siedetemperatur von Wasser an. Stellt fest, ob die Wassertemperatur nach dem Sieden weiter anstieg. Zeichnet anhand eurer Messwerte ein Liniendiagramm für den Temperaturverlauf. Wie man das macht, seht ihr auf der nächsten Seite (▶ S. 62).

❶ In Experiment C sind Maßnahmen beschrieben, um Messfehler zu vermeiden. Erläutere sie. Beschreibe auch das richtige Ablesen des Thermometers.

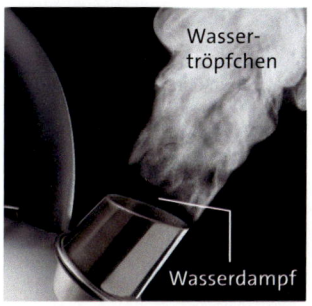

3 Wasserdampf ist unsichtbar. Kühlt er ab, dann kondensiert er, Nebel entsteht.

Die unterschiedlichen Siedetemperaturen der Reinstoffe nutzt man zur Trennung von Stoffgemischen, z. B. beim Eindampfen und Destillieren von Salzwasser (▶ S. 47).

> **!** Reinstoffe erkennt man an ihrer Schmelz- und Siedetemperatur. Es sind messbare Eigenschaften.

❷ **Knifflig:** Ein Gemisch aus Alkohol und Wasser soll getrennt werden. Erkläre, wie du vorgehen würdest.

❸ Ordne die Stoffe der Tabelle (▶4) nach flüssig, fest und gasförmig bei Raumtemperatur (20 °C).

❹ Auf dem Flohmarkt findest du kleine Metallfiguren. Der Händler ist nicht sicher, ob sie aus Zink oder Zinn sind. Erkläre ihm, wie er es herausfinden kann.

❺ Quecksilber ist ein giftiges Metall. Gib den Aggregatzustand dieses Metalls bei Raumtemperatur an. Energiesparlampen enthalten Quecksilber. Informiere dich, was zu tun ist, wenn sie zu Bruch gehen.

Stoff	Schmelztemperatur	Siedetemperatur
Alkohol (Ethanol)	−114 °C	78 °C
Aluminium	660 °C	2519 °C
Zink	419 °C	907 °C
Stearin-Kerzenwachs	um 60 °C	um 250 °C
Eisen	1540 °C	3000 °C
Sauerstoff	−219 °C	−183 °C
Zinn	232 °C	2603 °C
Wasser	0 °C	100 °C
Kochsalz	800 °C	1413 °C
Quecksilber	−38 °C	357 °C
Kupfer	1048 °C	2595 °C

4 Schmelz- und Siedetemperaturen verschiedener Stoffe

Liniendiagramm zeichnen und lesen

Messung	1	2	3	4	5	6	7	8	9	10	11	12
Zeit in s	0	30	60	90	120	150	180	210	240	270	300	330
Wassertemperatur in °C	0	3	6	22	35	48	60	71	85	97	100	100

In einem Liniendiagramm sind die Messwerte so dargestellt, dass du auf einen Blick einen Vorgang oder Verlauf erkennen kannst.

Schritt 1   Punktdiagramm zeichnen
Zeichne ein Achsenkreuz. (Lies auf Seite 21 nach.) Beschrifte die Hochachse mit der Temperatur in Grad Celsius und die Rechtsachse mit der Zeit in Sekunden. Trage die Messwerte aus der Tabelle als Kreuze ein.

Schritt 2   Linie einzeichnen
Verbinde die Kreuze mit einer Linie. Man nennt diese Verbindungslinie auch Kurve.

Schritt 3   Werte aus der Linie ablesen
An der Linie kann man auch Werte ablesen, die man nicht gemessen hat. Die Temperatur nach 105 Sekunden wurde nicht gemessen. Ziehe eine senkrechte Hilfslinie bei 105 Sekunden hoch. Auf der Höhe, an der sie die Kurve berührt, kannst du an der Hochachse die Temperatur ablesen.

Schritt 4   Liniendiagramm auswerten
Am Verlauf der Kurve kannst du den Zusammenhang von Temperatur und Zeit erkennen: Je länger Wasser erhitzt wird, desto heißer wird es, bis es bei 100 Grad Celsius verdampft.

❶ Nenne Vorteile eines Liniendiagramms gegenüber einer Tabelle.

❷ Erstellt aus euren Messwerten (▶ S. 61, Experiment C) ein Liniendiagramm. Vergleicht es mit dem hier dargestellten Diagramm (▶1) und diskutiert mögliche Gründe, falls ihr Unterschiede feststellt.

Mit einem Liniendiagramm kann man auch die Änderung der Löslichkeit eines Stoffs bei steigender Wassertemperatur darstellen.

❸ Lies aus dem Diagramm (▶2) die Zuckermengen in Gramm ab, die sich bei 20 °C und bei 100 °C in 100 ml Wasser maximal lösen. Beschreibe, wie sich die Löslichkeit von Zucker bei steigender Wassertemperatur ändert: Je ... das Wasser, desto ... Zucker löst sich darin.

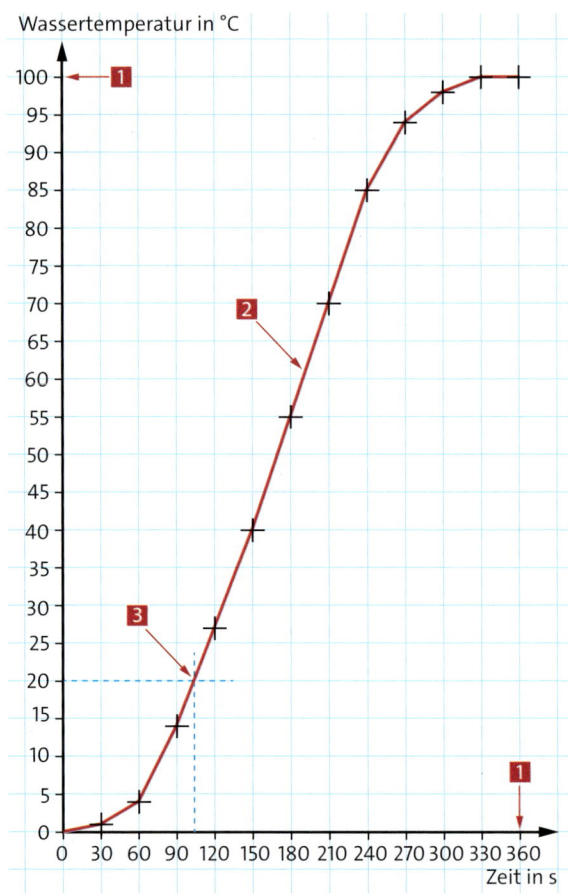

1 Liniendiagramm: Temperaturverlauf beim Erhitzen von Wasser (bei Normaldruck: 1013 hPa)

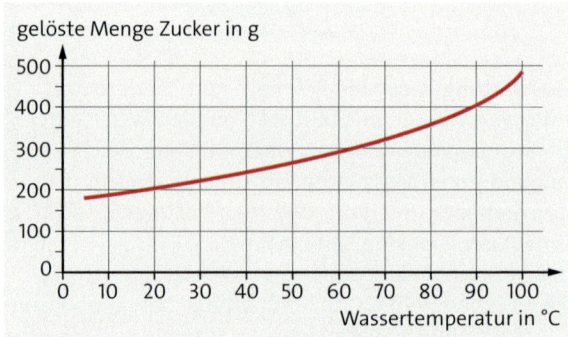

2 Löslichkeit von Zucker in 100 ml Wasser

Körper haben Volumen und Masse

Man sagt Eisen sei schwerer als Holz. Nimmt man jedoch einen Eisennagel in die eine und ein Holzbrett in die andere Hand, dann ist das Holzbrett schwerer. Es kommt also auch auf die Größe des Körpers an.

Volumen Je größer ein Körper, desto mehr Platz braucht er. Den Raum, den er einnimmt, nennt man sein Volumen. Es wird in **Milliliter** (ml) oder in **Kubikzentimeter** (cm³) angegeben (▶1). Das Volumen von Flüssigkeiten bestimmt man mit einem Messzylinder, das von Gasen mit einem Kolbenprober. Und wie bestimmt man das Volumen von festen Körpern?

> **Richtig messen:** Lest auf S. 19 nach.

2 Balkenwaagen vergleichen die Masse eines Körpers mit bekannten Massestücken.

EXPERIMENT A

Volumenbestimmung durch Wasserverdrängung
Material: Messzylinder, Wasser, kleine Gegenstände
Durchführung: Füllt den Messzylinder mit genau 200 ml Wasser. Taucht den Gegenstand vollständig darin unter. Eure Finger dürfen nicht mit eintauchen. Beobachtet den Wasserstand.
Auswertung: Notiert jeweils die Änderung des Wasserstands in Milliliter.

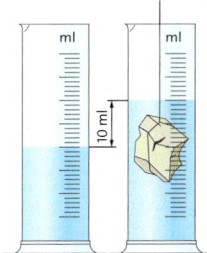

Ein in Wasser eingetauchter Gegenstand braucht den Raum, den vorher das Wasser eingenommen hat. Er verdrängt genau so viel Wasser, wie es seinem Volumen entspricht. Ist der Wasserstand um 10 ml gestiegen, dann hat der Gegenstand ein Volumen von 10 ml.

> ❗ **Jeder Körper hat ein Volumen. Es gibt an, wie viel Raum ein Körper einnimmt.**

❶ Bestimme mit den Messwerten aus Experiment A das Volumen der untersuchten Gegenstände.

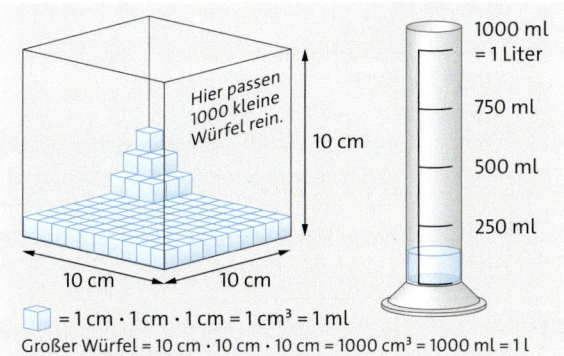

1 In den großen Würfel passt genau 1 Liter.

Masse Die Masse eines Körpers gibt an, wie schwer er ist. Man bestimmt die Masse mit einer Waage. Früher waren Balkenwaagen (▶2) üblich, heute nutzt man oft elektronische Waagen. Flüssigkeiten und Gase werden in Gefäßen gewogen. Dann muss man die Masse des leeren Gefäßes vom Messwert abziehen.

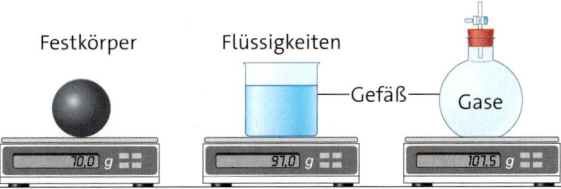

Die Einheit der Masse ist ein **Kilogramm** (kg). Ein Kilogramm entspricht 1000 Gramm (g) und ein Gramm entspricht 1000 Milligramm (mg).

> ❗ **Jeder Körper hat eine Masse. Sie gibt an, wie schwer ein Körper ist.**

Volumen und Masse von Körpern Gleich große Körper haben stets das gleiche Volumen, egal aus welchem Stoff sie sind. Haben gleich große Körper aus unterschiedlichen Stoffen auch jeweils die gleiche Masse?

Probiert es aus: Bestimme die Massen von verschiedenen Flüssigkeiten, die jeweils das gleiche Volumen (100 ml) haben: Wasser, Speiseöl, Apfelsaft. Stellt euer Ergebnis in einem Säulendiagramm dar.

> ❗ **Körper aus verschiedenen Stoffen unterscheiden sich bei gleichem Volumen in ihrer Masse.**

❷ Bestimmt die Masse von einem Liter Wasser.

❸ Konstruiert und baut eine eigene Balkenwaage (▶2). Erklärt, wie ihr damit die Masse eines Apfels bestimmen könnt. **Tipp:** Für die Messung braucht ihr Vergleichsmassen.

Stoffe haben eine Dichte

Was ist nun schwerer: Holz oder Eisen? Diese Frage lässt sich nur beantworten, wenn man von jedem Stoff einen Körper von gleichem Volumen wiegt.

Die Dichte der Stoffe Ein Holzwürfel von einem Kubikzentimeter wiegt 0,7 g, ein gleich großer Würfel aus Eisen wiegt 7,9 g. Die Masse pro Kubikzentimeter eines Stoffs ist seine Dichte. Die Dichte von Eisen ist danach 7,9 g pro cm³, die von Holz 0,7 g pro cm³. Eisen hat die größere Dichte. Eisen ist tatsächlich schwerer als Holz.

Die Dichte verschiedener Stoffe:

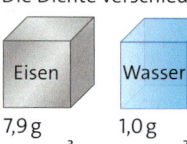 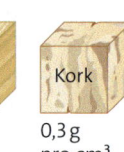 

Eisen	Wasser	Holz	Kork	Luft
7,9 g pro cm³	1,0 g pro cm³	0,7 g pro cm³	0,3 g pro cm³	0,0013 g pro cm³

❗ **Die Dichte gibt an, welche Masse 1 cm³ eines Stoffs hat. Sie wird in g pro cm³ angegeben.**

Sagt man im Alltag, Eisen ist schwerer als Holz, dann ist damit ihre Dichte gemeint. Der Vergleich gleich großer Körper aus verschiedenen Stoffen zeigt: Jeder Stoff hat eine andere Masse und somit eine andere Dichte. Erklären können wir das mit dem Teilchenmodell: Die Teilchen verschiedener Stoffe unterscheiden sich in ihrer Masse und liegen unterschiedlich dicht gepackt vor. Die Dichte eines Stoffs ist temperaturabhängig. Sie nimmt mit steigender Temperatur ab, da die Teilchenabstände größer werden (▶ S. 59). Daher vergleicht man die Dichte der Stoffe immer bei gleicher Temperatur.

❶ Ordne die Stoffe der Tabelle nach ihrer Dichte. Stelle das Ergebnis als Säulendiagramm dar.

Stoff	Dichte bei 20 °C	Stoff	Dichte bei 20 °C
Papier	0,8 g pro cm³	Aluminium	2,7 g pro cm³
Speiseöl	0,9 g pro cm³	Plexiglas	1,2 g pro cm³
Kupfer	8,9 g pro cm³	Wasser	1 g pro cm³
Kork	0,2 g pro cm³	Holz (Kiefer)	0,7 g pro cm³
Eisen	7,9 g pro cm³	Eis	0,91 g pro cm³

❷ Ein Körper hat ein Volumen von 10 cm³ und eine Masse von 27 g. Finde anhand der Tabelle heraus, aus welchem Stoff er besteht.

❸ Ihr habt Mehl und Salz. Findet den Stoff mit der größeren Dichte heraus. Plant dazu einen Versuch.

1 Gleiches Volumen, aber unterschiedlich schwer: Wer trägt den Stoff mit der größeren Dichte?

❗ **Die Dichte ist eine messbare Stoffeigenschaft, an der man Stoffe erkennen kann.**

Vergleicht man Körper gleicher Masse, erkennt man am Volumen, welcher Körper aus dem Stoff mit der kleineren Dichte besteht. Die Masse verteilt sich bei einem Stoff mit kleinerer Dichte auf einen größeren Raum.

Es gilt für Körper mit gleichem Volumen:
– Der Körper mit der größeren Masse besteht aus dem Stoff mit der größeren Dichte.
– Der Körper mit der kleineren Masse besteht aus dem Stoff mit der kleineren Dichte.

Es gilt für Körper mit gleicher Masse:
– Der Körper mit dem kleineren Volumen besteht aus dem Stoff mit der größeren Dichte.
– Der Körper mit dem größeren Volumen besteht aus dem Stoff mit der kleineren Dichte.

❹ Gib an, welcher der unten abgebildeten Stoffe die kleinste Dichte hat. Begründe deine Wahl.

❺ Schau dir den Messbecher bei dir zu Hause in der Küche an. Hat er auch mehrere Skalen? Finde heraus, wofür jede Skala ist und erkläre, warum sie sich unterscheiden.

❻ Zwei verschiedene Flüssigkeiten haben das gleiche Volumen. Erläutere, wie man feststellen kann, welcher Körper die kleinere Dichte hat.

Was sinkt und was schwimmt?

Probiert es aus: Nehmt verschieden große Körper jeweils aus Holz und aus Eisen und untersucht, welche davon schwimmen. Taucht sie dazu ganz unter Wasser. Werden die kleinsten und leichtesten Körper aufsteigen und schwimmen? Was vermutet ihr?

1 Welcher Körper schwimmt, welcher sinkt?

Sinken und schwimmen Körper aus Holz schwimmen, Körper aus Eisen sinken. Dabei ist es gleichgültig, welches Volumen und welche Masse die Körper haben. Welche Eigenschaft bestimmt also dann, ob ein Körper auf dem Wasser schwimmt oder im Wasser sinkt? Es ist die Dichte des Stoffs, aus dem er besteht. Ist die Dichte des Stoffs kleiner als die von Wasser, schwimmt der Körper, ist die Dichte größer, dann sinkt er.

❶ Untersuche Körper aus verschiedenen Stoffen auf ihre Schwimmfähigkeit. Beurteile die Dichte der Stoffe im Vergleich zur Dichte von Wasser.

❷ Mische zu Hause in einem Glas Sand, Speiseöl und Wasser. Beschreibe, was du beobachtest und was du damit über die Dichte der Stoffe sagen kannst.

❸ Befülle Kapseln mit verschiedenen Stoffen. Gelingt es dir, eine Kapsel in Wasser schweben zu lassen?

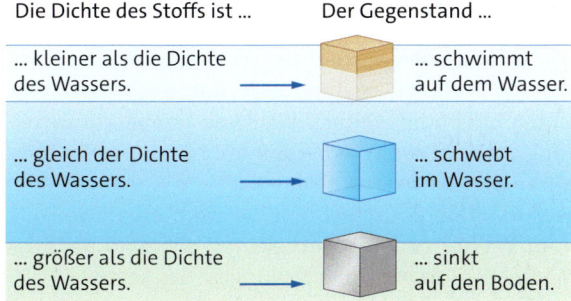

NACHGEHAKT

Warum schwimmt ein Schiff aus Eisen?
Ein Korken schwimmt, weil Kork eine geringere Dichte als Wasser hat. Eisen hat eine größere Dichte und sinkt sofort nach unten. Trotzdem schwimmen Schiffe aus Eisen. Warum ist das so?

Probiert es aus: Wie Eisen sinkt auch ein klein gefaltetes Stück Aluminiumfolie im Wasser. Verändert die Folie so, dass sie auf dem Wasser schwimmt und noch beladen werden kann. Gestaltet einen Wettbewerb: Jeder bekommt ein gleich großes Stück Folie. Gewonnen hat, wer die meisten Büroklammern auf seinem Boot transportiert, ohne dass es untergeht.

Die **Gesamtdichte** des Schiffs ist **kleiner** als die Dichte des Wassers.

Die **Gesamtdichte** des Schiffs ist **größer** als die Dichte des Wassers.

Schiffe sind mit Luft gefüllte Hohlkörper aus Eisen. Luft hat eine sehr geringe Dichte. Schiffe schwimmen auf dem Wasser, wenn die Dichte des gesamten Schiffs mit der Luft darin geringer ist als die Dichte des Wassers. Solange ein Schiff genügend Luft „transportiert", geht es nicht unter.

❹ Unser Körper hat insgesamt eine etwas größere Dichte als Wasser. Stimmt das? Prüfe es im Schwimmbad nach.

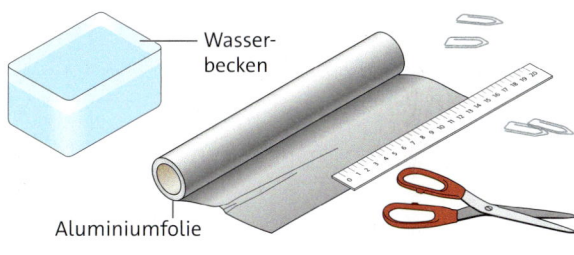

Wasser hat eine besondere Eigenschaft

Du hast bestimmt schon einmal beobachtet, was passiert, wenn du ein Stück Kerzenwachs in geschmolzenes Wachs wirfst. Es sinkt nach unten. Das feste Wachs ist schwerer als das flüssige Wachs.
Im festen Aggregatzustand hat ein Stoff eine größere Dichte als im flüssigen und ist damit schwerer. Daher sinkt ein Eisenstück in der Eisenschmelze nach unten, genauso wie eine Kerze in flüssigem Wachs. Warum schwimmt aber der Eiswürfel in deinem Getränk oben?

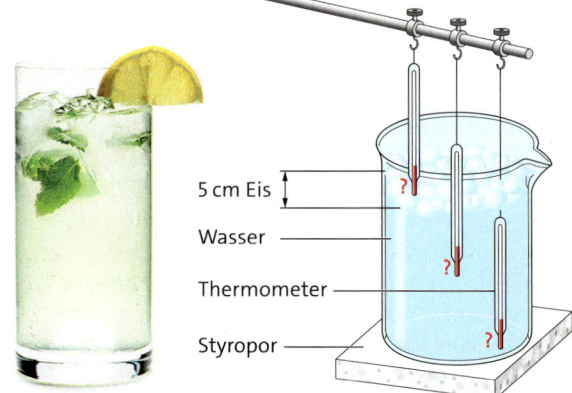

EXPERIMENT A

Wie ändert sich die Dichte beim Erstarren?
Material: leere Teelichtschalen, Wasser, Wachs
Durchführung: Füllt jeweils ein Teelicht randvoll mit Wasser und mit flüssigem Wachs. Lasst das Wachs und das Wasser im Eisfach erstarren. Beobachtet die Volumenänderungen und vergleicht sie.
Auswertung: Erklärt anhand der Volumenänderung, wie sich die Dichte von Wachs und von Wasser beim Erstarren ändert. Damit könnt ihr dann erklären, warum Eis im Wasser oben schwimmt.

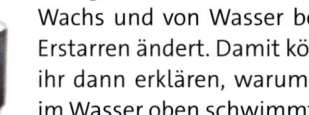

2 Vermutet, wo die niedrigste und wo die höchste Temperatur gemessen wird.

Temperaturen unterm Eis Wasser hat bei 4 °C seine größte Dichte, ist also bei 4 °C am schwersten. Darunter und darüber wird es leichter. Wer schon mal im Sommer tief in einem See stand, weiß, dass das Wasser nach unten hin immer kälter wird. Diese Temperaturverteilung entsteht, weil das Wasser mit zunehmender Temperatur leichter wird und das wärmere Wasser auf dem jeweils kühleren „schwimmt". Aber unterhalb von 4 °C wird Wasser auch wieder leichter. Wie wird dann im Winter die Temperaturverteilung im See sein?

Wasser ist anders Stoffe ziehen sich beim Abkühlen zusammen. Daher hat ein Stoff im festen Zustand eine größere Dichte als im flüssigen Zustand. Eis dagegen hat eine geringere Dichte als Wasser und schwimmt auf dem Wasser. Denn beim Abkühlen zieht sich Wasser ab 4 °C nicht mehr weiter zusammen, sondern dehnt sich wieder aus. Erstarrt es dann bei 0 °C zu Eis, nimmt das Volumen besonders stark zu, so bildet sich der „Eisberg" in der Teelichtschale.

Probiert es aus: Wo befindet sich in einem Glas Eiswasser die höchste und wo die niedrigste Temperatur? Was vermutet ihr? Prüft es nach, geht dazu nach Bild 2 vor. Nehmt ein möglichst hohes Glas. Zeichnet den Versuchsaufbau in euer Heft und notiert die Temperaturen an den entsprechenden Stellen im Glas.

❗ **Wasser hat seine größte Dichte bei 4 °C, darunter und darüber nimmt die Dichte ab.**

❗ **Wasser ist ein Stoff, bei dem der feste Zustand auf dem flüssigen schwimmt. Denn Eis hat eine geringere Dichte als Wasser und ist leichter.**

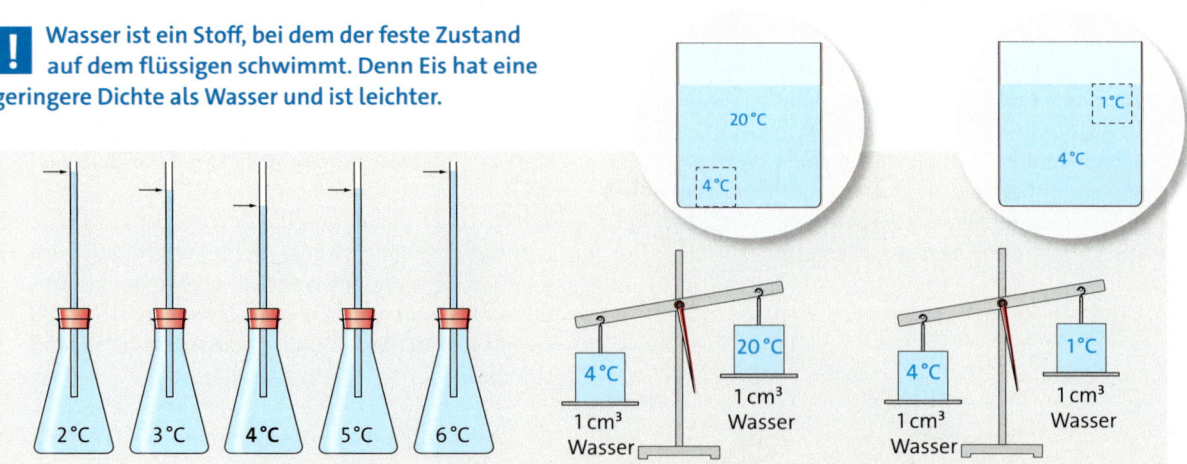

1 Wasser hat bei 4 °C das geringste Volumen und die größte Dichte. Zwischen 0 und 4 °C dehnt es sich beim Abkühlen aus.

Warum friert ein See von oben zu? Solange im Sommer das Wasser im See wärmer als 4 °C ist, schwimmt das wärmste Wasser oben. Fällt im Winter die Wassertemperatur unter 4 °C, kehrt sich der Vorgang um. Wenn Wasser unter 4 °C abkühlt, dehnt es sich wieder aus. Es wird leichter und steigt nach oben. Am kältesten ist es dann an der Oberfläche. Wird das Oberflächenwasser durch kalte Luft auf 0 °C abgekühlt, bildet sich eine Eisschicht. Am Grund des Sees ist es jetzt am wärmsten. Dort können Wassertiere und Wasserpflanzen bei 4 °C den Winter überleben.

Probiert es aus: Taucht ihr im Sommer in einem See, dann spürt ihr: Zum Grund hin wird das Wasser immer kälter. Plant einen Versuch der zeigt, wie wärmeres Wasser nach oben steigt. Nutzt folgendes Material: Glaswanne, kaltes (über 4 °C) und warmes Wasser, Pipette, Lebensmittelfarbe. Führt den Versuch durch. Schreibt dazu ein Versuchsprotokoll.

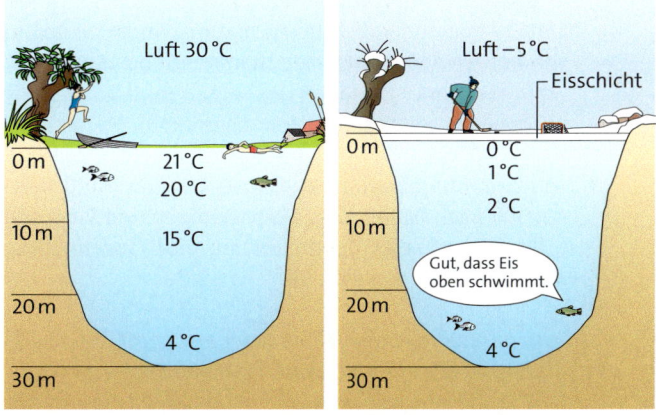

3 Temperaturen im See, im Sommer und im Winter

! Wasser von 4 °C ist am schwersten. Es hat die größte Dichte und befindet sich in einem Gewässer immer am Grund.

NACHGEHAKT

Die Kraft gefrierenden Wassers

Im Frühling sieht man oft aufgeplatzten Asphalt und zerbrochene Tontöpfe, die bei Frost draußen standen. Das ist das Ergebnis der enormen Wirkung gefrierenden Wassers.

Tontöpfe und Steine haben winzige Risse, in die Wasser eindringt. Beim Abkühlen unter 4 °C dehnt es sich ein wenig aus. Gefriert es zu Eis, braucht es noch viel mehr Platz und „sprengt" den Stein. Solange das Eis nicht schmilzt, hält es den Stein noch zusammen. Erst bei Tauwetter zerfällt er. Auch von Felswänden im Gebirge werden so ständig Bruchstücke abgesprengt, die sich unten am Berghang zu Geröllfeldern anhäufen. Sie können zu gefährlichen Gesteinslawinen werden.

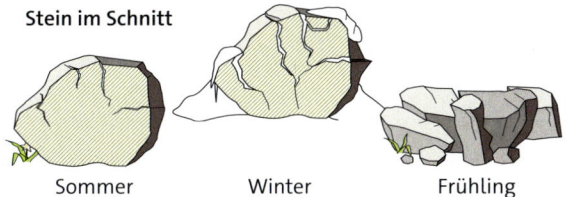

1 Gefrierendes Wasser sprengt einen Stein.

Sprengt gefrierendes Wasser eine Glasflasche?

Probiert es aus: Füllt eine Glasflasche randvoll mit Wasser und verschließt sie fest. Stellt sie in einer Plastiktüte über Nacht in das Eisfach. Beschreibt und erklärt den Ausgang des Versuchs.

2 Geröllfeld am Berghang

❶ Im Winter können Wasserrohre platzen. Erkläre das. Nenne Maßnahmen, um das zu verhindern.

❷ Nach einem frostigen Winter ist die obere Bodenschicht auf den Feldern aufgelockert. Das freut den Bauern. Gefrierendes Wasser verbessert die Bodenqualität. Beschreibe den Vorgang.

Müll – ein wertvolles Stoffgemisch

In unserem Müll landen täglich verschiedene Stoffe. Um Energie und Rohstoffe zu sparen, werden viele davon heute wiederverwertet, man nennt das Recycling. Dazu muss aber jeder von uns seinen Müll nach Stoffgruppen sortieren und getrennt sammeln.

Mülltrennung beginnt zu Hause Unseren Müll trennen wir nach Papier, Glas, Verpackungen und Bioabfall (pflanzliche Reste). Dann bleibt nur noch wenig übrig, das kommt in den Restmüll.

Was passiert mit dem Müll Nur der Restmüll wird verbrannt. Alles andere ist verwertbar oder enthält verwertbare Stoffe. Aus Altpapier wird neues Papier hergestellt. Altglas schmilzt man ein, um neue Flaschen zu formen. Der Bioabfall wird kompostiert. Wie auch in der Natur verwandeln kleine Tiere ihn in wertvolle Erde, den Humus. Der wird im Garten genutzt.

In der gelben Tonne sammeln wir Verpackungen wie Dosen, Kunststoffbehälter, Styropor oder Plastiktüten. Darin stecken noch ganz unterschiedliche Stoffe, die recycelt werden können. Dieser Müll muss daher in **Sortieranlagen** weiter aufgetrennt werden (▶1). Zur Trennung der Stoffe nutzt man ihre Eigenschaften.

Stofftrennung in der Sortieranlage Zuerst werden die Verpackungen gesiebt. So erhält man Abfallmischungen einheitlicher Größe, die ein Schredder dann zerkleinert. Leichte Stoffe werden im **Windsichter** mit einem Luftgebläse von schweren getrennt. Magnete ziehen eisenhaltige Metalle heraus und in einer **Schwimm-Sink-Anlage** trennen sich die schwimmenden von den sinkenden Bestandteilen. Trotz aller Technik wird die Feinsortierung meist noch von Hand durchgeführt.

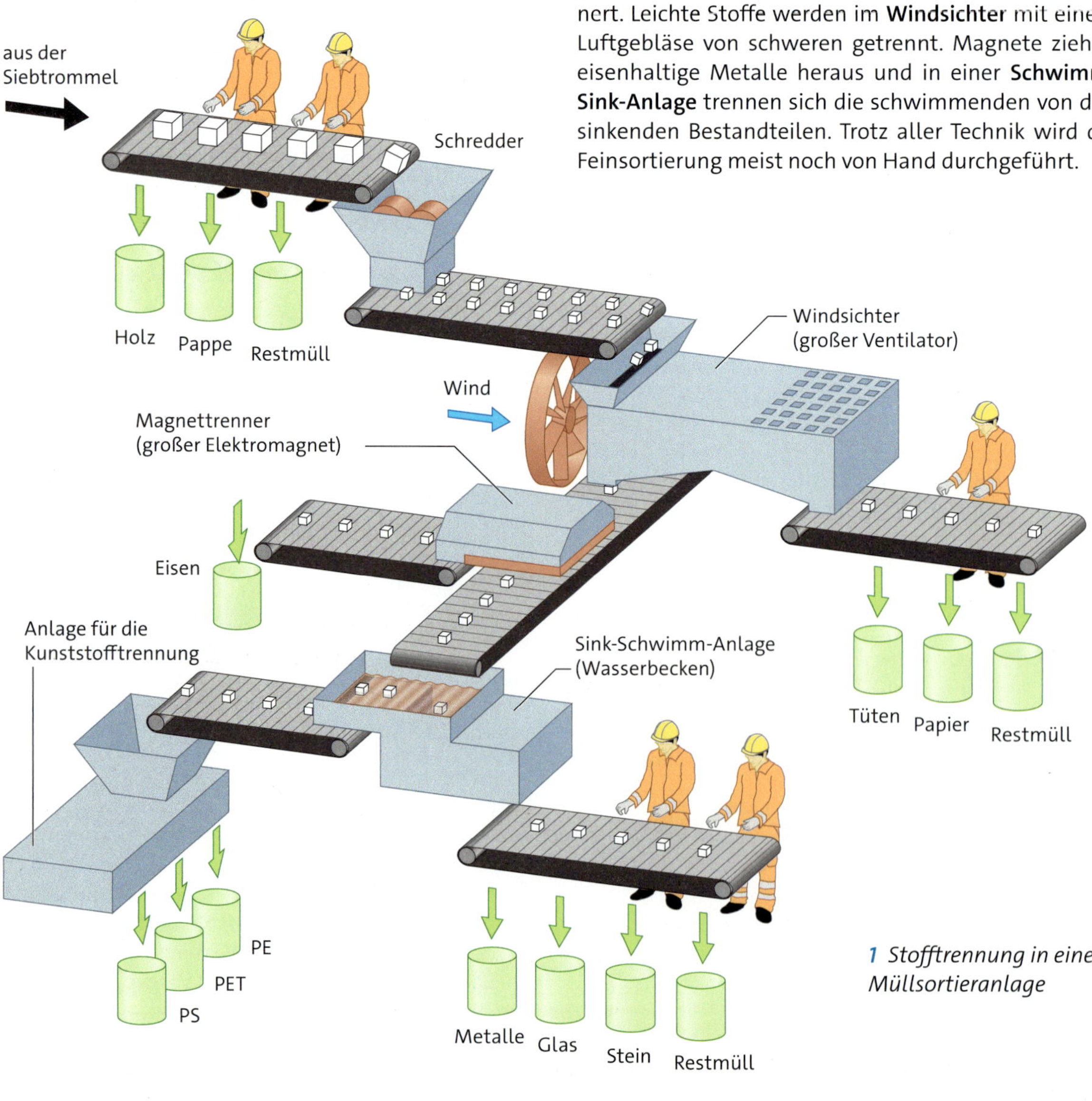

1 Stofftrennung in einer Müllsortieranlage

Die Welt ist voller Stoffe – Stoffe und ihre Eigenschaften

Sondermüll Dinge mit diesem Symbol oder mit Gefahrstoffsymbolen (▶ S. 11) dürfen nicht in die Mülltonnen, sie müssen in Sondermüllbehältern gesammelt werden. Dazu gehören z. B. Batterien, Akkus, Energiesparlampen, Reste von Farben und Lacken. Sie enthalten Stoffe, die Mensch und Umwelt gefährden.

Wertstoffe Alle gebrauchten Stoffe, die als Ausgangsstoffe für neue Produkte verwendet werden, sind Wertstoffe. Papier, Glas, Metalle und Kunststoffe durchlaufen mehrmals einen Kreislauf.

! Beim Recycling werden aus gebrauchten Wertstoffen wieder neue Produkte hergestellt.

2 Recycling, der Kreislauf der Wiederverwertung

Elektronikschrott Ausgediente Elektrogeräte wie Kaffeemaschine oder Smartphone bringt man auf den Wertstoffhof oder gibt sie wieder beim Händler ab. Sie enthalten meist seltene Metalle, die recycelt werden.

1. Was steckt in den Smartphones? Informiere dich und erläutere, warum sie gesammelt werden.

2. Informiert euch über das Müllsammelsystem in eurer Gemeinde beim zuständigen Wertstoffhof. Was darf in welche Tonne und was nicht. Was passiert mit Möbeln und Elektronikschrott? Erstellt dazu ein Plakat für die Schule.

3. Zeichne einen Kreislauf für die Wiederverwertung von Altglas in dein Heft.

4. Vom leeren Joghurtbecher soll man den Deckel abtrennen, bevor beides in den gelben Sack kommt. Begründe diese Maßnahme.

3 Einen Windsichter (rechts) könnt ihr selbst entwickeln.

EXPERIMENT A

Wie gut lassen sich Abfallstoffe trennen?
Material: verschieden große Siebe oder Drahtgitter, Magnet, Föhn, Wasserwanne. Überlegt selbst, was ihr noch brauchen könnt.
Durchführung: Stellt ein „Müllgemisch" her. (Korken, Sand, Kronkorken, Dosen, Tüten, Stücke von Papier, Holz, Plastiksorten ...)
Mit den technischen Verfahren der Sortieranlage soll der Müll nach Stoffen getrennt werden. Macht euch einen Plan und legt ein Versuchsprotokoll an.
Auswertung: Notiert die Wertstoffe, die ihr erhalten habt. Beurteilt, ob die Stofftrennung gut gelungen ist. Diskutiert Möglichkeiten zur Verbesserung.

4 Sink-Schwimm-Anlage

5. Plastik ist nicht gleich Plastik: Auf Plastikprodukten ist angeben, ob sie aus PET-, PP- oder PS-Kunststoff sind. Aus diesen drei Kunststoffarten könnt ihr eine mit der Schwimm-Sink-Technik abtrennen. Plant dazu einen Versuch und führt ihn durch. Nennt die Stoffeigenschaft, die ihr für die Trennung nutzt.

6. Überlegt, wie Etiketten von Glas- oder Kunststoffflaschen abgetrennt werden können. Probiert es aus und erklärt den Vorgang.

7. Erkundige dich nach dem Einweg- und dem Mehrwegpfandsystem. Vergleiche die Systeme und beschreibe ihre Vor- und Nachteile.

Wir erstellen ein Plakat zur Müllvermeidung

Immer mehr Müll sammeln wir auf der Erde an. Achtlos weggeworfener Müll verschmutzt unsere Umwelt und gefährdet die Tiere. Fische in den Flüssen verschlucken kleine Plastikstückchen. Robben ersticken an den Henkeln von Plastiktüten, die um ihren Hals geraten. Es ist daher wichtig, alle Abfälle zu sammeln. Noch besser ist es, Müll gar nicht erst entstehen zu lassen. Sammelt einen Tag lang euren Müll in der Klasse. Was davon hätte man vermeiden können.

Fertigt ein Plakat für die Schule an. Zeigt darauf, wo Müll anfällt und welche Möglichkeiten es gibt ihn zu vermeiden. Geht bei der Plakaterstellung schrittweise vor:

Schritt 1 — Thema und Titel
Überlegt, welches Thema ihr bearbeiten wollt. Welchen Titel soll das Plakat haben?

Schritt 2 — Informationen beschaffen
Zunächst müsst ihr Informationen sammeln. Manches findet ihr in diesem Buch. Anderes steht im Lexikon, in Büchern, in Informationsschriften, Zeitungen oder im Internet. Vielleicht habt ihr auch eigene Informationen ermittelt. Sucht auch passende Bilder.

Schritt 3 — Informationen ordnen
Unterteilt das Thema in Teilbereiche. Legt für jeden Bereich passende Materialien zusammen: Zeichnungen, Fotos, Texte. Was könnt ihr in Form von Diagrammen darstellen? Verteilt die Arbeiten auf Gruppen.

Schritt 4 — Plakat anfertigen
Besorgt euch Packpapier, Stifte, Scheren, Klebstoff und farbiges Papier. Gemeinsam entscheidet ihr:
– Welches Material soll auf dem Plakat veröffentlicht werden? In welcher Form soll das geschehen?
– Wie werden die Materialien übersichtlich angeordnet? Haltet die Texte kurz. Stellt Zusammenhänge bildlich dar. Prüft nach, ob das Plakat aus der Nähe und auch aus der Ferne wirkt.
– Denkt an die Beschriftung der Bilder. Achtet auf Größe und Lesbarkeit der Schrift. Nutzt verschiedene Schriftgrößen.

Schritt 5 — Präsentieren
Hängt das Plakat so auf, dass alle es gut sehen können. Jede Gruppe erläutert vor der Klasse den eigenen Teil der Arbeit.

Recyclingspezialisten in der Natur

Auch in der Natur gibt es Abfall. Im Herbst werfen die Bäume ihre Blätter ab. Niemand kehrt den Wald, trotzdem bilden sich keine Laubberge.

Aus Laub wird Erde Die „Abfälle" der Natur dienen Tieren als Nahrung. An einem Laubblatt fressen viele verschiedene **Bodentiere** (▶ 2). Nach und nach verschwinden Blattteile, bis es am Ende von Bakterien und Pilzen vollständig abgebaut wird. Was diese Lebewesen ausscheiden, ist wertvolle Erde, der **Humus**. Er enthält sehr viele Mineralstoffe, die von Pflanzen im Frühjahr zum Wachsen gebraucht werden. Nicht nur Pflanzenreste, sondern auch tote Tiere oder ausgefallene Haare werden so zu Humus abgebaut.

Stoffkreislauf in der Natur Den Humus nutzen die Pflanzen für ihr Wachstum. Tiere und Menschen ernähren sich von den Pflanzen. Verwelkte Pflanzen und tote Tiere werden zu Humus abgebaut. Die Stoffe in der Natur werden in einem Kreislauf immer weitergegeben. Nichts bleibt übrig, nichts geht verloren.

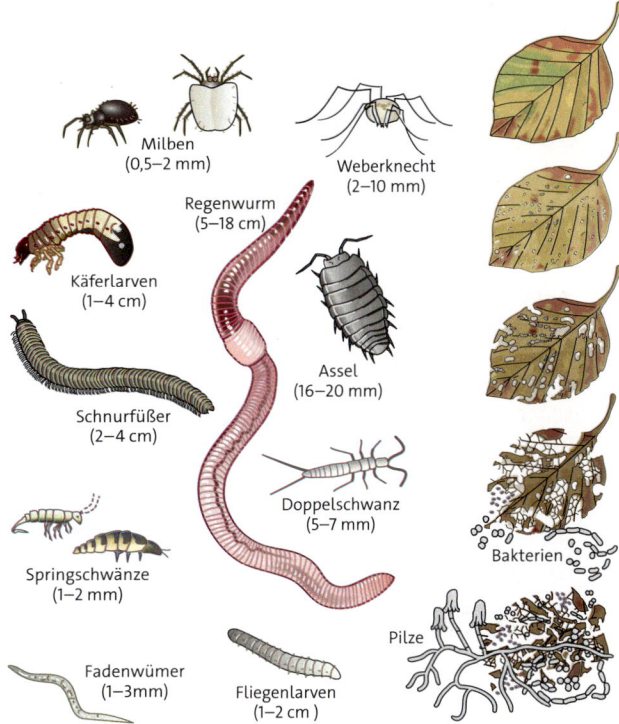

2 Bodenlebewesen und der Laubabbau

1 Der Stoffkreislauf der Natur

EXPERIMENT A

Bodentiere sammeln und bestimmen
Material: Laubstreu und obere Waldbodenschicht, weißes Papier, Pinsel, Lupe, Küchensieb, kleine Becher, Bestimmungsbuch für Bodentiere
Durchführung: Breitet Laubstreu und Erde auf weißem Papier aus. Sucht größere Tiere vorsichtig mit der Hand heraus und sammelt sie in den Bechern. Siebt Laubstreu durch das Sieb. Streicht durch das Sieb gefallene Tiere mit einem Pinsel heraus und betrachtet sie mit der Lupe.
Auswertung: Versucht die Tiere zu bestimmen und setzt sie dann wieder zurück in den Wald.

❶ Bioabfälle werden kompostiert. Komposterde ist das schwarze Gold des Gärtners, sagt man. Erkundige dich, wie ein Kompost angelegt wird, und was darin passiert. Berichte darüber.

❷ Vergleiche den Stoffkreislauf in der Natur mit dem Wertstoffkreislauf beim Recycling auf Seite 69.

❸ Sammelt abgefallene Laubblätter und ordnet sie danach, wie stark sie bereits abgebaut sind.

❹ Informiere dich über die Lebensweise des Regenwurms. Erkläre, wie er den Boden fruchtbar macht.

❺ Was wird abgebaut und wie schnell? Baue den Versuch zu Hause auf und halte die Erde feucht. Beobachte drei Wochen lang täglich. Schreibe ein Beobachtungsprotokoll.

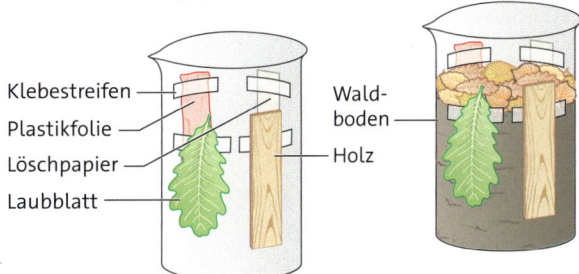

Zusammenfassung

Stoffe haben typische Eigenschaften
Stoffe sind das, woraus Körper bestehen. Man kann einen Stoff an seinen typischen Eigenschaften erkennen und damit von anderen Stoffen unterscheiden. Einige der Stoffeigenschaften wie Farbe, Oberflächenbeschaffenheit oder Geruch erfassen wir mit unseren Sinnen.

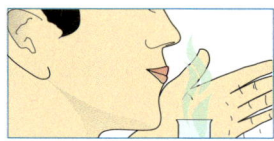
- Geruch (stechend, geruchlos ...)
  Vorsicht: nur zufächeln!

Andere Eigenschaften sind nur mit Hilfsmitteln herauszufinden, beispielsweise ob ein Stoff wasserlöslich, schmelzbar oder magnetisch ist.

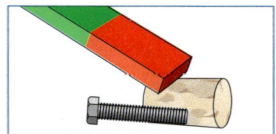
- magnetisch
- nicht magnetisch

Auch die Schmelz- und Siedetemperatur eines Stoffs können wir ermitteln und, welche Dichte er hat.

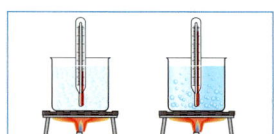
- Schmelztemperatur
- Siedetemperatur

Masse und Volumen
Körper haben eine Masse und ein Volumen. Das Volumen gibt an, wie viel Raum ein Körper einnimmt, die Masse, wie viel ein Körper wiegt.

Aggregatzustand
Je nach Temperatur können Stoffe im festen, flüssigen oder gasförmigen Aggregatzustand vorliegen. Im Teilchenmodell kann man sich ein und denselben Stoff in den drei verschiedenen Aggregatzuständen vorstellen.

Schmelz- und Siedetemperatur
Die Temperatur, bei der ein Stoff schmilzt oder erstarrt, ist seine Schmelztemperatur.
Die Temperatur, bei der ein Stoff verdampft oder kondensiert, ist seine Siedetemperatur.

Dichte
Die Dichte gibt an, welche Masse ein Kubikzentimeter eines Stoffs hat. Fast alle Stoffe dehnen sich mit steigender Temperatur aus, wodurch ihre Dichte sinkt. Umgekehrt nimmt sie bei Abkühlung zu. Eine Ausnahme ist Wasser. Es hat seine größte Dichte bei 4 °C. Beim Übergang zu Eis nimmt die Dichte sprunghaft ab.

Schwimmen – Schweben – Sinken
Ob ein Körper im Wasser schwimmt, schwebt oder sinkt, hängt von der Dichte des Stoffs ab, aus dem er besteht.

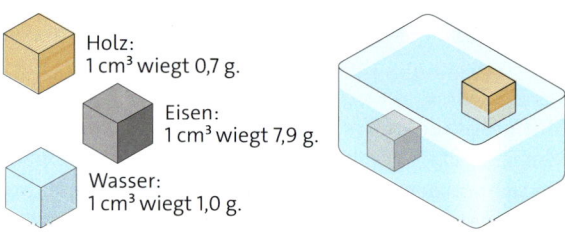

Holz: 1 cm³ wiegt 0,7 g.
Eisen: 1 cm³ wiegt 7,9 g.
Wasser: 1 cm³ wiegt 1,0 g.

Mülltrennung ist Stofftrennung
Unser Müll enthält wertvolle Stoffe. Glas und Papier erkennen wir schon mit unseren Sinnen. In der Müllsortieranlage nutzt man zur Stofftrennung die typischen Eigenschaften der einzelnen Stoffe wie die Magnetisierbarkeit oder die Dichte.

Recycling ist Wiederverwertung
Stoffe im Müll, die wieder verwertet werden können, nennt man Wertstoffe. Papier, Metalle, Glas und Kunststoffe werden gesammelt und zu neuen Produkten verarbeitet. In der Natur entsteht kein Müllberg. Alle tierischen und pflanzlichen „Abfälle" bauen Bodentiere zu Humus ab, den die Pflanzen zum Wachsen nutzen.

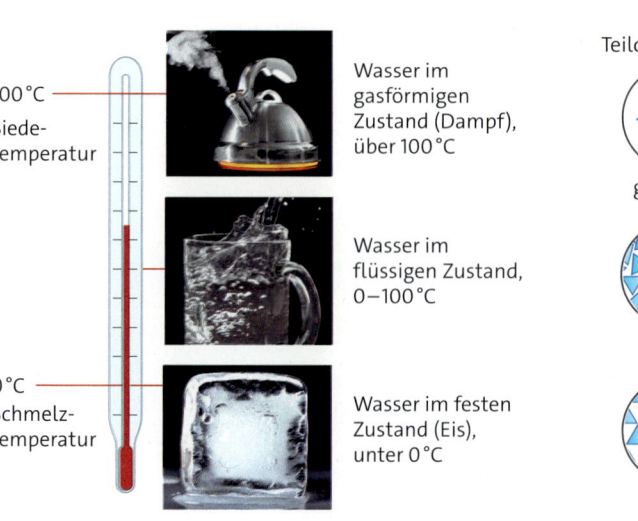

100 °C Siedetemperatur — Wasser im gasförmigen Zustand (Dampf), über 100 °C

Wasser im flüssigen Zustand, 0–100 °C

0 °C Schmelztemperatur — Wasser im festen Zustand (Eis), unter 0 °C

Teilchenmodell
gasförmig
flüssig
fest

Alles klar?

1. Erläutere den Unterschied zwischen Stoff und Körper. Nenne für beide Beispiele.

2. Nenne Stoffeigenschaften, die du mit den Sinnen erkennst, und solche, die du mit Hilfsmitteln und durch Messen herausfinden kannst. Ordne sie in einer Tabelle. Erkläre, warum die Geschmacksprobe nicht durchgeführt werden darf.

3. Gib für folgende Vorgänge die Fachbegriffe an: Wäsche trocknet, Pfütze gefriert, Eiszapfen verschwindet, Schokolade wird weich.

4. Eine Suppe riecht man viel stärker im ganzen Zimmer, wenn sie siedet. Erkläre dieses Phänomen mithilfe des Teilchenmodells.

5. Gib den Aggregatzustand der folgende Stoffe bei 20 °C an: Zucker, Alkohol, Luft, Eisen, Wasser.

6. Sinkt, schwebt oder schwimmt der unbekannte rote Stoff im Wasser? Erläutere deine Antwort.

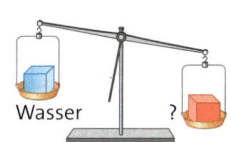

7. Wasserdampf ist unsichtbar. Erkläre, warum man trotzdem „Nebel" über dem Wasserkocher sieht.

8. Du sollst Eisen schmelzen. Du darfst dazu aber keinen Kupferlöffel verwenden. Begründe die Vorschrift.

9. In den Kuchenteig wird oft Alkohol gegeben, z. B. Rum. Trotzdem wirst du vom Kuchen nicht betrunken. Erkläre das.

10. Ein Körper wird um die Hälfte verkleinert. Gib an, wie sich Volumen, Masse und Dichte ändern.

11. Eisschollen liebt der Eisbär. Erkläre, warum Eis auf Wasser schwimmt.

12. Wird Sahne kräftig geschlagen, nimmt ihr Volumen zu. Erläutere, wie sich ihre Dichte ändert.

13. Erläutere den Begriff „Wertstoff". Nenne Beispiele.

14. Kinder, die sich kein Spielzeug kaufen können, bauen sich welches aus Müll. Sie basteln Fußbälle aus Plastiktüten oder Autos aus Getränkekartons. Was fällt dir ein? Versuche es mal selbst.

15. Immer wieder hört man den Satz: „Wir leben in einer Wegwerfgesellschaft." Diskutiert, was damit gemeint ist.

16. Zwei übereinandergeschichtete Flüssigkeiten vermischen sich mit der Zeit. Beschreibe den Versuch. Erkläre, was er über die Teilchenbewegung aussagt.

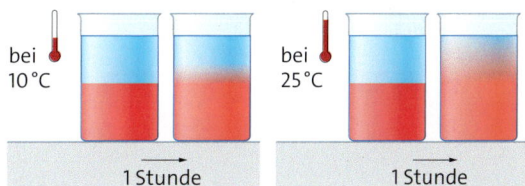

Camping – Stoffe nach Maß

Zum Zelten nutzt du Dinge, die ganz bestimmte Eigenschaften haben sollen. Denn du hast nicht viel Platz und willst nicht schwer tragen müssen.
Du willst aber kochen, essen und im Trockenen schlafen. Beschreibe die Eigenschaften der Gegenstände und der Stoffe, aus denen sie sind.
Begründe, warum sie sich für die Campingausrüstung eignen. Um welche Stoffgruppe handelt es sich vorwiegend?

Lebensgrundlage Energie – ohne sie läuft nichts

Ohne Energie können Pflanzen nicht wachsen, Autos nicht fahren, Lampen nicht leuchten und Lebewesen nicht leben.

Aber was ist Energie? Direkt sichtbar ist sie nicht, doch wir brauchen sie ständig und erleben täglich ihre Wirkung. Energie ist der Antrieb für alle Vorgänge in Natur und Technik. Sie kann sich wandeln, in ganz unterschiedliche Formen. Wie sie sich zeigt und wie wir sie nutzen, wirst du in diesem Kapitel herausfinden.

Unsere wichtigste Energiequelle ist die Sonne. In ihrem Licht und ihrer Wärme ist Energie enthalten. Energie steckt aber auch in jeder Bewegung und in jedem Körper, selbst in dir. Wie kommt sie da hinein?

❶ „Du sprühst heute vor Energie.", oder: „Sie greift energisch durch." Den Begriff „Energie" nutzen wir häufig im Alltag. Finde weitere Beispiele und erkläre, was jeweils damit gemeint ist.

❷ Die Bilder dieser Doppelseite zeigen ganz unterschiedliche Dinge. Und doch haben sie etwas gemeinsam: Sie haben alle mit Energie zu tun. Beschreibe, was auf den Bildern passiert, und versuche zu erklären, wo darin die Energie steckt.

Energiequelle Sonne

Die Strahlung der Sonne bringt Licht und Wärme auf die Erde. Beides sind Formen von Energie.

Erforscht die Energie der Sonne
Für eure Forschungen braucht ihr einen sonnigen Tag. Zur Not könnt ihr die Sonne durch eine Lampe ersetzen. Nutzt für die Versuche A und B eine Glühbirne, die neben Licht auch Wärme ausstrahlt wie die Sonne.

A Welche Farbe tankt mehr Sonnenenergie?
Was spürt ihr, wenn ihr die Hand in die Sonne haltet? Wärme! Auch ein Sattel kann ziemlich heiß werden, wenn das Fahrrad länger in der prallen Sonne steht. Das hängt jedoch auch von der Farbe des Sattels ab.
Material: weiße und schwarze Pappe, 2 Thermometer
Durchführung: Stellt gefaltete Papphüllen in die Sonne und steckt in jede ein Thermometer. Notiert die Temperaturwerte, sobald sie sich nicht mehr verändern.

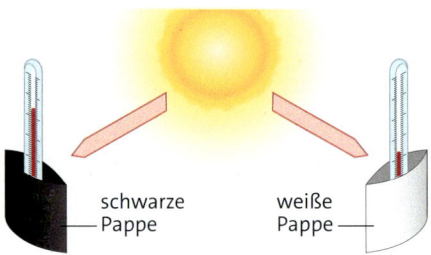

Auswertung: Vergleicht die Messwerte. Gebt an, welche Farbe mehr Sonnenenergie „tankt".

B Sturm im Turm?
Baut eine Sonnenturbine. Eine Turbine ist ein drehbares Rad, ähnlich einem Wasser- oder Windrad.
Material: stabile Pappe (Welche Farbe sollte sie haben?), Schere, Klebestreifen, 3 große Stecknadeln, Korkstück, Lampe, Teelichtschale für die Turbine

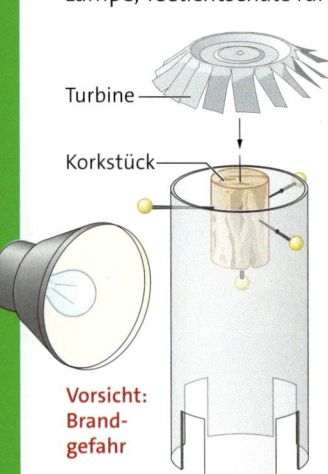

Auswertung: Erklärt, wodurch das Rad in Gang kommt. Untersucht, was passiert, wenn der Turm mit Alufolie verkleidet ist.

Kraftwerke, die nach diesem Prinzip funktionieren, nennt man Aufwind- oder Thermikkraftwerke. Darin drehen sich große Turbinen. Deren Drehbewegung wandelt ein Generator in elektrische Energie um.

1 Ein Solarauto: Aus Strahlungsenergie der Sonne wird Bewegungsenergie.

C Wird aus Licht Bewegung?
Solarzellen wandeln die Strahlungsenergie der Sonne in elektrische Energie um.
Material: Solarmodul mit Solarzellen, Elektromotor mit Propeller, Taschenlampe, 2 Kabel
Durchführung: Die Taschenlampe ersetzt die Sonne. Probiert mit der Taschenlampe aus, wann sich der Propeller am schnellsten dreht.

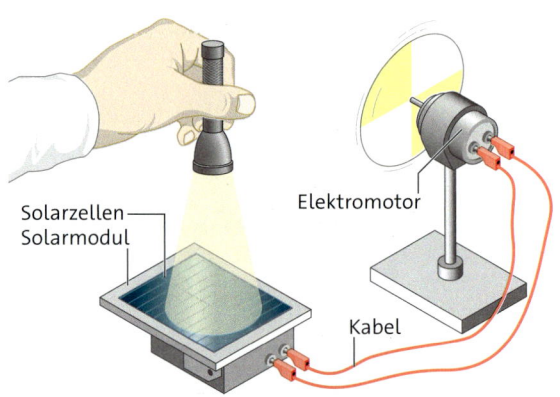

Auswertung: Gebt an, wann die Drehbewegung des Propellers am schnellsten ist. Beschreibt, wo im Versuch Energie auftritt und in welcher Form. Erklärt, warum man Elektromotor und Solarzelle als Energiewandler bezeichnet.

D Wird aus Bewegung Licht?
Material: Kurbelgenerator, 2 Kabel, Lämpchen
Durchführung: Bringt durch Drehen der Kurbel am Generator die Lampe möglichst gleichmäßig zum Leuchten.

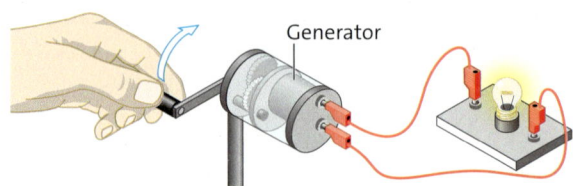

Auswertung: Beschreibt die Veränderung des Lichts bei unterschiedlich schneller Drehbewegung. Kennt ihr einen vergleichbaren Vorgang aus dem Alltag?

Energieformen und Energiewandler

Die Sonne ist unsere wichtigste Energiequelle, ohne sie wäre es auf der Erde dunkel und kalt. An der Sonnenoberfläche herrscht eine Temperatur von etwa 6000 °C. In Form von Licht- und Wärmestrahlung gelangt die Energie der Sonne in rund acht Minuten zu uns auf die Erde.

Strahlungsenergie
150 Millionen Kilometer

Strahlungsenergie der Sonne Trifft Sonnenstrahlung auf einen Körper, dann wird er nicht nur beleuchtet, er erwärmt sich auch. Er wandelt **Strahlungsenergie** in **thermische Energie** um. Dunkle Gegenstände nehmen mehr Strahlung auf und werden wärmer als helle. Daher schwitzt man im Sommer in dunklen Autos stärker als in hellen. In jedem Körper steckt thermische Energie, je wärmer er ist, desto mehr. Körper, die wärmer als ihre Umgebung sind, senden thermische Energie als Wärme aus. So wird thermische Energie in Form von Wärme von einem Körper auf einen anderen übertragen.

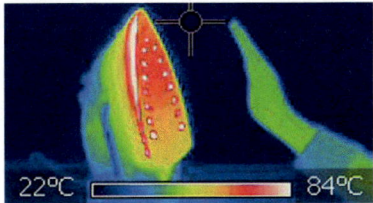

! **Thermische Energie wird immer vom wärmeren Körper auf den kühleren Körper übertragen.**

1 Wärmebildkameras erzeugen Bilder der Wärmeabgabe von Körpern.

Ohne Energie läuft nichts Bei nahezu allen Vorgängen in Natur und Technik ist Energie im Spiel. Die Strahlungsenergie der Sonne erwärmt das Wasser im See, lässt den Schnee schmelzen und die Pflanzen wachsen. Die Solarzelle fängt Strahlungsenergie der Sonne auf und gibt **elektrische Energie** ab. Mit der elektrischen Energie kann man einen Propeller bewegen, Wasser erhitzen oder eine Lampe zum Leuchten bringen.

! **Energie treibt viele Vorgänge an. Sie ist zum Beispiel notwendig, um etwas zu erwärmen, zu bewegen oder zu beleuchten.**

Energieumwandlungen Im Alltag sagt man oft, dass Energie „verbraucht" oder „gewonnen" wird. In Wirklichkeit kann man Energie nicht „gewinnen" oder „verlieren", man kann sie nur von einer Form in eine andere umwandeln. So wandelt die Solarzelle des Solarautos die Strahlungsenergie der Sonne in elektrische Energie um. Diese wandelt ein Elektromotor in **Bewegungsenergie** um: Das Auto fährt. Solarzelle und Elektromotor sind **Energiewandler**. Energieumwandlungen stellt man mit den auftretenden **Energieformen** und Energiewandlern in **Energieflussdiagrammen** dar (▶ Methode).

! **Energie tritt in verschiedenen Formen auf. Energiewandler nehmen Energie in einer Form auf und geben sie in einer anderen Form ab.**

① Erkläre, warum heißer Tee abkühlt und kalte Limo warm wird, wenn du beide bei Raumtemperatur stehen lässt. Untersuche, wie warm die Limo wird.

② Du hast auf dieser Seite vier Energieformen kennengelernt. Finde Energieumwandlungen, in denen sie vorkommen und zeichne dazu die Energieflussdiagramme.

METHODE

Energieflussdiagramm erstellen
Vorgänge mit Energieumwandlungen stellt man in Energieflussdiagrammen grafisch dar. Darin kennzeichnet man mit Pfeilen die auftretenden Energieformen und mit Kästen die Energiewandler.

Wasser und Wind stecken voller Energie

Schon vor Tausenden Jahren entwickelten die Menschen Wind- und Wasserräder, um die Energie des fließenden Wassers und des Windes zu nutzen. Die Räder unzähliger Wind- und Wassermühlen versorgten im Mittelalter die Maschinen der Handwerksbetriebe mit Energie. Neben Getreidemühlen waren es vor allem Säge-, Papier- und Hammermühlen.

! **Wind- und Wasserräder gehören zu den ältesten technischen Energiewandlern der Menschheit.**

Höhen- und Bewegungsenergie des Wassers Durch Sonneneinstrahlung verdunstet Wasser, der warme Wasserdampf steigt hoch und kühlt ab. Seine thermische Energie wird dabei in **Höhenenergie** umgewandelt, man bezeichnet sie auch als **Lageenergie**. Oben in der Wolke hat das Wasser viel Höhenenergie, fällt es als Regen herab, wird sie in **Bewegungsenergie** umgewandelt. Regnet es über höher gelegenen Gebieten, fließt das Wasser in Bächen und Flüssen zu Tal. Im abfließenden Wasser steckt Bewegungsenergie. Halten wir Wasser oben in den Bergen zurück, dann speichern wir seine Höhenenergie im Stausee. Nicht nur Wasser kann Höhenenergie enthalten, sie steckt in jedem Körper, der hoch gehoben wurde. Hebst du deine Schultasche auf den Tisch, nimmt ihre Höhenenergie zu. Fällt sie zu Boden, wird Höhenenergie in Bewegungsenergie umgewandelt.

! **Alle Körper, die herunterfallen können, besitzen Höhenenergie, die beim Fallen in Bewegungsenergie umgewandelt werden kann.**

Energiewandler Wasserrad Mit einem Wasserrad nutzt man die Bewegungsenergie des strömenden Wassers. Es drückt gegen die unteren Schaufelblätter des Rads. Je stärker die Strömung, desto stärker und schneller dreht es sich. Zunächst verwendete man Wasserräder als Schöpfräder (▶1), um Wasser von den Flüssen in die Dörfer und auf die Felder zu leiten. Später nutzte man in **Wassermühlen** die sich drehende Radachse. Sie wurde verlängert, um daran Lasten auf und ab zu bewegen. Die Drehbewegung konnte mithilfe von Zahnrädern auch auf Mühlsteine übertragen werden, zum Mahlen von Getreide zu Mehl. Man konstruierte auch Maschinen zum Sägen, Schleifen oder Hämmern, alle wurden über die Drehbewegung der Räder angetrieben.

1 Wasserschöpfrad

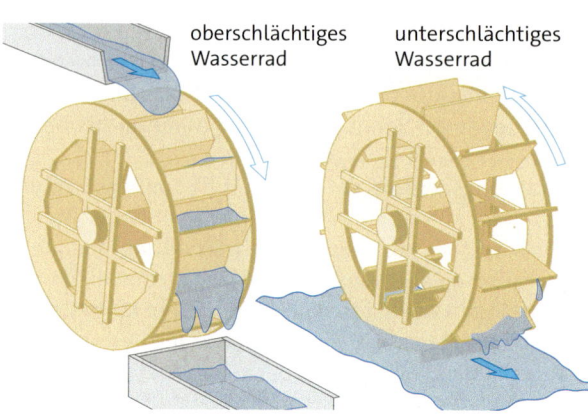

2 Zwei typische Formen von Wasserrädern

Formen von Wasserrädern Verschiedenste Wasserräder wurden entwickelt, jeweils optimal angepasst an die vorhandene Wassermenge und das Gefälle (▶2). Die Strömung großer Flüsse lieferte genügend Bewegungsenergie für den Betrieb unterschlächtiger Wasserräder. An kleinen Bächen kam das oberschlächtige Wasserrad zum Einsatz. Über die Zulaufrinne fällt das abgezweigte Bachwasser von oben in schaufelartige Mulden. Durch den Höhenunterschied wird die Höhenenergie genutzt. Die Masse des Wassers drückt die Schaufeln nach unten und das Rad dreht sich. Die Zulaufrinnen wurden so konstruiert, dass die Wassermenge reguliert und das Rad sogar abgeschaltet werden konnte.

Probiert es aus: Baut ein Wasserrad, mit dem ihr Lasten heben könnt. Ein Beispiel ist unten abgebildet, vielleicht habt ihr noch andere Ideen. Findet heraus, wie Wassermenge und Fallhöhe auf die Drehgeschwindigkeit wirken. Erfindet eine Konstruktion, mit der ihr die Lasten auch wieder herablassen könnt. Fertigt eine einfache Zeichnung an und notiert das Energieflussdiagramm.

Wasserrad mit Lastenaufzug

❶ Informiere dich, wie eine Säge-, Hammer- oder Getreidemühle funktionierte, und berichte darüber.

Lebensgrundlage Energie – ohne sie läuft nichts

Wasser- und Windkraftwerke Kraftwerke, die elektrische Energie bereitstellen, indem sie Kohle, Erdöl oder Erdgas verbrennen, belasten die Umwelt durch schädliche Abgase. Diese Energiequellen sind bald auch aufgebraucht, daher nutzt man heute wieder die Energie aus Wind und Wasser. Es sind unerschöpfliche Energiequellen, denn durch die Sonne werden sie ständig erneuert. Das Prinzip gleicht noch immer dem der alten Mühlen. Nur dreht sich im Windkraftwerk (▶4) jetzt ein meist dreiflügeliger **Rotor** und im Wasserkraftwerk eine **Turbine**, ein besonders effektives Wasserrad. Mit der Drehbewegung wird heute ein **Generator** angetrieben. Er wandelt die Bewegungsenergie in elektrische Energie um – ähnlich wie ein Fahrraddynamo.
In **Laufwasserkraftwerken** (▶5) dreht die ständige Strömung des Flusswassers die Turbinen. **Speicherwasserkraftwerke** (▶6) nutzen die Höhenenergie, die im Wasser des Stausees gespeichert ist. Die abfließende Wassermenge kann reguliert werden, je nachdem, wie viel elektrische Energie gerade gebraucht wird.

3 Die Drehbewegung der Windradachse setzt große Zahnräder in Gang.

Energiewandler Windrad Stand nicht genügend Wasser zur Verfügung, nutzte man den Wind als Energiequelle und baute **Windmühlen**. Die Bewegungsenergie der strömenden Luftmassen treibt das Windrad an. Da der Wind nicht immer aus der gleichen Richtung weht, entwickelte man drehbare Mühlen. Die gesamte Mühle oder auch nur das Dach mit den Flügeln konnte so in den Wind gedreht werden, dass die Luftströmung optimal ausgenutzt wurde. Wie auch bei den Wasserrädern diente die Drehbewegung der Windradachse als Antrieb einfacher Maschinen. Meist wurde die Energie über Zahnräder auf die Maschinenteile übertragen (▶3). Im 19. Jahrhundert gab es in Europa noch mehr als 200 000 Windmühlen. Heute betreiben wir unsere Maschinen mit elektrischer Energie aus Kraftwerken.

❷ Ein Wasserrad dreht sich in einem Fluss, ein Windrad im Wind. Begründe, dass die dafür nötige Energie jeweils von der Sonne stammt. Nenne die Energieumwandlungen, die stattfinden.

5 Laufwasserkraftwerke nutzen die Bewegungsenergie des Wassers, wie hier in Eitting am Isarkanal.

❸ Zeichne das Energieflussdiagramm für ein Laufwasserkraftwerk (▶5).

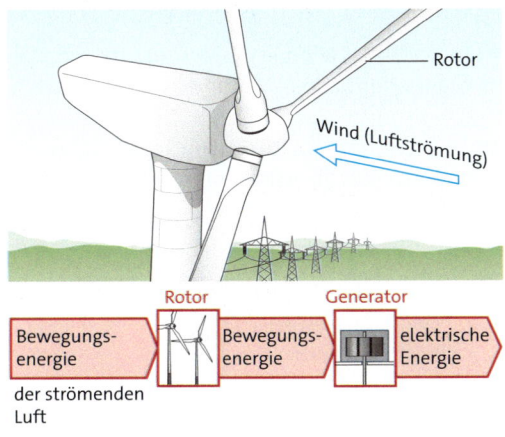

4 Energiefluss im Windkraftwerk

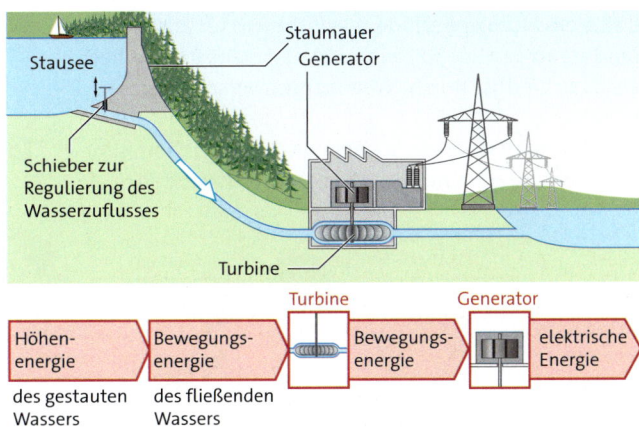

6 Energiefluss im Speicherwasserkraftwerk

Energie für deinen Körper

Ohne Energie bewegt sich nichts. Auch du musst kräftig in die Pedale treten, damit dein Fahrrad fährt. Woher nimmst du die Energie dafür?

Energiewandler Mensch Wir fahren Rad, denken nach, die Haare wachsen, unser Herz schlägt Tag und Nacht. Außerdem sind wir fast immer wärmer als unsere Umgebung. Die Energie für all diese Vorgänge stammt aus unserer Nahrung. Sie enthält **chemische Energie**, die in den **Nährstoffen** gespeichert ist. Der Energiegehalt von Lebensmitteln ist auf der Verpackung als **Brennwert** angegeben, in der Einheit Kilojoule (kJ) pro 100 Gramm. Im Körper wird die chemische Energie unter anderem in Bewegungsenergie und thermische Energie umgewandelt. Woher kommt diese chemische Energie, die in den Nährstoffen steckt?

2 Nährstoffe der Pflanzen: Kohlenhydrate, Eiweiß, Fett

! Mit der Nahrung nehmen wir die chemische Energie der Nährstoffe auf. Der Körper wandelt sie in Bewegungsenergie und thermische Energie um.

Pflanzen speichern Sonnenenergie Pflanzen wandeln die Strahlungsenergie der Sonne in chemische Energie um. Der Vorgang heißt **Fotosynthese**. Mit ihren Blättern „fangen" sie Licht ein und nehmen Kohlenstoffdioxid aus der Luft auf. Über die Wurzeln versorgen sie sich mit Wasser. Mithilfe der **Strahlungsenergie** stellen sie aus Wasser und Kohlenstoffdioxid Zucker her und geben Sauerstoff ab. Im Zucker steckt nun die Energie der Sonne in Form von chemischer Energie. Einen Teil davon nutzt die Pflanze zum Wachsen. Den restlichen Zucker wandelt sie um, in die Nährstoffe Stärke, Fett und Eiweiß. Als Energievorräte lagert sie diese vor allem in Knollen und Samen. Mit der Energie aus der Knolle treibt die Pflanze nach dem Winter wieder aus. Im Samen steckt genügend Energie für das neue Pflänzchen, bis es sich selbst durch Fotosynthese versorgen kann.

! Pflanzen wandeln Strahlungsenergie in chemische Energie um und speichern sie in Nährstoffen.

Nährstoffe Die energiereichen Nährstoffvorräte der Pflanzen nutzen Mensch und Tier als Nahrung. **Stärke** ist der Hauptbestandteil in Kartoffeln, Weizen- und Maiskörnern. **Zucker** steckt in vielen Früchten. Stärke und Zucker fasst man unter dem Begriff **Kohlenhydrate** zusammen. Zucker erkennt man am süßen Geschmack, den die Stärke nicht hat. Bohnen und Linsen enthalten viel **Eiweiß** und Samen wie Sonnenblumenkerne jede Menge **Fett**. Aus diesen pflanzlichen Energiespeichern stellen wir unsere Lebensmittel her. Das Eiweiß brauchen wir vor allem zum Wachsen, Kohlenhydrate und Fett für die Bewegung. Nehmen wir zu viele Nährstoffe auf, speichern wir sie in Form von Fett im Körper.

! Kohlenhydrate, Fette und Eiweiße sind die energiereichen Nährstoffe in unseren Lebensmitteln.

❶ Erläutere das Energieflussdiagramm (▶1). Nenne Vorgänge in deinem Körper, die Energie benötigen.

❷ Nenne Pflanzen oder Pflanzenteile, die besonders viel Stärke, Zucker, Fett oder Eiweiß enthalten.

❸ **Knifflig:** In Holz ist Energie gespeichert. Beschreibe, wie du das zeigen kannst. Nenne die Energieformen.

❹ Sammle Etiketten von Lebensmitteln. Ordne sie nach ihrem Gehalt an Nährstoffen.

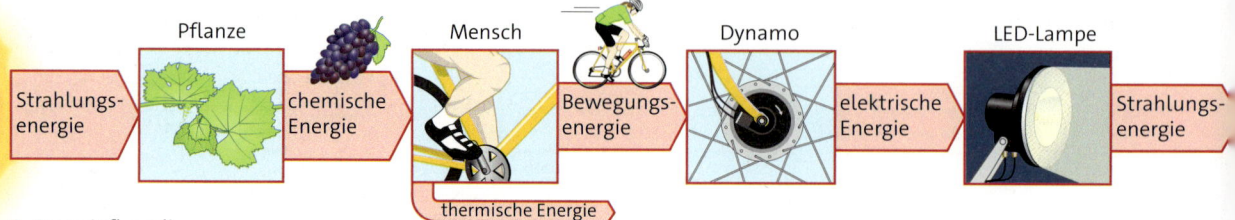

1 Energieflussdiagramm

Lebensgrundlage Energie – ohne sie läuft nichts

Nachweisverfahren für Nährstoffe

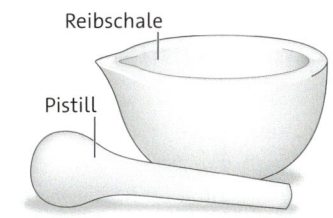

Oft sieht man nicht, welche Nährstoffe in Lebensmitteln stecken. Mit verschiedenen Nachweisverfahren kann man es herausfinden. Feste Lebensmittel werden zuvor zerkleinert oder in einer Reibschale zerrieben.

Nachweis von Fett: Fettfleckprobe
Lebensmittel, die Fett enthalten, hinterlassen auf Papier durchscheinende Flecken. Das Fett zieht ins Papier ein und verdunstet nicht wie etwa Wasser.

Schritt 1 Verreibe die Lebensmittelprobe auf Papier oder Filterpapier, gib zur Kontrolle einen Tropfen Öl und einen Wassertropfen daneben. Kennzeichne und beschrifte die Stellen mit einem Stift.

Schritt 2 Warte, bis das Wasser verdunstet ist. Prüfe, ob die Lebensmittelprobe einen durchscheinenden Fleck hinterlassen hat.

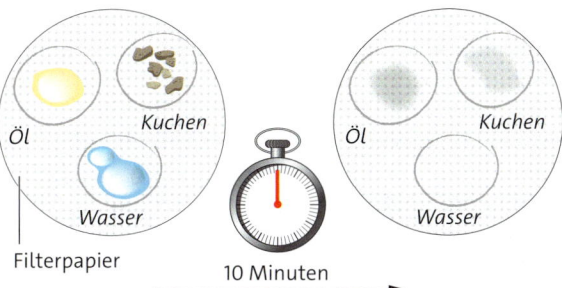

Nachweis von Eiweiß: Säureprobe
Gelöste Eiweiße verklumpen bei Zugabe einer Säure wie Zitronensaft oder Essig. Sie bilden weiße Flocken.

Schritt 1 Feste Lebensmittel werden gekocht, das Kochwasser wird abgefiltert und getestet. Gib die Lebensmittelprobe in ein Reagenzglas, fülle zur Kontrolle auch eines mit Eiklar (verdünnt mit Wasser) und eines mit Wasser. Tropfe nun mit einer Pipette einige Tropfen Säure zu den Proben.

Schritt 2 Prüfe, ob sich kleine weiße Flocken bilden. Man sagt dazu auch, das Eiweiß gerinnt.

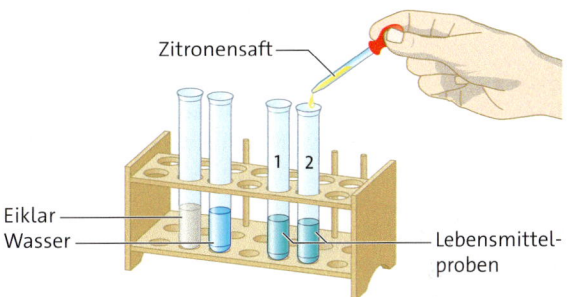

Nachweis von Stärke: Iodprobe
Lebensmittel, die Stärke enthalten, färben sich blau bei Zugabe von Iod-Kaliumiodid-Lösung. **Achtung: gesundheitsschädlich!** Entsorgung nach Angabe der Lehrkraft.

Schritt 1 Lege die Lebensmittelprobe in eine Schale, gib zur Kontrolle Stärkepulver und Traubenzucker in weitere Schalen. Tropfe mit einer Pipette jeweils zwei Tropfen der Iod-Kaliumiodid-Lösung auf die Proben.

Schritt 2 Prüfe, ob sich die Lebensmittelprobe stark, schwach oder gar nicht blau färbt. Je dunkler das Blau, desto mehr Stärke ist enthalten.

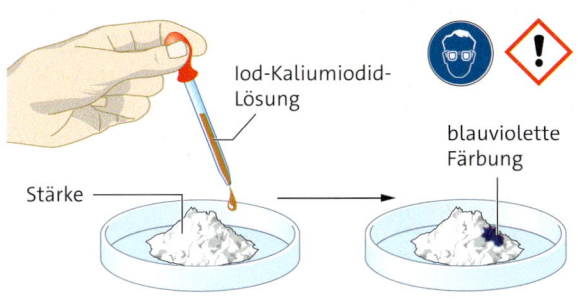

Hitze verrät Kohlenhydrate und Eiweiße: Hitzeprobe
Erhitzt man Kohlenhydrate wie Zucker und Stärke, bleibt eine schwarz verkohlte Masse zurück, daher kommt der Name: Kohlenhydrate. Auch Eiweiße verkohlen beim Erhitzen, riechen dabei aber nach verbrannten Haaren.

❶ Führt die Nährstoffnachweise mit verschiedenen Lebensmitteln durch. Jeder legt eine Tabelle an und notiert seine Vermutung. Testet jeweils zur Kontrolle ein Lebensmittel, von dem ihr sicher wisst, es enthält den nachzuweisenden Nährstoff. Prüft zum Vergleich ein Lebensmittel, das ihn nicht enthält.

Lebensmittel	enthält Fett		enthält Stärke		enthält Eiweiß	
	Vermutung	Nachweis	Vermutung	Nachweis	Vermutung	Nachweis

❷ Diskutiert und beurteilt den Sinn der zwei Kontrollversuche bei den Nachweisverfahren.

Ohne Atmung keine Energieumwandlung

„Puh, mir geht die Puste aus." Erschöpft bleibst du auf der Rennstrecke stehen. Du atmest sehr schnell, auch dein Herz klopft jetzt heftig. Warum ist das so?

Unser Körper – ein Motor? Brennstoffe wie Benzin, Holz, Wachs oder Öl enthalten chemische Energie, genau wie unsere Nahrung. Durch Verbrennung wandelt eine Kerze die Energie in Strahlungsenergie und thermische Energie um, ein Verbrennungsmotor setzt etwas in Bewegung und wird warm. Bei der Verbrennung wird Sauerstoff aus der Luft verbraucht.
Auch die Nährstoffe werden zur Energieumwandlung im Körper verbrannt, der Vorgang heißt **Zellatmung**, er findet in jeder Körperzelle statt. Wie bei allen Verbrennungen wird Sauerstoff benötigt, wir atmen ihn mit der Luft in die Lunge ein. Von der Lunge aus verteilt das Blut den Sauerstoff in jede Zelle. Je mehr du dich anstrengst, desto mehr Nährstoffe verbrennst du und dafür braucht dein Körper auch mehr Sauerstoff.

Probiert es aus: Bildet Zweiergruppen. Eine Person bedient jeweils die Stoppuhr. Zählt eure Atemzüge pro Minute – in Ruhe und nach 15 Kniebeugen. Zählt auch eure Pulsschläge (Herzschläge) pro Minute (▶1) in Ruhe und nach den Kniebeugen.
Notiert die Werte in einer Tabelle und erstellt ein Säulendiagramm. Formuliert die Ergebnisse in Je-desto-Sätzen.

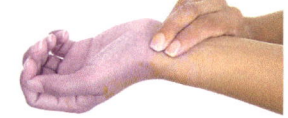
1 Pulsfühlen am Handgelenk

! **Sauerstoff ist eine Voraussetzung für die Energieumwandlungen im Körper.**

In den Körperzellen entsteht bei der Verbrennung der Nährstoffe kein Feuer wie bei der Öllampe. Sie verläuft stufenweise. Die Energie wird in kleinen Portionen umgewandelt, dabei wird immer auch thermische Energie frei. Das spürst du, dir wird warm, wenn du Sport treibst.

Atmen muss man ständig Dein Körper braucht stets Energie, auch wenn er schläft. Denn deine Organe wie Herz, Gehirn, Nieren und Darm arbeiten ständig. Auch muss die Körpertemperatur von 37 Grad Celsius aufrechterhalten werden. Einen Sauerstoffvorrat können wir nicht anlegen, Sauerstoff muss daher pausenlos nachgeliefert werden. Deshalb kommst du keine Minute aus, ohne zu atmen.

Die chemische Energie im Pflanzenöl nutzten die Menschen schon vor Jahrtausenden für ihre Öllampen.

2 Verbrennung setzt Energie frei: Licht und Wärme bei der Öllampe, Bewegung und Wärme im Motor oder Körper

Gasaustausch in der Lunge Der Körper bildet wie der Verbrennungsmotor auch Abgase. Denn bei jeder Verbrennung entsteht Kohlenstoffdioxid. Mit dem Blut gelangt das Gas von den Zellen zur Lunge und wird ausgeatmet. Es erfolgt durch Sauerstoffaufnahme und Abgabe von Kohlenstoffdioxid ein Gasaustausch in der Lunge. Entsprechend muss unsere Ausatemluft anders zusammengesetzt sein als die Luft, die wir eingeatmet haben.

EXPERIMENT A

Vergleich der Ein- und Ausatemluft
Material: 3 Gaswaschflaschen, Schläuche, Saugball, Kalkwasser (**Achtung:** ätzend)
Durchführung: Ihr bekommt den unten dargestellten Versuchsaufbau. Besprecht, wozu die Rückflusssicherung dient. Saugt in Versuch 1 mehrmals Umgebungsluft mit dem Saugball durch das Kalkwasser. Pustet in Versuch 2 Ausatemluft durch das Kalkwasser. Beobachtet jeweils die Kalkwassertrübung.
Auswertung: Erklärt eure Beobachtung. Enthält Ausatemluft nach Bewegung noch mehr Kohlenstoffdioxid? Prüft eure Vermutung.
Entsorgt das Kalkwasser nach Angabe der Lehrkraft.

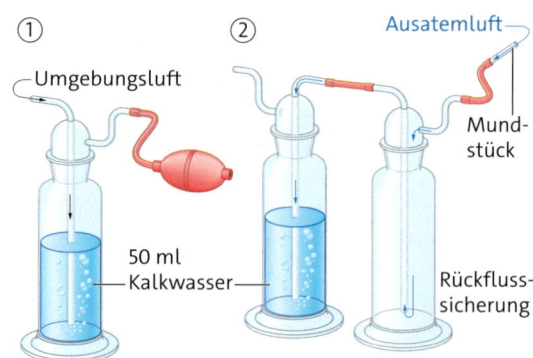

Ein gesunder Körper braucht mehr als Energie

Brennwert – ein Maß für Energie
Du weißt, dass jeder Brennstoff, ob Holz, Kohle, Papier oder Benzin, unterschiedlich stark und lange brennt. Man sagt, sie haben verschiedene **Brennwerte**. Der Brennwert ist ein Maß für die in einem Stoff enthaltene Energie. Die Energiemenge wird in der Einheit Joule (J) angegeben. Auch die Nährstoffe unterscheiden sich in ihren Brennwerten. Lebensmittel liefern uns daher je nach Zusammensetzung mehr oder weniger Energie, die in **Kilojoule** (kJ) oder veraltet auch in **Kilokalorie** (kcal) pro 100 Gramm angegeben wird (▶1).
Ein Gramm Kohlenhydrate oder ein Gramm Eiweiß enthalten 17 Kilojoule, ein Gramm Fett 38 Kilojoule. Fette sind also energiereicher als Kohlenhydrate und Eiweiße.

2 Ein leckeres Pausenbrot, mit allem, was der Körper braucht

1000 Joule = 1 Kilojoule (kJ)
1000 Kalorie = 1 Kilokalorie (kcal)
1 Kalorie = 4,19 Joule

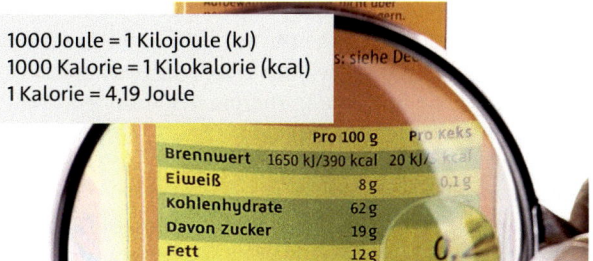

1 Brennwert- und Nährstoffangabe für Kekse

Mit einem Kilojoule Energie kann man:
- einen 50 Kilogramm schweren Sack zwei Meter hochheben.
- zehn Liter Wasser aus einem zehn Meter tiefen Brunnen hochziehen.
- 250 Milliliter Tee um ein Grad Celsius erwärmen.

Der tägliche Energiebedarf
Bei körperlicher oder geistiger Anstrengung steigt dein Energiebedarf. Aber auch im Schlaf benötigt dein Körper Energie, um Herzschlag, Atmung, Gehirntätigkeit und Körpertemperatur aufrechtzuerhalten. Man bezeichnet das als **Grundbedarf** oder **Grundumsatz**. Pro Tag beträgt er ungefähr 100 kJ pro Kilogramm Körpergewicht. Jede geistige oder körperliche Tätigkeit, die du ausführst, braucht dann zusätzliche Energie, das ist der Leistungsumsatz. Grundumsatz und Leistungsumsatz ergeben deinen Gesamtenergiebedarf: Für 10- bis 13-Jährige sind das 9000–10 000 Kilojoule am Tag.
Wer sich wenig bewegt, aber energiereich isst, der nimmt schnell zu. Tägliche Bewegung ist aber nicht nur wichtig, um Fettpolstern vorzubeugen, sie kräftigt auch deine Muskeln und verbessert deine Beweglichkeit.

❶ Berechne die tägliche Energiemenge deines Grundumsatzes in Kilojoule.

Ergänzungsstoffe
Neben den Nährstoffen benötigen wir auch **Vitamine**, **Mineralstoffe** und Wasser, um gesund zu bleiben. Diese Ergänzungsstoffe regulieren alle Vorgänge im Körper. Das Vitamin C beispielsweise stärkt die Abwehrkraft gegen Krankheiten. Es steckt vor allem in saurem Obst. Calcium ist ein Mineralstoff, der wichtig für den Aufbau von Zähnen und Knochen ist. Viel Calcium ist in Milchprodukten, aber auch in Kohlgemüse und Salat enthalten. Wir müssen also nicht nur den täglichen Energiebedarf decken, sondern dem Körper auch alle Ergänzungsstoffe zuführen. Das gelingt, wenn man abwechslungsreich isst, vor allem frisches Obst und Gemüse. Zusätzlich braucht der Körper täglich zwei Liter Wasser. Im Obst ist schon einiges davon enthalten. Isst man zu wenig oder einseitig, kann es zu Erkrankungen kommen, weil dem Körper Ergänzungsstoffe fehlen.

> ❗ Eine vielfältige Ernährung, ausreichend Wasser und Bewegung halten deinen Körper gesund.

❷ Prüft den Vitamin-C-Gehalt frischer Zitronen und frischer Äpfel mit Vitamin-C-Teststreifen. Zerkleinert das Obst und kocht es jeweils zehn Minuten lang. Prüft nach dem Abkühlen erneut. Schließt aus den Ergebnissen, wie Vitamin-C-reiche Lebensmittel zubereitet werden sollten.

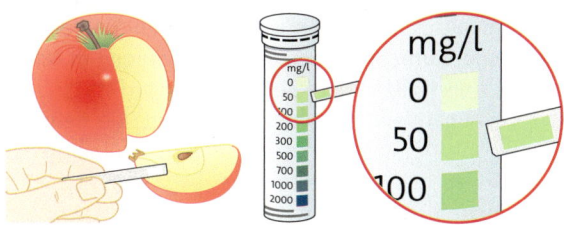

❸ Plane einen Versuch, um festzustellen, wie viel Gramm Wasser in 100 Gramm Apfel stecken.

❹ „Ich muss nur 250 Milliliter Sonnenblumenöl am Tag trinken, mehr braucht mein Körper nicht", erzählt Jan. „Das ist aber keine gesunde Ernährung", antwortet ihm Lara. Erläutere, was Lara und auch was Jan gemeint hat.

Zusammenfassung

Energiequelle Sonne
Die heiße Sonne sendet enorm viel Strahlungsenergie in den Weltraum. Ein kleiner Teil davon gelangt zur Erde, beleuchtet und erwärmt sie und bildet damit die Grundlage allen Lebens.

Energieformen
Energie ist der Antrieb, ohne den nichts auf der Welt wächst, leuchtet, sich verändert, bewegt oder erwärmt. Wir unterscheiden verschiedene Energieformen:

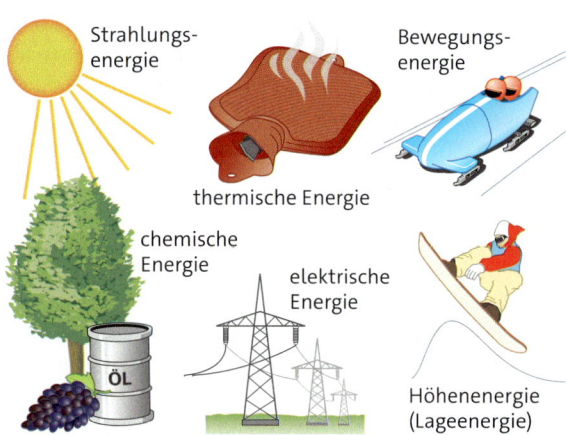

Ein fahrendes Auto besitzt Bewegungsenergie. Gelangt ein Körper in die Höhe, nimmt seine Höhenenergie zu. Licht transportiert Strahlungsenergie, die Solarzellen in elektrische Energie umwandeln. Wird ein Körper warm, nimmt seine thermische Energie zu. Energie kann auch gespeichert werden, z. B. als Höhenenergie in Stauseen oder als chemische Energie in Nähr- und Brennstoffen.

Energieumwandlung und Energiewandler
Energie kann weder erzeugt, noch vernichtet werden. Sie wandelt sich immer nur von einer Energieform in eine andere um. Bei nahezu allen Vorgängen in Natur und Technik finden Energieumwandlungen statt.
Oft sind Energiewandler daran beteiligt. Sie nehmen Energie in einer Form auf und geben sie in einer anderen Form ab. In einem Energieflussdiagramm lässt sich der Energiefluss bildlich darstellen.

Wind- und Wasserräder
Sie zählen zu den ältesten technischen Energiewandlern. Mit der Bewegungs- und Höhenenergie des Wassers sowie der Bewegungsenergie der Luftmassen wurden in Mühlen einfache Maschinen angetrieben.

Funktionsprinzip einer Hammermühle

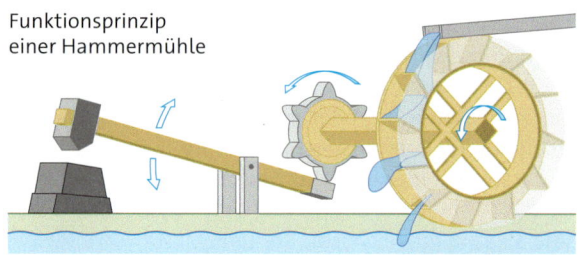

Heute nutzt man die Energie von Wind und Wasser auf ähnliche Weise, um möglichst umweltfreundlich elektrische Energie bereitzustellen. In Kraftwerken wandeln Generatoren die Bewegungsenergie der Turbinen und Rotoren in elektrische Energie um.

Energie aus der Nahrung
Pflanzen nehmen mit ihren grünen Blättern die Strahlungsenergie der Sonne auf und bilden Nährstoffe.

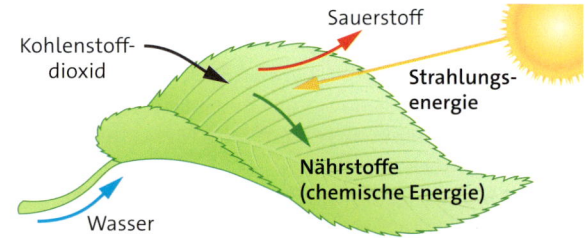

In Zucker, Stärke, Fett und Eiweiß ist Sonnenenergie in Form von chemischer Energie gespeichert. Mit der Nahrung nehmen wir die Nährstoffe auf. In Lebensmitteln kann man sie mit verschiedenen Nachweisverfahren identifizieren. Unser Körper „verbrennt" die Nährstoffe, dazu ist Sauerstoff notwendig. Wir atmen ihn mit der Luft ein. Die umgewandelte Energie brauchen wir zum Bewegen, Denken und Erwärmen des Körpers. Letztlich treibt uns also die Sonne an.

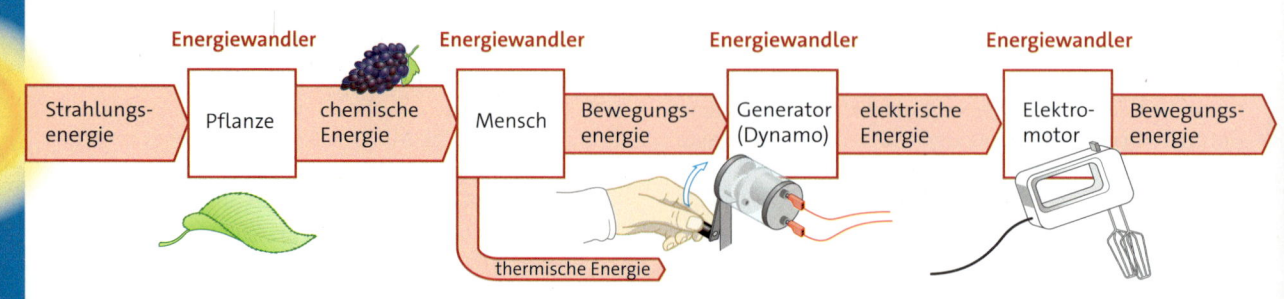

Alles klar?

① Die Sonne liefert die Energie für alles Leben auf unserem Planeten. Erläutere den Satz an Beispielen.

② Gib die jeweils vorliegenden Energieformen an: Brot, rollende Kugel, Wind, brennendes Holz, Stausee.

③ Finde Beispiele für Energieumwandlungen und zeichne dazu Energieflussdiagramme. Wem fällt die längste Kette ein?

④ Auf der Raumstation ISS braucht man viel Energie. Beschreibe, wie sie sich dort mit Energie versorgen.

⑤ Elektromotor und Generator sind Energiewandler. Beschreibe, für welche Energieumwandlungen sie jeweils eingesetzt werden, und nenne Beispiele.

⑥ Nicht nur Maschinen sind Energiewandler, sondern auch Lebewesen. Vergleiche die Energieumwandlungen deines Körpers mit denen eines laufenden Motors und einer brennenden Kerze.

⑦ Stell dir vor, du müsstest einen Tag ohne elektrische Geräte auskommen. Gib an, welche sich durch nicht elektrische Geräte oder andere Möglichkeiten ersetzen lassen. Lege eine Tabelle an.

⑧ Finde Beispiele, in denen im Alltag von „Energiegewinnung" oder „Energieverbrauch" gesprochen wird. Verbessere diese Aussagen und formuliere sie mithilfe von Energieumwandlungen.

⑨ Wasser-, Wind- und Sonnenenergie nennt man erneuerbare Energien. Erläutere diese Bezeichnung.

⑩ Pflanzen können sich selbst mit Nährstoffen versorgen. Erkläre, was damit gemeint ist. Nenne die verschiedenen Nährstoffe.

⑪ „Meine Muskeln arbeiten mit Sonnenenergie." Erkläre diesen Satz.

⑫ Wachst du morgens auf, hast du Hunger, obwohl du nur geschlafen hast. Erkläre, warum das so ist.

⑬ Informiere dich über den Energie- und Nährstoffgehalt einer Portion deiner Lieblingsspeise.

⑭ Erläutere den Zusammenhang zwischen Ernährung und Atmung.

Sonnenkollektor
Sonnenkollektoren findet man neben Solarzellen immer häufiger auf Hausdächern. Der Sonnenkollektor nutzt die Strahlungsenergie der Sonne für die Erwärmung des Wassers im Haus. Beschreibe die Funktion dieses Energiewandlers mithilfe der Abbildung und nenne den Unterschied zur Solarzelle. Wie könnte man im Sommer beim Zelten kostenlos warmes Duschwasser erhalten? Überprüfe deine Idee in einem Versuch.

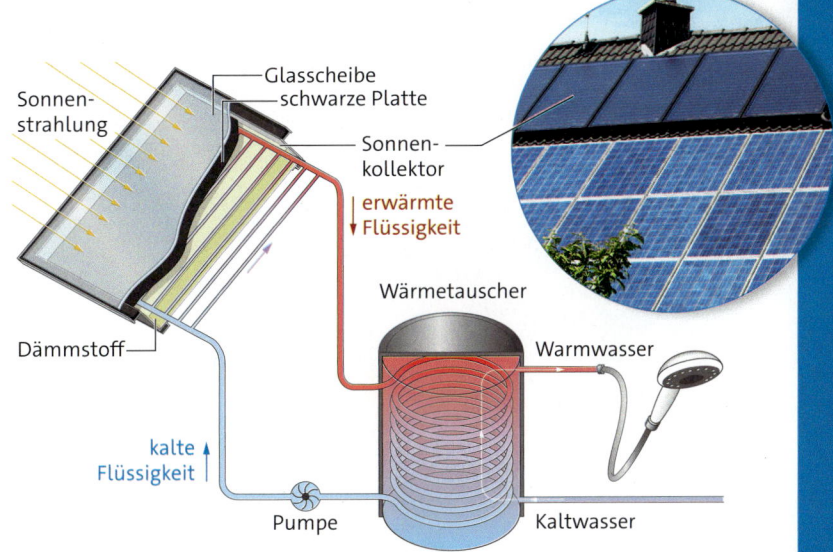

Luft und Schall – nicht sichtbar und doch immer da

Die Erde ist von einer über 100 Kilometer dicken Lufthülle umgeben, der Atmosphäre. Die Luft ist unsichtbar, doch wir spüren sie, wenn der Wind uns um die Nase weht oder wenn sie warm oder kalt ist. Mit zusammengepresster Luft fahren wir Fahrrad oder spielen Fußball, mit heißer Luft steigen wir in den Himmel auf.

Für viele Lebewesen ist Luft lebenswichtig. Aber auch ein Lagerfeuer kann ohne Luft nicht brennen. Woraus besteht die Luft?

Und was hat Schall mit Luft zu tun? Schall sind Töne und Geräusche, die wir ohne Luft jedoch nicht hören könnten. Wie entsteht Schall und wie breitet er sich aus?

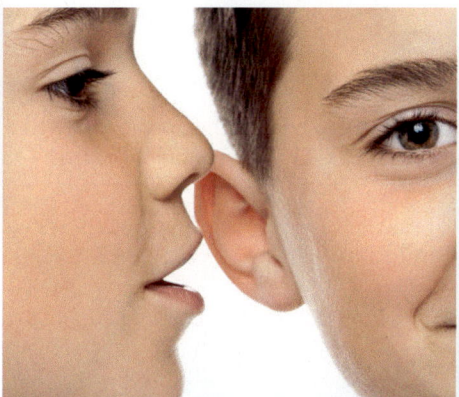

1. Tragt zusammen, was euch zum Thema Luft einfällt. Welche Gegenstände und Geräte kennt ihr, die mit Luft zu tun haben? Fertigt gemeinsam eine Liste an.

2. Könnt ihr Luft bewegen, sodass man sie sehen, hören oder spüren kann? Probiert es aus.

3. Nennt Musikinstrumente und beschreibt, wie sie gespielt werden.

Luft ist nicht nichts

Wir leben in einem „Meer" aus Luft. Sie ist gasförmig und unsichtbar und doch können wir mit ihr spannende Experimente durchführen.

Welche Eigenschaften hat Luft?
Bildet sechs Gruppen und erforscht die Luft an den Stationen. Wechselt, wenn ihr fertig seid und aufgeräumt habt, zur nächsten freien Station.
Material: Plastikflaschen, Papierkugel, Federn, Luftballone, Glaskolben, Trichter, Wasser, Stopfen mit Loch, Trinkgläser, Teelichtschalen, Gummibären, Wanne, Feinwaage, Ball, Ballpumpe, Kolbenprober
Durchführung: Führt die abgebildeten Experimente durch. Notiert zuvor jeweils eure Vermutungen, was passieren wird. Schreibt Versuchsprotokolle und versucht, eure Beobachtungen zu erklären.
Habt ihr bei einem Versuch keinen Erfolg, überlegt, warum es nicht funktioniert. Versucht, eine Lösung zu finden, und probiert sie aus. Holt euch dazu bei der Lehrerin oder dem Lehrer das Material, das ihr braucht.
Auswertung: Beschreibt die Eigenschaften der Luft, die ihr mit den Experimenten herausgefunden habt.

Station 4
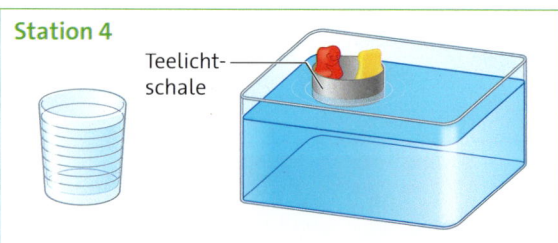
Versucht, die Bärchen mithilfe des Trinkglases trocken auf den Grund der Wasserwanne zu bringen.

Station 5
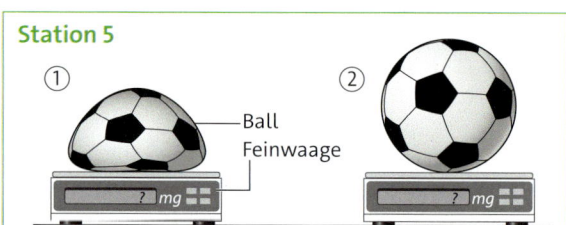
Was ist schwerer, ein schlapper oder ein aufgepumpter Ball?

Station 1
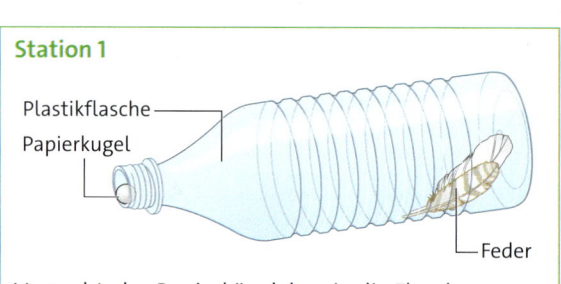
Versucht, das Papierkügelchen in die Flasche zu pusten. Was passiert dabei mit den Federn?

Station 6
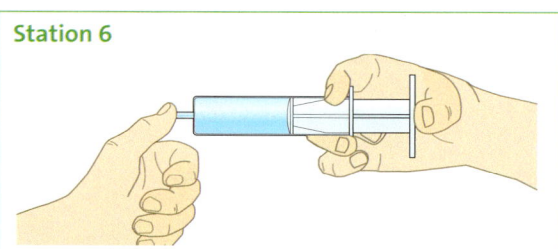
Kann man Luft zusammendrücken? Probiert es auch mit Wasser und vergleicht die Ergebnisse.

Station 2
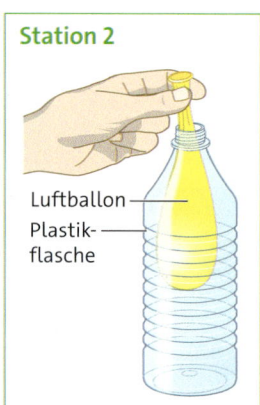
Versucht, den Luftballon in der Flasche aufzupusten.

Station 3

Versucht, das Wasser in einem Schwung in den Glaskolben zu schütten.

❶ Beantwortet die folgenden Fragen und begründet eure Antworten mithilfe der Experimente auf dieser Seite:
– Hat Luft eine Masse?
– Hat Luft ein Volumen?
– Lässt sich Luft und Wasser zusammendrücken?
– Ist die Dichte der Luft geringer als die von Wasser?

❷ Wer hat die meiste Puste? Plant einen Versuch, mit dem ihr das Volumen eurer Ausatemluft bestimmen könnt. Führt den Versuch durch und schreibt ein Versuchsprotokoll.
Tipp: Ihr braucht einen sehr großen Messbecher.

Luft drückt

Die Luft um uns herum hat wie jeder andere Körper Volumen und Masse. Die Masse der Luft wirkt auf die Erde und alle Körper. Was bedeutet das?

EXPERIMENT A

Könnt ihr die Zeitung mit dem Stab anheben?
Material: Holzstab, Zeitung, Tisch
Durchführung: Baut den Versuch nach dem Bild auf. Die Zeitung muss ganz glatt auf dem Tisch liegen. Gelingt es euch, mit einem schnellen Schlag auf den Holzstab die Zeitung anzuheben?

Auswertung: Beschreibt eure Beobachtung und versucht, sie zu erklären.

Luftdruck Obwohl wir die Luft, die uns umgibt, nicht spüren, zeigt das Barometer der Wetterstation einen Luftdruck an. Er entsteht durch die Masse der Luft. Die Luftsäule über einem Quadratmeter Boden wiegt fast zehn Tonnen, etwa so viel wie sechs Autos. Das lastet auf allen Körpern, auch auf der Zeitung.

Warum aber wird eine „leere" Plastikflasche nicht von dem enormen Gewicht zerdrückt? Weil im Inneren der Flasche der gleiche Luftdruck herrscht wie außen. Erst eine wirklich leere, also eine luftleer gepumpte Flasche wird vom Luftdruck regelrecht platt gequetscht.

> ! **Luft hat Volumen und Masse. Die Masse der Luft erzeugt den Luftdruck.**

Die Zeitung in Experiment A könnt ihr ganz leicht anheben, wenn ihr langsam vorgeht. Dann hat die Luft genügend Zeit über der Zeitung zu entweichen und gleichzeitig unter der Zeitung einzuströmen. Dadurch wird der Luftdruckunterschied ausgeglichen, sodass auf beiden Seiten der gleiche Luftdruck herrscht.

❶ Prüft die Luftströmung beim Anheben einer Zeitung mit einem Räucherstäbchen. Haltet Abstand: **Brandgefahr!** Fertigt eine Zeichnung an.

❷ Presse zwei Saughaken fest zusammen. Versuche sie dann auseinanderzuziehen. Erkläre das Ergebnis.

Luft im Teilchenmodell Luft lässt sich im Gegensatz zu Wasser zusammendrücken. Allerdings nicht ganz, denn: Luft ist ja nicht nichts, sie ist aus verschiedenen Teilchen aufgebaut. Im Unterschied zu Wasser liegt Luft aber im gasförmigen Aggregatzustand vor, daher haben ihre Teilchen große Abstände zueinander. Drückt man den Kolben, müssen sie mit weniger Raum auskommen und verdichten sich. Gleichzeitig steigt der Druck im Kolben. Du spürst ihn, wenn du mit dem Finger eine Luftpumpe zuhältst und dabei den Kolben drückst. Sobald du den Kolben loslässt, wird er durch den Druck der sich bewegenden Teilchen wieder zur Ausgangsposition zurückgeschoben.

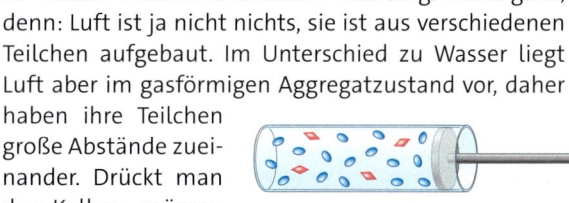

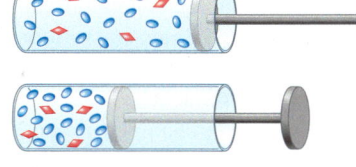

> ! **Im Gegensatz zu Flüssigkeiten und Feststoffen lassen sich Gase zusammendrücken.**

Luftdruck in der Atmosphäre In der hohen Luftsäule drückt die Masse der oberen Luftschichten die unteren zusammen. Am Boden ist der Druck am größten. Je höher du auf einen Berg steigst, desto geringer wird der Luftdruck, denn die Luftsäule über dir wird kürzer. Die Luft wird dort weniger stark zusammengedrückt. Die einzelnen Teilchen der Luft haben nun mehr Platz, ihre Abstände zueinander sind größer als am Boden. Die Luftdichte nimmt daher wie der Luftdruck mit der Höhe mehr und mehr ab. In 5000 m Höhe sind nur noch halb so viele Teilchen in einem Liter Luft wie auf Meereshöhe.

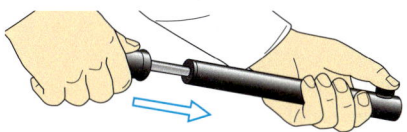

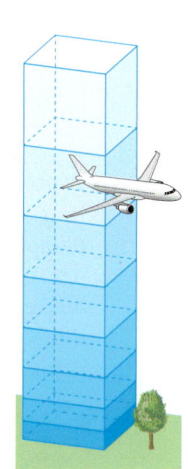

❸ Je mehr du deinen Fahrradreifen aufpumpst, desto härter wird er, aber auch das Pumpen wird schwerer. Erläutere dies mithilfe des Teilchenmodells.

❹ Erkläre, warum sich Wasser im Gegensatz zu Luft kaum zusammendrücken lässt. Nutze dazu das Teilchenmodell.

❺ Mit einer geschlossenen Chipstüte besteigst du einen Berg. Erkläre, warum die Chipstüte sich immer mehr aufbläht.

Die Luft ist ein Gasgemisch

Luft ist ein Gemisch, denn sie besteht aus verschiedenen Gasen (▶ 2): Die Hauptbestandteile sind Stickstoff, Sauerstoff, Kohlenstoffdioxid und Argon.

Sauerstoff Lebewesen verbrauchen Sauerstoff bei der **Zellatmung**, der Energieumwandlung in den Körperzellen (▶ S. 82). Er gelangt über die Lungen mit der Luft in unseren Körper. Wasserlebewesen wie Fische nutzen den im Wasser gelösten Sauerstoff. Auch jede **Verbrennung** läuft nur unter Sauerstoffverbrauch ab.
Die Pflanzen sorgen für den Nachschub an Sauerstoff in der Luft. Sie benötigen dazu Kohlenstoffdioxid.

Kohlenstoffdioxid Pflanzen nutzen Kohlenstoffdioxid zum Wachsen. Bei der **Fotosynthese** bilden sie aus Kohlenstoffdioxid und Wasser mithilfe der Sonnenenergie Zucker und geben dabei Sauerstoff ab (▶ S. 80).
Bei der Zellatmung entsteht Kohlenstoffdioxid, es gelangt mit der Ausatemluft der Lebewesen in die Atmosphäre. Ebenfalls entsteht Kohlenstoffdioxid bei jeder Verbrennung, z. B. von Benzin im Automotor, von Kerzenwachs, Kohle, Erdöl oder Holz.
Reines Kohlenstoffdioxid wirkt erstickend auf Flammen, daher wird es als Löschmittel genutzt.

Stickstoff und Argon Stickstoff und Argon sind nicht an der Zellatmung oder Fotosynthese beteiligt. Sie wirken, genau wie Kohlenstoffdioxid, erstickend auf Flammen und werden auch als Löschmittel eingesetzt.

Weitere Luftbestandteile Durch die ständige Verdunstung von Wasser ist in der Luft immer auch **Wasserdampf** enthalten. Zudem schweben Staubpartikel in der Luft, das kannst du sehen, wenn du eine Bettdecke im Gegenlicht der Sonne schüttelst. Ganz feiner Staub und Rußteilchen entstehen bei Verbrennungen. **Feinstaub** und Ruß gefährden unsere Gesundheit.

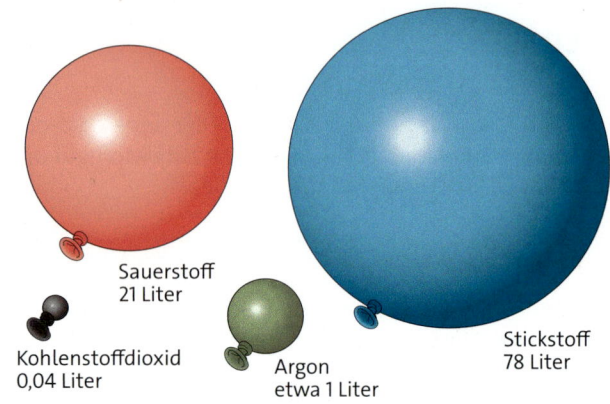

2 Das steckt in etwa 100 Litern Luft.

NACHGEHAKT

Kreislauf von Kohlenstoffdioxid und Sauerstoff
Sauerstoff wird von Lebewesen bei der Zellatmung verbraucht. Dabei entsteht das Kohlenstoffdioxid. Pflanzen nehmen Kohlenstoffdioxid auf und sorgen mit der Fotosynthese für den Nachschub an Sauerstoff – ein Kreislauf, der im Gleichgewicht ist. Dieses Gleichgewicht wird jedoch gestört, seit der Mensch großflächig Wälder rodet und Verbrennungen zunehmen, weil er beispielsweise Industrieanlagen betreibt oder Autos fährt.

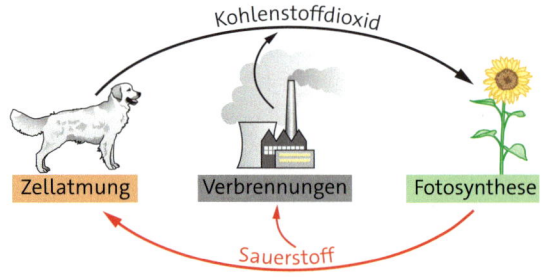

❶ Erläutere den Einfluss des Menschen auf den Kreislauf von Kohlenstoffdioxid und Sauerstoff.

Steckbrief: Sauerstoff
- gasförmig
- farb- und geruchlos
- wasserlöslich
- nicht brennbar
- Siedetemperatur: –183 °C
- Verbrauch bei der Zellatmung
- notwendig für jede Verbrennung, wird dabei verbraucht
- entsteht bei der Fotosynthese
- Nachweis: Glimmspanprobe

Steckbrief: Kohlenstoffdioxid
- gasförmig
- farb- und geruchlos
- wasserlöslich
- nicht brennbar
- Siedetemperatur: –78,5 °C
- erstickt Flammen
- Verbrauch bei der Fotosynthese
- entsteht bei Verbrennungen und bei der Zellatmung
- Nachweis: Kalkwasserprobe

Steckbrief: Stickstoff
- gasförmig
- farb- und geruchlos
- wasserlöslich
- nicht brennbar
- Siedetemperatur: –196 °C
- erstickt Flammen

1 Steckbriefe von Sauerstoff, Kohlenstoffdioxid und Stickstoff

Luft und Schall – nicht sichtbar und doch immer da

Luft und Verbrennung Willst du ein Lagerfeuer entzünden, dann brauchst du drei Dinge: Brennholz, Streichhölzer und vor allem viel Luft.

EXPERIMENT A

Was braucht die Flamme zum Brennen?
Material: Glasgefäß, Glasscheibe mit Teelicht, Verbrennungslöffel mit Kerze
Durchführung: Entzündet die Kerze auf der Glasplatte und stülpt das Glasgefäß darüber. Beobachtet die Flamme.
Ist die Kerze erloschen, dreht das Gefäß samt Glasplatte um und haltet eine brennende Kerze hinein.

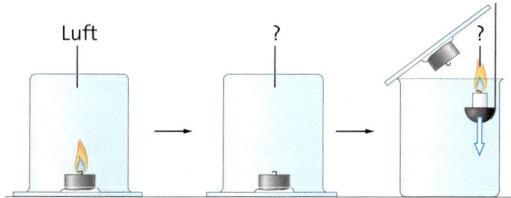

Auswertung: Erklärt eure Beobachtungen. Untersucht, wie ihr die Kerze vor dem Verlöschen „retten" könnt. Plant einen Versuch, um zu prüfen, ob nach dem Verlöschen der Kerze noch Gas im Gefäß ist.

Nur solange Sauerstoff in der Luft ist, brennt die Kerze. Dabei entstehen Wasser, Ruß und Kohlenstoffdioxid.

> **Sauerstoff fördert die Verbrennung. Er wird bei der Verbrennung verbraucht.**

Da Sauerstoff die Verbrennung fördert, verläuft jede Verbrennung in reinem Sauerstoff heftiger als an der Luft. Diese Eigenschaft wird zum Nachweis von Sauerstoff durch die **Glimmspanprobe** genutzt.
In reinem Kohlenstoffdioxid oder Stickstoff erlischt eine brennende Kerze dagegen sofort.

> **Stickstoff und Kohlenstoffdioxid ersticken die Flamme.**

Reiner Stickstoff wird unter anderem als Füllgas für Flugzeugreifen verwendet. Bei Start und Landung werden die Reifen sehr heiß. Mit dem Stickstoff will man verhindern, dass sie in Brand geraten.

❶ Der Gasbrenner hat neben der Gaszufuhr auch eine Luftzufuhr. Erkläre ihre Funktion.

❷ Was passiert mit der Kerze im Versuch rechts? Begründe deine Antwort.

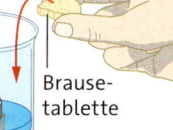
Brausetablette

METHODE

Nachweis von Sauerstoff und Kohlenstoffdioxid
Die meisten Gase riecht und sieht man nicht. Also braucht man einen Trick, um herauszufinden, was für ein Gas man vor sich hat. Dazu nutzt man jeweils eine besondere Eigenschaft des Stoffs und prüft diese. Sauerstoff fördert die Verbrennung. Er wird mit der Glimmspanprobe nachgewiesen. Kohlenstoffdioxid trübt eine Chemikalie, das Kalkwasser, weiß. Es wird mit der Kalkwasserprobe identifiziert.

Glimmspanprobe: Ein Holzspan wird entzündet und ausgepustet, sodass er nur noch glimmt. Hält man den glimmenden Span in ein Reagenzglas mit Sauerstoff, dann flammt er wieder hell auf.

Kalkwasserprobe: Man leitet Kohlenstoffdioxid durch etwas Kalkwasser (Schutzbrille und Handschuhe tragen). Das Kalkwasser trübt sich weißlich. Kalkwasser nach Anweisung der Lehrkraft entsorgen.

❸ Erkläre, was passiert, wenn du einen glimmenden Holzspan in ein Glas mit Stickstoff oder Kohlenstoffdioxid hälst.

❹ Je mehr Kohlenstoffdioxid ein Gasgemisch enthält, desto stärker ist die Trübung bei der Kalkwasserprobe. Trübt deine Ein- oder Ausatemluft das Kalkwasser stärker? Begründe deine Antwort.

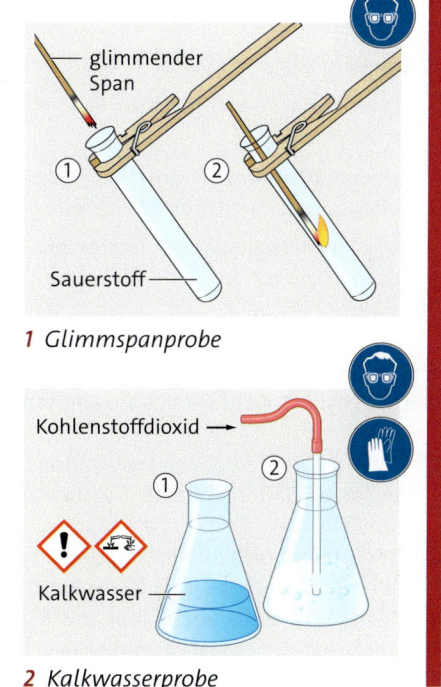

1 Glimmspanprobe

2 Kalkwasserprobe

Nur heiße Luft

Ist dir das schon passiert? Du hast dein Fahrrad vor dem Schwimmbad in der prallen Sonne abgestellt. Nach einigen Stunden wolltest du losfahren, da war der Reifen geplatzt. Wie konnte das passieren?

Warum platzte der Reifen? Werden Flüssigkeiten erwärmt, dehnen sie sich aus. Das kennst du vom Flüssigkeitsthermometer. Hat sich auch die Luft im Reifen durch Erwärmung ausgedehnt? Prüfe die Vermutung. Übernimm das Versuchsprotokoll und ergänze es.

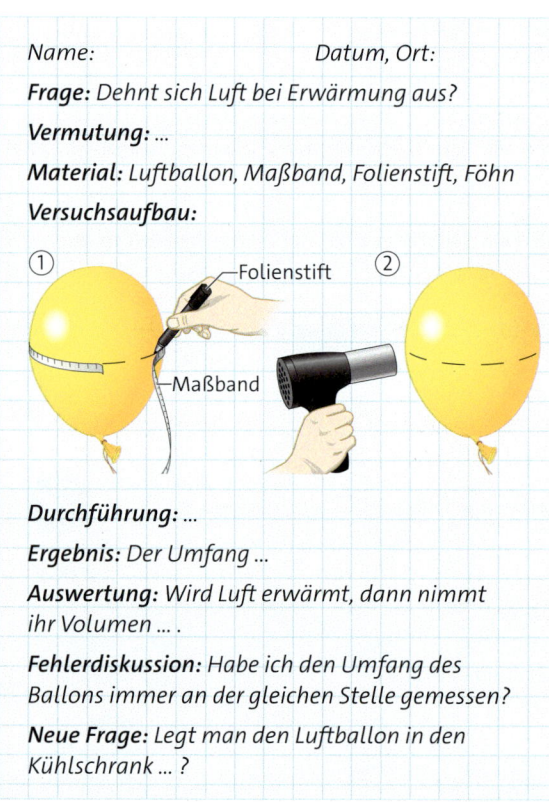

Name: Datum, Ort:

Frage: Dehnt sich Luft bei Erwärmung aus?
Vermutung: ...
Material: Luftballon, Maßband, Folienstift, Föhn
Versuchsaufbau:
① —Folienstift ②
—Maßband

Durchführung: ...
Ergebnis: Der Umfang ...
Auswertung: Wird Luft erwärmt, dann nimmt ihr Volumen ... .
Fehlerdiskussion: Habe ich den Umfang des Ballons immer an der gleichen Stelle gemessen?
Neue Frage: Legt man den Luftballon in den Kühlschrank ... ?

> **!** Wird Luft erwärmt, dehnt sie sich aus. Wird Luft abgekühlt, zieht sie sich zusammen.

❶ Ergänze die Lücken: Von zwei Ballons gleicher Masse hat der Ballon mit dem ... Volumen die ... Dichte.

❷ Der Tischtennisball ist eingedellt. Schade, es war der letzte. Ich habe eine Idee, sagt Lea, geht in die Küche und stellt einen Topf mit Wasser auf den Herd. Was vermutest du, hat Lea vor? Erkläre es. Ist der Ball so auch zu „retten", wenn er ein Loch hat?

Probiert es aus: Ihr bekommt einen Glaskolben mit Stopfen, aus dem ein Glasröhrchen ragt. Taucht die Öffnung des Rohrs unter Wasser. Umschließt den Glaskolben mit beiden Händen. Wartet ab und beschreibt eure Beobachtung. Haltet den Kolben dann nur noch am Stopfen. Beschreibt, was nun passiert. Erklärt eure Beobachtungen.

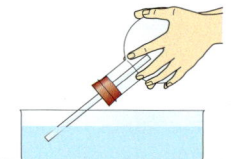

Heißluftballon Ein Heißluftballon steigt in die Luft, wenn die Luft im Ballon mit einem Brenner erhitzt wird. Aber warum?
So wie warmes Wasser in kaltem nach oben steigt, so steigt auch warme Luft in kalter Luft nach oben. Der Grund dafür ist die unterschiedliche **Dichte**.
Das Experiment mit dem Luftballon hat es gezeigt. Die Masse der Luft blieb unverändert, aber ihr Volumen nahm zu, nachdem sie mit dem Föhn erwärmt wurde. Die erwärmte Luft hat eine geringere Dichte.
Im Gegensatz zum Luftballon ist die Hülle des Heißluftballons aus einem nicht dehnbaren Material. Sein Volumen ist daher immer gleich. Braucht die erwärmte Luft mehr Platz, dann entweicht sie aus der Öffnung unten am Ballon. Die Luft im Ballon wird weniger dicht und damit leichter.
Der Heißluftballon steigt, wenn die Gesamtdichte des Ballons (Luft, Hülle, Korb, Menschen) geringer ist als die Luftdichte außerhalb des Ballons.
Ist der Ballon dann in der Luft, bestimmt allein der Wind die Fahrtrichtung. Daher sollte der Pilot die Windbedingungen gut kennen, damit er in etwa weiß, wohin sein Ballon fährt.

> **!** Warme Luft hat eine geringere Dichte als kalte. Sie ist leichter und steigt in einer Umgebung aus kalter Luft nach oben.

❸ **Knifflig:** Beschreibe die Luft inner- und außerhalb des Heißluftballons. Zeichne dazu die Teilchenmodelle.

❹ Dein Heißluftballon transportiert Mehlsäcke. Plötzlich ist der Brenner defekt. Du musst aber steigen, damit du den Baum nicht streifst. Erläutere, was du tun würdest.

❺ Zwei gleich große Luftballons: Einer ist mit warmer Luft gefüllt, der andere mit kalter. Gib an, welcher Ballon schwerer ist. Begründe deine Antwort.

Luft und Schall – nicht sichtbar und doch immer da

Schlechte Luft, nicht nur im Klassenzimmer

Schon nach einer Stunde Unterricht beginnt das große Gähnen. Das liegt am Kohlenstoffdioxid, das ihr ausatmet. Nur wenig mehr davon in der Luft lässt euch müde werden. Aber auch auf unser Klima hat Kohlenstoffdioxid einen enormen Einfluss.

Zu viel Kohlenstoffdioxid in der Luft
In der Atmosphäre wirkt Kohlenstoffdioxid wie ein Glasdach, das einen Teil der Wärme zurückhält, die von der Erde in den Weltraum abstrahlt. Das ist der natürliche **Treibhauseffekt**. Ohne ihn wäre es hier bitterkalt.
Doch seit 150 Jahren erhöht sich der Kohlenstoffdioxidgehalt in der Luft stetig. Warum? Weil wir immer mehr Energie brauchen zum Heizen, Kochen, Autofahren oder zur Produktion von Waren. Die Energie erhalten wir vor allem durch das Verbrennen von Holz, Kohle, Erdöl und Erdgas. Dabei entsteht Kohlenstoffdioxid.
Der Anstieg des Kohlenstoffdioxids in der Atmosphäre verstärkt jedoch den Treibhauseffekt. Die Erde heizt sich auf. Die Folgen spüren wir bereits: Gletscher und Pole schmelzen, extreme Wetterphänomene wie Stürme, Überschwemmungen und Dürren nehmen zu.

Zu viel Staub und Ruß in der Luft
Bei Verbrennungen entstehen neben Kohlenstoffdioxid auch andere **Luftschadstoffe**, zum Beispiel Ruß und Feinstaub. Das sind winzige Aschepartikel. Gerade weil sie so klein sind, gelangen sie ganz leicht über die Lunge in unseren Körper und können Krankheiten verursachen. Vor allem in den Abgasen von Fahrzeugen, Kraftwerken und Heizungen sind Ruß und Feinstaub enthalten.

Probiert es aus: Zündet eine Kerze an und bewegt einen weißen Porzellanteller schräg durch die Flamme. Beschreibt eure Beobachtung.

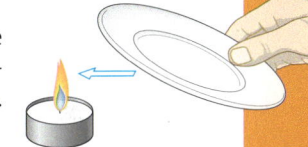

❶ Im Versuch rechts werden die Verbrennungsgase einer Kerze durch Kalkwasser geleitet. Stelle eine Vermutung zum Versuchsergebnis auf und begründe sie.

❷ „Energiesparen und Wertstoff-Recycling hilft Kohlenstoffdioxid vermeiden." Begründe diese Aussage. Erläutere die unten dargestellten Möglichkeiten des Energiesparens und ergänze sie.

> **EXPERIMENT A**
>
> ### Wir vergleichen die Staubbelastung in der Luft an verschiedenen Orten
> **Material:** durchsichtige Klebstreifen, durchsichtiges Millimeterpapier, Mikroskop, Becher
> **Durchführung:** Prüft an unterschiedlichen Orten (Park, Straße, Schulhof ...). Wendet eine der unten dargestellten Methoden an. Methode A eignet sich, wenn die Bäume keine Blätter tragen.
> **Auswertung:** Klebt die Probestreifen auf Millimeterpapier und untersucht sie unter dem Mikroskop. Zählt die Staubpartikel auf einer 1 cm² großen Fläche. Vergleicht Anzahl, Größe und Form. Beurteilt die Luftqualität an den untersuchten Standorten.

Heizt nicht für das Nachtgespenst! Senkt abends die Zimmertemperatur und vermeidet dadurch Kohlenstoffdioxid.

Heizt beim Kochen nicht die Umgebung! Kochplatte und Topf müssen gleiche Durchmesser haben. Deckt den Topf mit einem Deckel ab.

Stellt Glühlampen in den Schatten – mit Energiesparlampen! Sie spenden die gleiche Helligkeit, benötigen aber weniger Energie.

 Der Becher bleibt drei Tage am Ort stehen, möglichst nicht direkt am Boden.

Klebestreifen mit der Klebeschicht nach oben

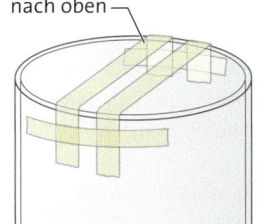

Die Klebfläche auf die Blattoberseite aufdrücken und langsam abziehen.

1 Zwei Methoden, um die Belastung der Luft mit Staub- und Rußpartikeln zu prüfen

Alles, was wir hören, ist Schall

Wirklich still ist es fast nirgends. Fahrradklingel, Automotor, Blätter im Wind, eine fliegende Hummel – alle erzeugen Schall. Das sind die Töne und Geräusche, die wir hören. Schall erzeugen wir auch selbst mit unserer Stimme, aber auch auf viele andere Arten.

Erforscht, wie Schall entsteht. Wie erzeugt man laute und leise oder hohe und tiefe Töne?
Erarbeitet Station 1 gemeinsam. Bildet dann drei Gruppen für die weiteren Stationen. Jede Gruppe wechselt, wenn sie fertig ist, zur nächsten freien Station.

Station 1: Schall erzeugen
Material: breiter Grashalm, Plastiklineal, Luftballon, Stimmgabel, Tamburin, leere Flasche, Kiste mit Gummibändern
Durchführung: Erzeugt mit den Körpern Geräusche und Töne.
Auswertung: Beschreibt jeweils, wie ihr Schall erzeugt habt. Notiert, wie ihr vorgegangen seid, was ihr gesehen und gehört habt. Erkennt ihr Gemeinsamkeiten?
Tipp: Ein aufgeblasener Luftballon schnattert, wenn ihr seine Öffnung zu einem engen Spalt zusammenzieht und Luft herausströmen lasst. Unsere Stimme entsteht ähnlich, mit zwei elastischen Stimmbändern im Kehlkopf. Das könnt ihr spüren, wenn ihr beim Sprechen die Hand an den Hals haltet.

Station 2: Schall sichtbar machen
Material: Stimmgabel, Glas mit Wasser, Trommel, Reis, Tamburin, Kerze
Führt folgende Experimente durch:
1. Schlagt eine Stimmgabel an. Haltet ihre Enden im Glas mit Wasser an die Wasseroberfläche.
2. Streut einige Reiskörner auf die Trommelmembran. Schlagt die Trommel an.
3. Entzündet eine Kerze. Haltet ein Tamburin im Abstand von etwa 30 cm vor die Kerze und schlagt es an.

Auswertung: Beschreibt jeweils, was ihr hört und seht.

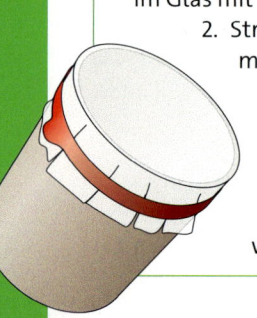

Station 3: Laut und Leise
Material: Plastiklineal, gespanntes Gummiband oder Gitarrensaite, Stimmgabel
Durchführung: Versucht mit demselben Körper jeweils laute und leise Töne zu erzeugen.
Auswertung: Beschreibt euer Vorgehen. Notiert, was sich mit der Lautstärke an der Bewegung des Körpers ändert.

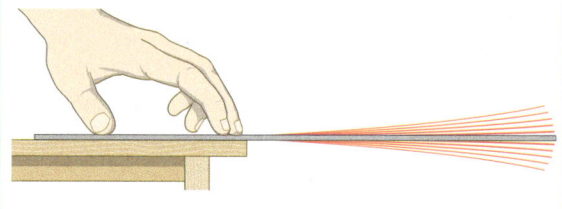

Station 4: Hoch und tief
Material: Plastiklineal, gespanntes Gummiband oder Gitarrensaite, Luftballon, Flasche mit Wasser

> Hoch sind die Töne, wenn die Kreide auf der Tafel quietscht. Mit tiefen Tönen grollt der Donner eines entfernten Gewitters.

Durchführung: Versucht mit demselben Körper jeweils hohe und tiefe Töne zu erzeugen.
Auswertung: Beschreibt euer Vorgehen. Notiert, was ihr für die hohen und tiefen Töne jeweils am Körper verändert habt.

❶ Für zu Hause: Versucht Tonfolgen aus tiefen und hohen Tönen mit Gegenständen aus dem Haushalt zu erzeugen (Blumentöpfe, Gläser, Besteck oder Flaschen). Vielleicht gelingt euch ein Musikinstrument, mit dem ihr sogar eine kleine Melodie spielen könnt.

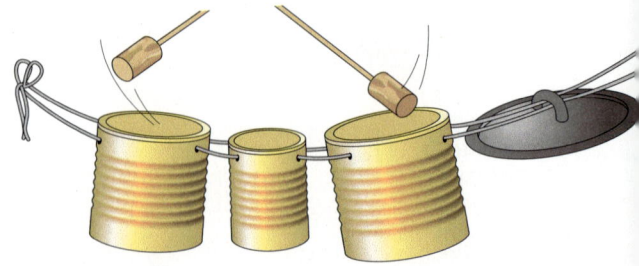

Die Luft transportiert Töne

Ein Körper wird zur Schallquelle, wenn er Schall aussendet. Gelangt der Schall an unser Ohr, dann hören wir etwas. In unserem Ohr ist ein Schallempfänger.

Schallquellen Beim Erzeugen von Schall bewegt sich immer etwas an der **Schallquelle** hin und her, es schwingt. Das nach unten gebogene Lineal schwingt nach dem Loslassen schnell auf und ab. Nach einem Schlag auf die Trommel, schwingt die Membran. Beim Anblasen der Flaschenöffnung gerät die Luftsäule in der Flasche in **Schwingung**.

! Schall entsteht immer dann, wenn ein Körper sehr schnell schwingt.

Lautstärke und Tonhöhe Ein gespanntes Gummiband klingt lauter, wenn man es kräftiger anzupft, also weiter auslenkt. Es schwingt dann weiter hin und her. Verkürzt man das Gummiband oder spannt es stärker, dann wird die Schwingung schneller und der Ton höher.

! Je größer die Schwingung, desto lauter der Ton.
Je schneller die Schwingung, desto höher der Ton.

Wie gelangt der Schall an unser Ohr? Schlägt man auf die Membran des Tamburins, wird diese rasch eingedrückt. Die Luft dahinter kann nicht schnell genug ausweichen, sie wird zusammengedrückt. Die Teilchen der Luft verdichten sich, es entsteht ein Bereich mit erhöhtem Druck. Dehnt sich die Luft wieder aus, führt das zur Verdichtung der angrenzenden Teilchen.
Schwingt die Tamburinmembran zurück, dann haben die Teilchen dahinter plötzlich mehr Platz. Die Luft verdünnt sich, der Druck ist dort geringer.
Diese **Druckschwankungen** übertragen sich von einer Luftschicht auf die nächste und breiten sich wie eine Welle nach allen Seiten aus. Dabei wird die Luft mit zunehmender Entfernung immer weniger verdichtet und verdünnt. Die Lautstärke nimmt ab.

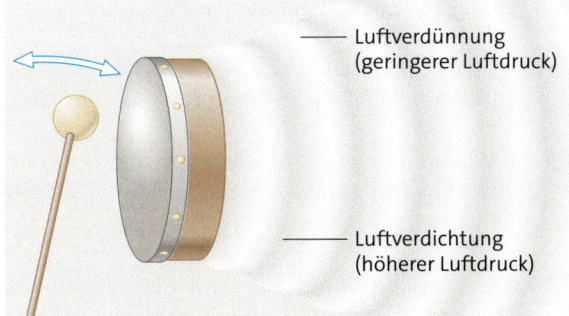

1 Schallausbreitung in der Luft

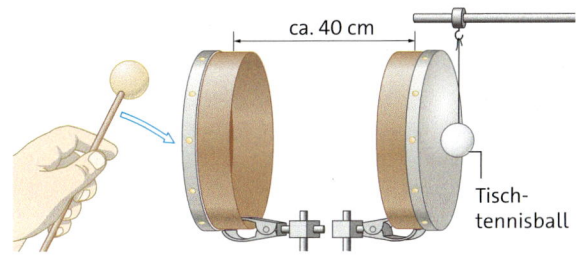

2 Was vermutet ihr wird passieren? Prüft es nach.

Schall empfangen In unserem Ohr ist das Trommelfell der **Schallempfänger**. Das ist eine Membran, ähnlich der beim Tamburin, aber viel dünner und empfindlicher. Mit dem Modell in Bild 2 kann man zeigen, wie Schall auf unser Trommelfell einwirkt.

Probiert es aus: Baut das Modell in Bild 2 nach und schlagt das Tamburin an. Beschreibt, was die Teile des Modells darstellen und erklärt den Vorgang. Verändert die Schlagstärke und beschreibt die Auswirkung.

Im Weltraum ist absolute Stille In der ganz dünnen obersten Luftschicht geht die Erdatmosphäre allmählich in den Weltraum über, er ist **luftleer**. Eine Fahrradklingel würde ein Astronaut dort nicht hören, denn ohne Luft kann sich kein Schall ausbreiten. Es fehlen die Teilchen, die die Druckwellen weiterleiten.

! Im luftleeren Raum kann kein Schall übertragen werden. Er benötigt einen Stoff zur Ausbreitung.

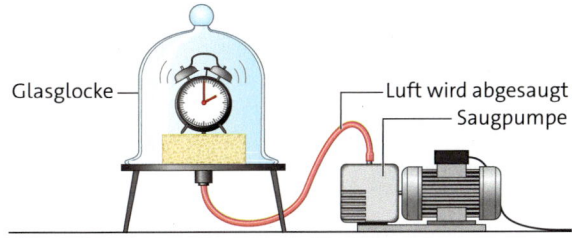

3 Was vermutet ihr wird man hören?

① Das Brummen einer fliegenden Hummel ist Schall. Erkläre, wie sie den Schall erzeugt. Erläutere den Unterschied zum hohen Summen einer Mücke.

② Platzt ein Luftballon, hören wir einen lauten Knall. Erkläre dies mithilfe der Druckschwankung.

③ Erkläre, wie man auf einer Gitarre verschieden hohe Töne erzeugen kann.

④ Gib an, welche Luftsäule schneller schwingt, eine kurze oder eine lange.

Schall unterwegs

Ist dir schon aufgefallen, dass man bei Gewitter den Blitz längst gesehen hat, bevor man den Donner hört? Blitz und Donner entstehen zwar gleichzeitig, doch das Blitzlicht ist enorm schnell, du siehst es quasi sofort. Dagegen braucht der Schall mehr Zeit, bis er bei dir ankommt. Man kann die **Schallgeschwindigkeit** messen.

Probiert es aus: Geht mit Starterklappe, fünf Augenbinden und zehn Stoppuhren auf den Sportplatz. Stellt euch 100 m vom Startgeber entfernt auf. Startet gleichzeitig alle Uhren. Fünf Personen stoppen ihre Uhren, wenn sie die Klappe zusammenschlagen sehen. Die anderen tragen Augenbinden, sie stoppen ihre Uhren, sobald sie den Knall hören.
Überlegt, warum die Messungen immer etwas unterschiedlich ausfallen.

1 Schall ist langsamer als Licht. Das kann man messen.

! **Die Schallgeschwindigkeit in Luft beträgt 340 Meter pro Sekunde (etwa 1 Kilometer in 3 Sekunden).**

Schallausbreitung Schall breitet sich nicht nur in Luft aus, sondern auch in festen und flüssigen Stoffen. Darin sogar schneller als in Luft, denn je dichter die Teilchen, desto schneller können sie die Schwingungen an die angrenzenden Teilchen weitergeben. Ein guter **Schallleiter** leitet den Schall sehr schnell und der Ton verliert unterwegs nur wenig an Lautstärke.

EXPERIMENT A

Welche Stoffe leiten den Schall gut?
Material: Watte, Glas, Wollmütze, Buch, Eisenstück, Stein, Korkplatte, Schwamm, Keramikteller …
Durchführung: Arbeitet, wie im Bild dargestellt. Kratzt immer mit gleicher Stärke und im gleichen Abstand zum Ohr. Legt je einen der Stoffe zwischen Ohr und Tischplatte.
Auswertung: Beschreibt, welche der Stoffe gute, welche schlechte Schallleiter sind. Vergleicht ihre Eigenschaften.

! **Harte, feste Stoffe leiten den Schall gut. Weiche, poröse Stoffe dämpfen den Schall.**

2 Echos hört man oft in den Bergen.

Echo – reflektierter Schall Trifft Schall auf eine harte, ebene Fläche, wird er zum Teil zurückgeworfen, ähnlich wie ein Ball, der von einer Wand zurückprallt. Der Schall wird **reflektiert**. Ist die Fläche weit genug von uns entfernt, kommt der Schall mit einer hörbaren Verzögerung zurück. Wir hören ihn als Echo.

Probiert es aus: Stellt euch vor eine Hauswand und ruft ein kurzes Wort. Ändert euren Abstand zur Wand. Gelingt es euch, das ganze Wort als Echo zu hören?

EXPERIMENT B

Kann man Schall umlenken?
Material: Wecker im Glas auf einem Schwamm, Platten aus Glas, Holz, Eisen, Pappe oder Kork
Durchführung: Mit je einer Platte soll der Schall des tickenden Weckers so umgelenkt werden, dass er in einem Meter Entfernung besser zu hören ist.
Auswertung: Zeichnet ins Heft, wie die Platte gehalten werden muss. Vergleicht, wie gut die Stoffe den Schall reflektieren. Erklärt die Funktion des Schwamms unter dem Glas.

! **Harte, glatte Oberflächen reflektieren den Schall besser als raue, poröse Oberflächen.**

❶ Du siehst den Blitz. Sechs Sekunden später hörst du den Donner. Berechne die Entfernung des Gewitters.

❷ Ist Wasser ein guter Schallleiter? Versuche, im Schwimmbad unter Wasser mit jemandem zu sprechen. Berichte von deinen Erfahrungen.

❸ Im leeren Badezimmer oder in der Schwimmhalle klingt es anders als in einem Zimmer mit Teppich und Vorhängen. Erkläre dies.

Wann ist Schall Lärm, wann ist er nützlich?

Geräusch	Ort und Dauer	Lautstärke: laut / normal / leise	Empfinden: störend / egal / angenehm / wichtig	Möglicher Lärmschutz

1 Tabelle für ein Geräuscheprotokoll

Alle Geräusche, die uns stören, sind für uns **Lärm**. Das können laute Geräusche sein, aber auch leise, wie das Tropfen des Wasserhahns.
Einige Geräusche sind hilfreich. So warnt uns die Sirene bei Gefahr und der Wecker lässt uns nicht verschlafen.

Allzu laut ist ungesund Ein Presslufthammer ist laut. Je näher man herangeht, desto lauter wird es. Automatisch hält man sich die Ohren zu. Der Arbeiter trägt zum Schutz seiner Ohren einen **Gehörschutz**, einen Kopfhörer, der mit Schaumstoff ausgepolstert ist.
Ein lauter MP3-Player kann wie ein Presslufthammer wirken. Auch wenn ihr eure Lieblingsmusik nicht als Lärm empfindet, die starken Druckschwankungen direkt am Ohr schädigen auf Dauer das Gehör. Schwerhörigkeit ist die Folge, und diese ist nicht heilbar.

❶ Schreibt zu Hause ein Geräuscheprotokoll (▶1). Vergleicht eure Tabellen in der Klasse. Findet Möglichkeiten, wie ihr euch vor störenden Geräuschen schützen könnt.

Schall im Straßenverkehr Gerade im Straßenverkehr sind bestimmte Geräusche lebenswichtig. Hupe, Fahrradklingel und Sirene sind **Schallquellen**, die uns vor einem herankommenden Fahrzeug warnen. Sie müssen laut sein, damit wir sie nicht überhören.

Für blinde Menschen werden Fußgängerampeln mittlerweile mit Lautsprechern ausgestattet. Ein Klopfgeräusch bedeutet, dass die Ampel Rot anzeigt. In der Grünphase ertönt ein Piepton, dann kann die Straße relativ sicher überquert werden.

❷ Erläutere die Funktion von Gehörschutz-Kopfhörern oder Ohrstöpseln als Schallschutz.

❸ Lautes Musikhören über Kopfhörer ist im Straßenverkehr gefährlich. Erläutere dies mit Beispielen.

❹ Schallquellen können euch über etwas informieren oder vor etwas warnen. Tragt Beispiele zusammen.

NACHGEHAKT

Mit den Ohren „sehen"

Das ist für Fledermäuse kein Problem. Sie wenden die **Echoortung** an, wenn sie nachts auf der Jagd sind.

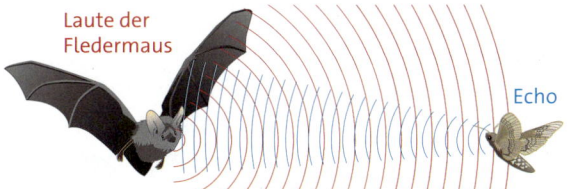

Auch blinde Menschen können diese Technik erlernen. Durch Schnalzen mit der Zunge erzeugen sie Klicklaute. Anhand der Echos können sie sich ein „Bild" ihrer Umgebung machen. Denn jeder Gegenstand sendet ein etwas anderes Echo zurück, je nach Form und Oberfläche. So unterscheiden sie, ob ein Auto oder ein Haus im Weg ist, oder erkennen, wo sich die Tür in der Hauswand befindet. Selbst Entfernungen können sie einschätzen.

Probiert es aus: Gelingt es euch, mit verbundenen Augen möglichst nah an die Tafel heranzugehen, nur mithilfe des Schalls? Beschreibt die Klangänderungen. Führt einen Wettbewerb durch. Gewonnen hat, wer der Tafel am nächsten kommt, ohne sie zu berühren.

Zusammenfassung

Luft und ihre Eigenschaften
Die Luft ist eine der Lebensgrundlagen für alle Lebewesen. Sie ist gasförmig, unsichtbar und geruchlos. Sie hat Masse und Volumen. Dort, wo kein anderer Körper ist, ist immer Luft. Da Luft eine geringere Dichte als Wasser hat, steigt sie im Wasser nach oben. Im Gegensatz zu festen und flüssigen Stoffen kann Luft, wie alle anderen Gase, zusammengedrückt werden.

Bestandteile der Luft
Luft ist ein Gasgemisch, die Hauptbestandteile sind Stickstoff, Sauerstoff, Argon und Kohlenstoffdioxid. Auch Wasserdampf ist immer in der Luft enthalten.

Sauerstoff	Kohlenstoffdioxid	Stickstoff
fördert die Verbrennung	erstickt Flammen	erstickt Flammen
Entstehung: Fotosynthese	**Entstehung:** Zellatmung und Verbrennung	ist an der Zellatmung und Fotosynthese nicht beteiligt
Verbrauch: Zellatmung und Verbrennung	**Verbrauch:** Fotosynthese	

Luftdruck
Das Gewicht der Luft in der Atmosphäre erzeugt den Luftdruck. Er ist am Boden am höchsten und nimmt mit der Höhe ab.

Nachweisreaktionen
Unbekannte Stoffe können aufgrund ihrer typischen Eigenschaften identifiziert werden. Der Nachweis für Sauerstoff ist die Glimmspanprobe. Kohlenstoffdioxid wird mit der Kalkwasserprobe nachgewiesen.

Temperatur und Luft
Wird Luft abgekühlt, zieht sie sich zusammen, ihre Dichte nimmt zu. Wird Luft erwärmt, dehnt sie sich aus, ihre Dichte nimmt ab. Warme Luft ist damit leichter als kalte und steigt in kalter Luft nach oben.

Luftschadstoffe
Die Zusammensetzung der Luft wird durch uns Menschen stetig verändert. Vor allem bei Verbrennungen entstehen Luftschadstoffe. Zu viel Kohlenstoffdioxid, Ruß und Feinstaub in der Luft gefährden unsere Gesundheit, schädigen die Umwelt und verändern das Klima.

Schallentstehung
Schall entsteht, wenn ein Körper (fest, flüssig oder gasförmig) schnell schwingt. Wir hören Schall als Töne und Geräusche. Körper sind Schallquellen, wenn sie Schall aussenden. Das Trommelfell im Ohr ist ein Schallempfänger. Schall überträgt Informationen.

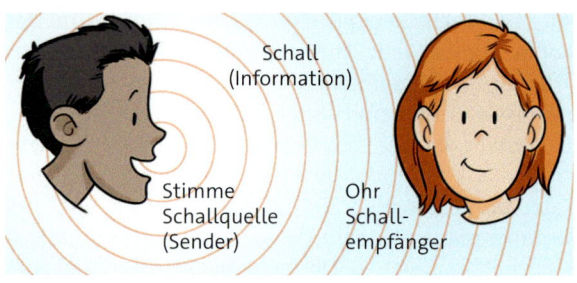

Laut und leise, hoch und tief
Je größer die Schwingung einer Schallquelle ist, desto lauter ist der Ton. Je schneller die Schallquelle schwingt, desto höher ist der Ton.

Schallausbreitung
Die Schwingung einer Schallquelle überträgt sich auf die Teilchen der Luft. Es entstehen Luftverdichtungen und Luftverdünnungen. Diese Druckschwankungen werden nach allen Seiten weitergeleitet.
Trifft Schall auf eine harte ebene Fläche, wird er zurückgeworfen (reflektiert). Kehrt er von einer weit entfernten Fläche zurück, kann man ihn als Echo hören.
Raue, poröse Flächen reflektieren den Schall weniger gut, sie schlucken ihn.

Schallleiter
Im luftleeren Raum hört man nichts. Schall braucht immer einen Stoff, der ihn überträgt. Dieser kann gasförmig, fest oder flüssig sein. Schall breitet sich in Körpern aus verschiedenen Stoffen unterschiedlich schnell aus. In der Luft legt er etwa 340 Meter pro Sekunde zurück.

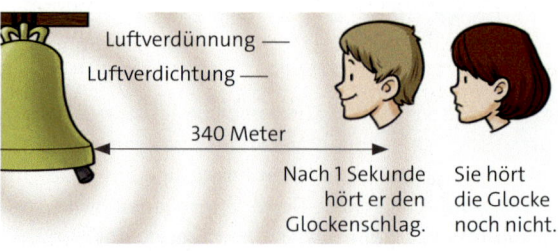

Harte feste Stoffe leiten den Schall sehr gut. Weiche, poröse Stoffe dämpfen den Schall. Sie werden für den Gehörschutz verwendet.

Alles klar?

1. Notiere die Bestandteile der Luft und ihre Eigenschaften.

2. Nenne die Gase, die an der Fotosynthese und der Zellatmung beteiligt sind. Erläutere den Zusammenhang zwischen den beiden Vorgängen.

3. In drei Gefäßen befinden sich drei Gase: Sauerstoff, Stickstoff und Kohlenstoffdioxid. Entwirf einen Plan, um herauszufinden, welches Gas in welchem Gefäß ist.

4. Ein Nagel hat sich in deinen Fahrradreifen gebohrt. Du willst das Loch flicken. Erläutere dein Vorgehen, um das winzige Loch im Fahrradschlauch zu finden.

5. Die Luft in der Glasglocke wird langsam abgesaugt. Erkläre, was mit dem Luftballon passieren wird. Zeichne es in dein Heft. **Tipp:** Denke an den Luftdruck und die Luftdichte.

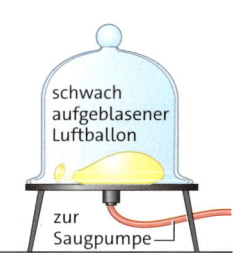

6. Kann eine Kerze im Weltraum brennen? Begründe deine Antwort.

7. Auf dem Jahrmarkt bekommst du einen Ballon, der sofort in den Himmel fliegt, sobald du ihn loslässt. Er ist nicht mit Luft, sondern mit Helium gefüllt. Erkläre, welche Eigenschaft dieses Gas haben muss, damit der Ballon aufsteigt.

8. Prüft mit einem Räucherstäbchen, die Luftströmung über der Heizung und erklärt sie.

9. Um einen Grill zum Brennen zu bringen, pustet man die Glut an. Macht das Sinn? Begründe deine Antwort.

10. Das Klassenzimmer soll in den Pausen immer gut gelüftet werden. Nenne dafür Gründe.

11. Ergänze den folgenden Satz: „Ein Körper wird zur Schallquelle, wenn …"

12. Erkläre, warum es leiser wird, wenn Schnee frisch gefallen ist.

13. Mit Schall kann man Entfernungen bestimmen. Dein Rufen im Gebirge kommt nach drei Sekunden zurück. Berechne die Entfernung der Bergwand.

14. Bei einem lauten Knall nah am Ohr kann das Trommelfell reißen. Erkläre dies.

15. **Knifflig:** Jemand schlägt mit einem Stein auf das Eisengeländer einer langen Brücke. Hälst du ein Ohr am anderen Ende an das Geländer, hörst du den Schall zweimal, einmal durch das Eisen und einmal durch die Luft. Erläutere, welcher Schall zuerst bei dir ankommt. Nutze dazu das Teilchenmodell.

16. Dein Nachbar drei Stockwerke über dir spielt Klavier. Erkläre, warum du das Klavierspielen hörst, obwohl die Fenster geschlossen sind.

17. Baut aus einer Kiste ein Modellhaus. Optimiert es so, dass möglichst wenig Schall nach außen dringt.

Ein Modell für die Schallausbreitung

An einem Federwurm könnt ihr die Schallausbreitung sehr schön zeigen. Probiert es aus.
Mit einer schnellen Vor-zurück-Bewegung erzeugt ihr eine Verdichtung. Breiten sich die verdichteten Ringe wieder aus, dann drücken sie die nächsten Ringe zusammen.
So läuft die Welle durch die Feder bis an das andere Ende.
Könnt ihr auch ein Echo „sehen"?

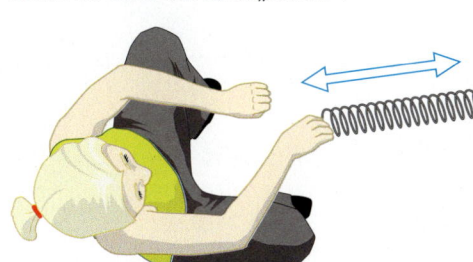

Erklärt das Modell. Beschreibt, was es zeigt. Nennt Unterschiede zur Schallausbreitung in der Luft.

Wie wir die Welt sehen und uns Bilder von ihr machen

In unserem Alltag sind wir von der Sonne und vielen anderen Lichtquellen umgeben – ohne sie könnten wir nicht sehen.

Mithilfe von Spiegeln und Linsen können wir Licht beeinflussen und Bilder erzeugen – das kann nützlich sein oder auch einfach nur schön.

Licht kann man sogar zerlegen, das sieht man zum Beispiel, wenn Licht an Kanten von Gläsern oder Kristallen auftrifft. Plötzlich zeigt sich eine Vielzahl verschiedener Farben. Doch überall, wo Licht ist, kann es auch Schatten geben, sogar im Weltraum. Wie kommt das?

❶ Die Bilder zeigen verschiedene Erscheinungen, die alle mit Licht zu tun haben. Beschreibe, was du siehst, und stelle Vermutungen an, wie diese Erscheinungen zustande kommen.

❷ Sieh dich um: im Klassenzimmer, aus dem Fenster. Nenne alle Lichtquellen, die du erkennst.

❸ Erzeugt mit einer Taschenlampe und verschiedenen Gegenständen eurer Wahl an einer Wand schöne Schattenbilder. Fotografiert die Schattenbilder – einmal mit Blitz, einmal ohne Blitz. Beschreibt den Unterschied.

Licht unterwegs

Welche Eigenschaften hat das Licht?
Bildet Gruppen und erforscht das Licht. Schreibt jeweils Versuchsprotokolle und fertigt Zeichnungen an.

A Wann können wir Gegenstände sehen?
Material: Schachtel, Buch, Taschenlampe, Pappe (weiß, rot, grün und schwarz), Glasscheibe, Spiegel
Durchführung: Dunkelt den Raum ab. Legt die Taschenlampe auf eine Schachtel und ein aufgeschlagenes Buch so vor die Schachtel, dass es nicht direkt von der Taschenlampe beleuchtet wird. Könnt ihr im Buch lesen?

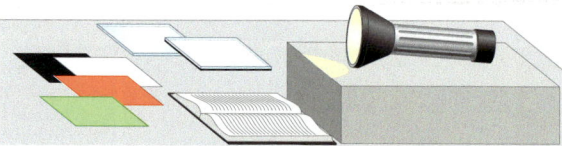

Versucht nun mit den Pappen, der Glasscheibe und dem Spiegel das Licht der Taschenlampe auf das Buch zu lenken. Notiert jeweils eure Beobachtungen beim Betrachten des Buchs.
Auswertung: Erklärt anhand eurer Ergebnisse, was nötig ist, damit man einen Gegenstand sehen kann.

B Unsichtbares Licht?
Material: 2 Schachteln (innen schwarz, unten und auf einer Seite offen), einen beliebigen Gegenstand, Taschenlampe, Kreidestaub
Durchführung: Beleuchtet mit einer auf dem Tisch liegenden Taschenlampe den Gegenstand. Stülpt nun über die Taschenlampe und über den Gegenstand jeweils eine Schachtel, die nur auf der Seite, durch welche das Licht verläuft, offen ist. Betrachtet das Ganze von der Seite, auf Höhe der Tischkante. Könnt ihr das Licht sehen?

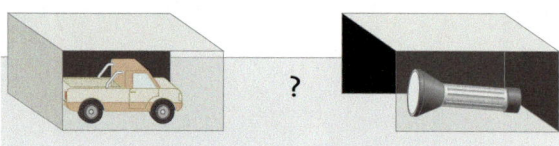

Verteilt nun feinen Staub, zum Beispiel Kreidestaub aus einem Tafellappen, zwischen den Schachteln.
Auswertung: Beschreibt, wie man feststellen kann, ob die Lampe leuchtet. Formuliert eine Aussage über die Sichtbarkeit von Licht.

C Wie breitet sich Licht aus?
Material: Kreidestaub, Karton, Schachtel, Taschenlampe und andere Lichtquellen (z. B. Laserpointer)
Achtung: Laserpointer nur unter Aufsicht verwenden und niemals auf Personen richten!
Durchführung: Untersucht jeweils mithilfe von Kreidestaub das Licht. Prüft zuerst, wie sich das Licht verschiedener Lichtquellen im Raum ausbreitet.
Schneidet als nächstes unterschiedlich geformte, große und kleine Löcher in ein Stück Karton. Beleuchtet die Löcher, man nennt sie Lochblenden. Beobachtet wieder die Lichtausbreitung.
Stecht dann viele kleine Löcher in eine Schachtel und stellt sie über eine helle Lichtquelle. Untersucht das Licht, das durch die Löcher scheint. Achtet darauf, dass die Schachtel nicht heiß wird.
Auswertung: Beschreibt, was die Versuche über die Ausbreitung von Licht zeigen.

D Licht trifft auf verschiedene Oberflächen
Material: Lampe, Glasscheibe oder durchsichtiger Kunststoff (z. B. von einer CD-Hülle), Milchglasscheibe, Spiegel, glatte und zerknitterte Alufolie, weiße, rote und schwarze Pappe
Durchführung: Haltet in einem dunklen Raum die verschiedenen Materialien ein Stück vor eine weiße Wand und beleuchtet sie von vorne mit einer Lampe. Verwendet auch mehrere der Materialien hintereinander. Beobachtet jeweils von der Seite. Beschreibt, was ihr vom beleuchteten Gegenstand und an der Wand seht.

Auswertung: Notiert eure Beobachtungen in einer Tabelle und vergleicht sie.

❶ In Experiment A konntet ihr erkennen, wann wir Gegenstände sehen können. Diskutiert, welche falsche Vorstellung demgegenüber hinter folgenden Formulierungen steckt: „Ich richte den Blick auf dich" oder „das Augenlicht verlieren".

❷ Oft zeichnet man die Sonne wie im Bild links. Erklärt, welche richtige Vorstellung von der Ausbreitung des Lichts damit gezeigt wird.

Licht und Sehen

Damit wir einen Gegenstand sehen können, ist Licht nötig. Entweder leuchtet der Gegenstand selbst, dann ist er eine **Lichtquelle**, oder er wird von einer Lichtquelle beleuchtet. In beiden Fällen muss vom Gegenstand ausgehendes Licht in unser Auge gelangen, damit wir ihn sehen.

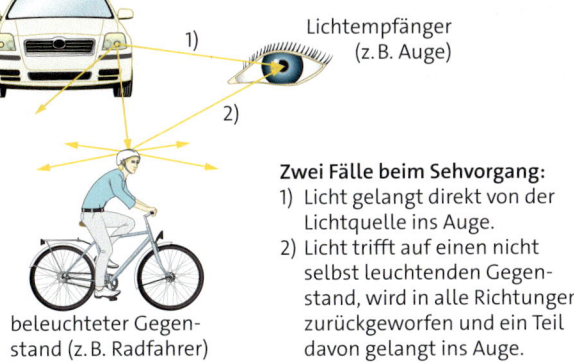

Lichtquelle (z. B. Scheinwerfer)

Lichtempfänger (z. B. Auge)

beleuchteter Gegenstand (z. B. Radfahrer)

Zwei Fälle beim Sehvorgang:
1) Licht gelangt direkt von der Lichtquelle ins Auge.
2) Licht trifft auf einen nicht selbst leuchtenden Gegenstand, wird in alle Richtungen zurückgeworfen und ein Teil davon gelangt ins Auge.

> ! Wir sehen einen Gegenstand nur dann, wenn von ihm ausgehendes Licht in unser Auge fällt.

Lichtquellen Es gibt viele verschiedene Lichtquellen. Manche davon leuchten, weil sie sehr heiß sind wie Sonne, Glühlampe oder Kerze. Es gibt aber auch kalte Lichtquellen wie Leuchtstoffröhre, Leuchtdiode (LED) oder Laser. Auch Bildschirme senden Licht aus.
Neben den vom Menschen hergestellten künstlichen Lichtquellen ist die Sonne unsere wichtigste natürliche Lichtquelle. Auch Tiere, die Licht erzeugen können wie Glühwürmchen oder Leuchtfische und Leuchtquallen der Tiefsee, zählt man zu den natürlichen Lichtquellen (▶1).

1 Verschiedene Lichtquellen (oben)
unten: Glühwürmchen (links), Leuchtquallen (rechts)

2 Geradlinige Lichtausbreitung

Ausbreitung von Licht Licht an sich ist nicht sichtbar, wenn es nicht in unser Auge trifft. Die Ausbreitung des Lichts kann man aber sichtbar machen, wenn es durch Staub, Rauch oder künstlichen Nebel in unser Auge gelenkt wird. Jedes Staubkörnchen oder Wassertröpfchen wirft das Licht in alle Richtungen zurück. Diesen Vorgang bezeichnet man als **Streuung** von Licht. Ein kleiner Teil des gestreuten Lichts gelangt in unser Auge. Bei allen solchen Versuchen beobachtet man, dass Licht sich stets **geradlinig ausbreitet**.

> ! Eine Eigenschaft von Licht ist, dass es sich stets geradlinig ausbreitet.

METHODE

Modell Lichtstrahl

Wenn wir von Lichtstrahlen sprechen, meinen wir damit die Eigenschaft des Lichts, sich geradlinig auszubreiten. Unendlich dünne Lichtstrahlen sind aber nur ein Gedankenmodell, mit dem wir uns die Ausbreitung des Lichts vorstellen. In der Realität gibt es sie nicht, man hat es immer mit mehr oder weniger ausgedehnten **Lichtbündeln** zu tun, selbst beim Laserpointer. Zur Vereinfachung stellen wir in Zeichnungen den Weg des Lichts aber durch gerade Linien (Strahlen) dar. Dabei kennzeichnet man oft die Ränder oder die Mitte eines Lichtbündels. Pfeilspitzen zeigen die Ausbreitungsrichtung an.

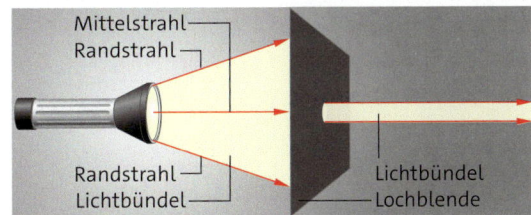

3 Lichtbündel einer Taschenlampe vor und hinter einer Lochblende

Licht trifft auf Oberflächen

Wenn Licht auf Gegenstände trifft, ist je nach der Beschaffenheit der beleuchteten Oberfläche Unterschiedliches zu beobachten.

Licht trifft auf verschiedene Oberflächen Glatte, glänzende Oberflächen wie die eines Spiegels werfen das Licht zurück. Man sagt sie **reflektieren** das Licht. Je nachdem, von wo das Licht auf den Spiegel auftrifft, wird es in eine ganz bestimmte Richtung zurückgeworfen. Helle, raue Oberflächen wie die eines weißen Blatt Papiers oder einer Kinoleinwand werfen das Licht auch zurück, anders als beim Spiegel aber in alle Richtungen. Sie **streuen** das Licht.

4 Sichtbarkeit im Straßenverkehr bei Nacht

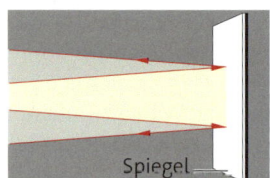 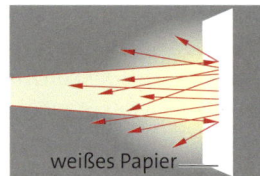
1 Reflexion und Streuung von Licht

Dunkle oder schwarze Oberflächen reflektieren nur sehr wenig des auftreffenden Lichts, sie **absorbieren** – „schlucken" – den Großteil. Auch Glasscheiben reflektieren das Licht kaum. Sie lassen den größten Teil durch, man nennt solche Materialien **lichtdurchlässig**.

 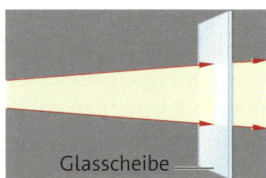
2 Absorption und Durchlassen von Licht

Wird glatte Alufolie im Dunkeln angeleuchtet, dann reflektiert sie das einfallende Licht nur in eine Richtung wie ein Spiegel. Wenn du nicht gerade aus dieser Richtung auf die Folie schaust, gelangt kein Licht in dein Auge, sie erscheint schwarz. Anders ist es bei zerknitterter Alufolie. Die raue Oberfläche streut Licht in alle Richtungen, ein Teil davon fällt in dein Auge, egal von wo aus du sie betrachtest. Du kannst die Alufolie sehen.

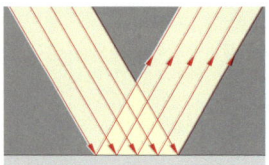 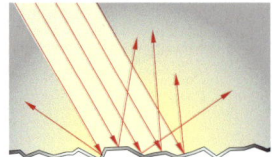
3 Reflexion an glatter und zerknitterter Alufolie

Sehen und gesehen werden im Straßenverkehr Bild 4 zeigt den Blick aus einem fahrenden Auto bei Nacht. Es ist sehr gut zu erkennen, dass nur sichtbar ist, was selbst leuchtet oder was vom Lichtkegel der Scheinwerfer beleuchtet wird. Dabei kann man helle Dinge, die viel Licht streuen, viel besser sehen als dunkle, die das Licht „schlucken".

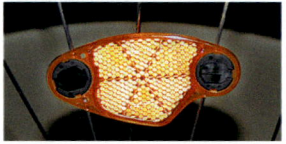
5 Reflektor am Fahrrad: Reflektoren reflektieren das eintreffende Licht zurück in Richtung der Lichtquelle.

❗ **Oberflächen können auftreffendes Licht reflektieren, streuen oder absorbieren. Durch lichtdurchlässige Gegenstände geht das Licht hindurch.**

❶ Nenne anhand von Bild 4 die Voraussetzungen, damit der Autofahrer dich bei Dunkelheit sehen kann.

❷ Erkläre, wieso es ratsam ist, dass Autos und Fahrräder auch bei Tageslicht die Beleuchtung eingeschaltet haben und Radfahrer immer Reflektoren am Fahrrad und an der Kleidung verwenden.

❸ Wenn Autoscheinwerfer eine nasse Straße beleuchten, dann erscheint sie dem Autofahrer viel dunkler als eine trockene. Erläutere, wie es zu diesem Unterschied kommt.

❹ Im Bild rechts siehst du Gesicht und Hände. Aber wo ist der Körper? Erkläre, wie dieser Eindruck entsteht.

Licht und Schatten

„Wo Licht ist, ist auch Schatten." Wie viel Wahrheit hinter dieser alten Redensart steckt, wirst du auf dieser Seite untersuchen.

Schatten erzeugen In einem abgedunkelten Raum steht eine Lampe vor einer Schachtel. An der Wand hinter der Schachtel entsteht ein Schatten (▶1).

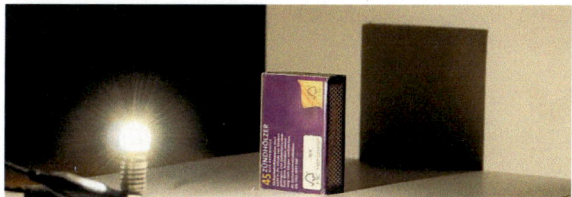

1 Eine Schachtel wirft einen Schatten.

Ein Blick von oben hilft, die Entstehung dieses Schattens zu verstehen (▶2).

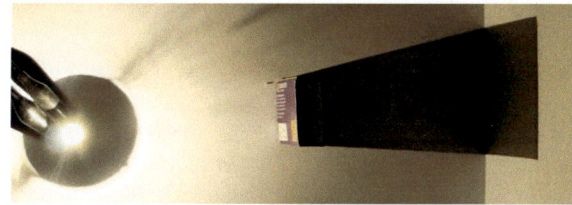

2 Der Schattenwurf von oben gesehen

Das Licht der Lampe breitet sich geradlinig in alle Richtungen aus. Es beleuchtet auch die Schachtel. Da sie **lichtundurchlässig** ist, gelangt das Licht nicht in den Bereich hinter der Schachtel. Hier entsteht ein **Schatten**, ein unbeleuchteter Raum. Dort ist auch der Tisch dunkel. An der Wand hinter der Schachtel bildet sich ein dunkles **Schattenbild** des Gegenstands ab.
Wo genau der Schatten eines Gegenstands entsteht, kann man mithilfe der Lichtstrahlen, die genau entlang seiner Ränder verlaufen, leicht ermitteln (▶3).

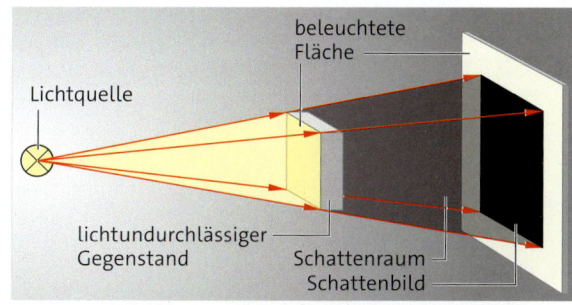

3 Ermittlung der Schattenentstehung mithilfe der Modellvorstellung vom Lichtstrahl

> ❗ Hinter einem beleuchteten lichtundurchlässigen Gegenstand entsteht ein Schatten. Weil sich das Licht geradlinig ausbreitet, ist auch der Schattenraum geradlinig begrenzt. An einer Wand hinter dem Gegenstand entsteht ein Schattenbild von ihm.

Schattenbild – mal klein, mal groß Das Schattenbild eines Gegenstands lässt sich vergrößern und verkleinern. Dazu muss man die Abstände zwischen Lichtquelle, Gegenstand und Wand verändern.

Probiert es aus: Erzeugt mit einer Taschenlampe ein Schattenbild eines Gegenstands. Findet heraus, wie ihr dieses Schattenbild größer oder kleiner machen könnt. Erklärt eure Beobachtungen anhand von Skizzen.

EXPERIMENT A

Sonnenuhr – der Schatten zeigt die Uhrzeit an
Ein Stab, der im Boden steckt, wirft an einem sonnigen Tag einen Schatten. Während sich die Sonne am Himmel bewegt, wandert auch der Schatten wie ein Uhrzeiger am Boden entlang. Das könnt ihr nutzen, um eine einfache Sonnenuhr zu bauen.
Material: Stab, Brett mit Loch, Kompass, Uhr, Stift
Durchführung: Stellt den Stab im Loch in der Brettmitte auf. Zeichnet auf dem Brett einen Tag lang zu jeder vollen Stunde den Schatten nach und notiert dazu die Uhrzeit. Überprüft die Markierungen am nächsten Tag und zwei Monate später.
Auswertung: Erklärt eure Beobachtungen mithilfe von Skizzen.

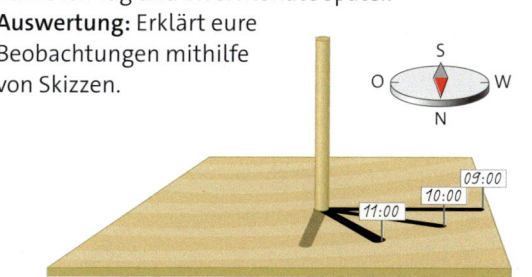

❶ „Wo Licht ist, ist auch Schatten." Verbessere den Satz.

❷ Erhält man von einer rechteckigen Schachtel immer ein rechteckiges Schattenbild? Untersuche es und erkläre deine Beobachtungen mithilfe von Skizzen.

❸ Vergleiche die Schattenbilder einer Schachtel, einer Konservendose und eines Notizzettels miteinander und erkläre, was du beobachtest.

❹ Wirft der durchsichtige Deckel einer CD-Hülle einen Schatten? Erkläre deine Beobachtung.

Licht und Schatten im Weltraum

1 Der „Erdaufgang", von der Mondoberfläche aus gesehen

Die Sonne ist eine sehr starke Lichtquelle, die wichtigste für uns auf der Erde. Die Astronauten, die auf dem Mond gelandet sind, konnten sehr eindrucksvoll sehen, wie die Erde von der Sonne beleuchtet wird (▶ 1).

Tag und Nacht

Im Verlauf eines Tages (24 Stunden) dreht sich die Erde einmal um ihre Achse. Auf dem Teil der Erde, der gerade von der Sonne beschienen wird, ist heller Tag. Gleichzeitig ist auf der sonnenabgewandten Seite dunkle Nacht.

Die **Erdachse** steht schräg zur Richtung, aus der das Sonnenlicht kommt. Dadurch ist es im Verlauf einer Erdumdrehung nicht überall auf der Erde gleich lang hell: In Bild 2 bewegt sich die Stadt München in 24 Stunden einmal entlang der grün gezeichneten Kreisbahn. Den größten Teil der Zeit liegt sie im Dunkeln, es ist länger Nacht als Tag – es ist Winter. Die Stadt Buenos Aires, die sich während der gleichen Zeit entlang der gelben Kreisbahn bewegt, ist länger im Hellen als im Dunkeln, es ist länger Tag als Nacht – hier ist gerade Sommer.

Sommer und Winter

Der zweite wichtige Unterschied zwischen den **Jahreszeiten** ist, dass die Strahlung der Sonne unterschiedlich steil oder flach auf die Erdoberfläche fällt: im Sommer steiler, im Winter flacher. In Bild 3 kann man sehen, dass auf das gleiche rot markierte Flächenstück am Boden im Sommer eine größere Lichtmenge auftrifft als im Winter. Es wird daher im Sommer stärker erwärmt.

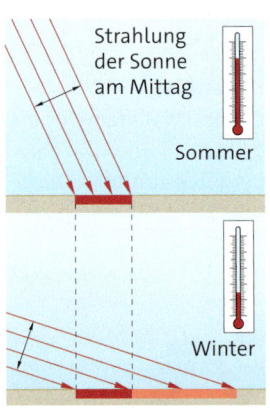

3 Lichteinfall auf den Boden im Sommer und im Winter

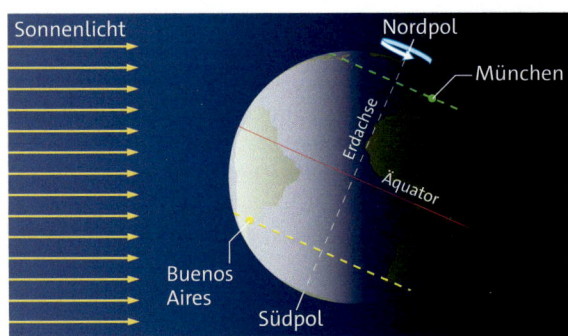

2 Entstehung von Tag und Nacht

Im Verlauf eines Jahres bewegt sich die Erde auf einer fast kreisförmigen Bahn einmal um die Sonne. Dabei zeigt die Erdachse immer in die gleiche Richtung (▶ 4). Mal ist die Südhalbkugel der Sonne mehr zugeneigt, mal die Nordhalbkugel. So entstehen die Jahreszeiten.

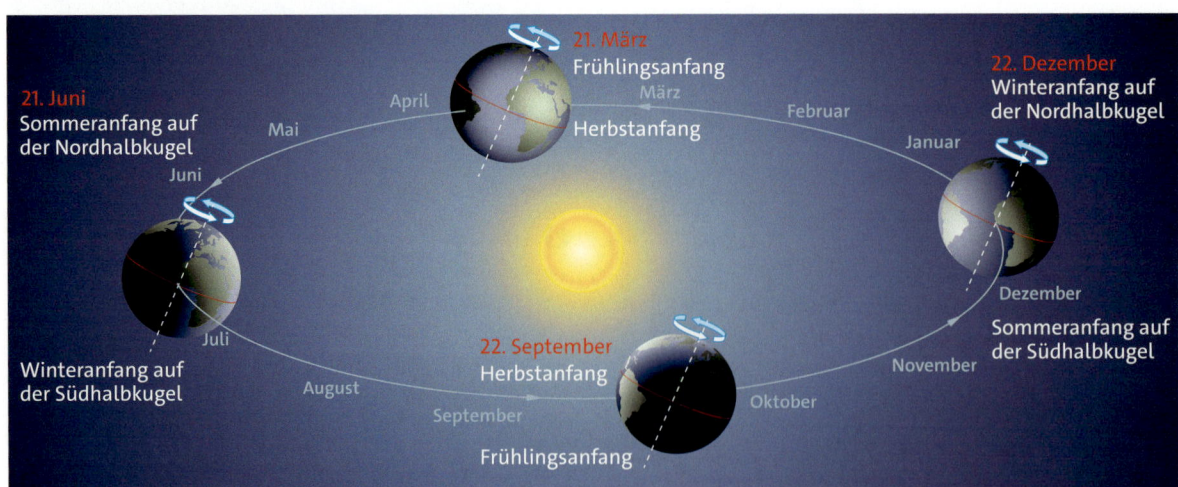

4 Entstehung der Jahreszeiten durch die Bewegung der Erde um die Sonne und die Neigung der Erdachse

Mondphasen

Auch der Mond, der die Erde umkreist, wird von der Sonne beleuchtet. Und wie bei der Erde ist stets eine Hälfte des Monds hell und eine dunkel. Von der Erde aus sehen wir nur den gerade beleuchteten Teil und davon auch nicht immer alles. Sonne, Mond und Erde stehen manchmal so, dass wir die gesamte beleuchtete Mondhälfte sehen: Dann ist **Vollmond**. Hat der Mond uns seine Schattenseite zugewandt, sehen wir nichts, es ist **Neumond**. Und was sehen wir bei **Halbmond**?

EXPERIMENT A

Mondphasen im Modell
Material: Lampe, weißer Ball
Durchführung: Stellt euch im verdunkelten Raum in einer kleinen Gruppe eng zusammen – ihr seid Menschen auf der Erde. Ein Mitschüler bewegt einen weißen Ball als Mond um euch herum. Eine starke Lichtquelle übernimmt die Rolle der Sonne und beleuchtet das Ganze von einer Seite. Der „Mond" läuft entgegen dem Uhrzeigersinn um die „Erde". Beobachtet, wie sich das, was ihr vom Mond sehen könnt, dabei verändert.

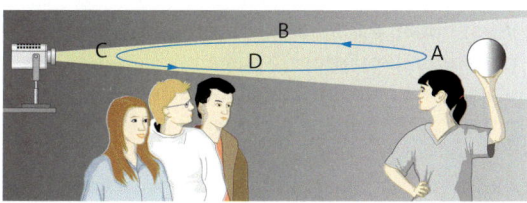

Auswertung: Zeichnet, wie ihr den Mond von der „Erde" aus seht. Benennt die Mondphasen an den Stellen A bis D. Beschreibt, wann ihr die abnehmende und die zunehmende Mondsichel seht.

❶ Kann man den Mond nur während der Nacht sehen? Erkläre deine Antwort anhand des Bilds von Experiment A.

❷ Ordne die Mondfotos in Bild 5 nach der richtigen Reihenfolge. Beginne mit dem Vollmond. Du kannst dazu die Merkhilfe (▶ 6) nutzen. **Tipp:** In der richtigen Reihenfolge ergeben die Buchstaben ein Wort.

(= Klammer auf: **abnehmender** Mond

) = Klammer zu: **zunehmender** Mond

6 Merkhilfe, mit ihr kann man erkennen, ob der sichtbare Teil des Monds gerade größer oder kleiner wird.

! Die Mondphasen entstehen durch die Bewegung des Monds um die Erde. Je nachdem, wo er sich auf seiner Bahn gerade befindet, sehen wir unterschiedlich viel von der beleuchteten Mondhälfte.

❸ **Knifflig:** Die Merkhilfe in Bild 6 funktioniert nur für die Nordhalbkugel der Erde. Erkläre, warum sie für die Südhalbkugel „umgedreht" werden müsste.

❹ Erkläre anhand von Bild 4, warum es zu Weihnachten in Buenos Aires nie schneit.

❺ Es gibt Orte auf der Erde, an denen es über Monate hinweg immer Tag oder immer Nacht ist. Erkläre, warum das so ist. Beschreibe, wo diese Orte liegen.

❻ Wo steht in Bild 1 die Sonne? Fertige eine Skizze an, die zeigt, wie Sonne, Erde und Mond zueinander stehen und wo sich auf dem Mond die Kamera befindet.

❼ Das folgende Bild zeigt die Lage der Erde zur Sonne sowie die Umlaufbahn des Monds um die Erde. Übertrage diese Skizze groß in dein Heft. Zeichne den jeweiligen Mond aus Bild 5 an der Position ein, wo er sich zum Zeitpunkt der Aufnahme befunden hat.

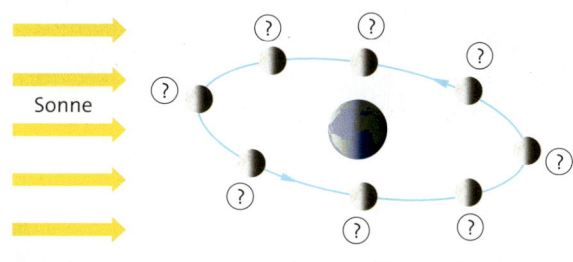

 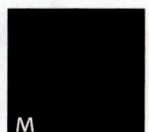 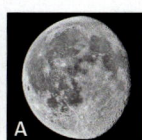   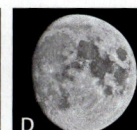 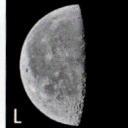 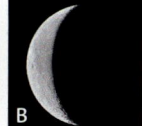
H M A N O D L B

5 Fotos verschiedener Mondphasen

Blick in die Spiegelwelt

Wenn Licht auf eine glatte, glänzende Oberfläche trifft, dann wird es reflektiert. Am besten funktioniert das mit Spiegeln.

EXPERIMENT A

Wie reflektiert der Spiegel ein Lichtbündel?
Material: abgeklebte Taschenlampe mit Lichtspalt, Blatt Papier (DIN A4), Spiegel, Stift
Durchführung: Legt ein Blatt Papier auf den Tisch. Richtet das Lichtbündel der Taschenlampe auf den Spiegel und beobachtet auf der Tischoberfläche, wie es verläuft. Zeichnet die Stellung des Spiegels und des Lichtwegs auf dem Papier ein. Dreht den Spiegel etwas zur Seite. Zeichnet wieder.
Auswertung: Beschreibt eure Beobachtungen.

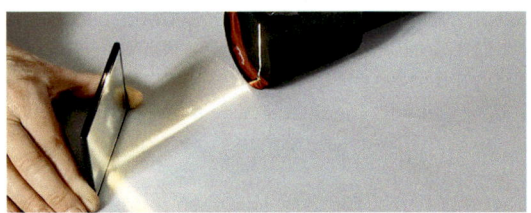

Spiegel erzeugen Spiegelbilder Blickst du in einen Spiegel, der von einer Taschenlampe angeleuchtet wird, dann fällt ein **Lichtbündel** in dein Auge, das vom Spiegel her kommt. Es scheint von der Lampe auszugehen, die in dieser Richtung liegt: Du siehst ein **Spiegelbild** der Lampe (▶1). Wo auf dem Tisch scheint für das Auge dieses Spiegelbild zu liegen?

1 Spiegelbild der Lampe

EXPERIMENT B1

Wo liegt das Spiegelbild?
Material: Tisch, Spiegel, Haftzettel, Gegenstand
Durchführung: Setzt euch zu dritt vor einen Spiegel und stellt einen Gegenstand zwischen ihn und euch. Nun klebt jeder einen Haftzettel dort auf den Spiegel, wo er das Spiegelbild des Gegenstands sieht.
Auswertung: Beschreibt eure Beobachtung.

EXPERIMENT B2

Wo ist das Spiegelbild?
Material: Tisch, Spiegel, Gegenstand, Stifte
Durchführung: Betrachtet wieder das Spiegelbild des Gegenstands, jetzt mit den Augen auf Höhe der Tischkante. Jeder markiert nun die Richtung, in der er das Spiegelbild sieht, indem er einen Stift auf den Tisch legt, der in diese Richtung zeigt.
Auswertung: Betrachtet das Ergebnis von oben. Beschreibt, wo das Spiegelbild wahrgenommen wird.

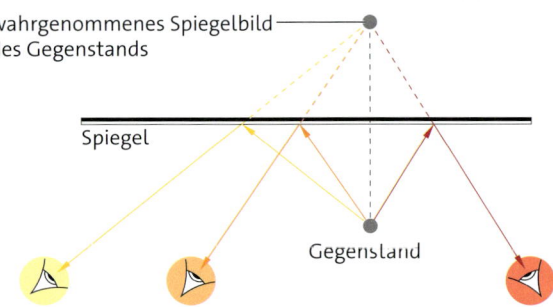

2 Lichtweg vom Gegenstand in die Augen der drei Betrachter und der wahrgenommene Ort des Spiegelbilds

> **!** Wir nehmen das Spiegelbild an dem Ort wahr, der hinter dem Spiegel spiegelbildlich zu seiner wirklichen Position liegt. Gegenstand und Spiegelbild sind von der Spiegelebene gleich weit entfernt.

Wenn wir in einen Spiegel blicken, dann schauen wir wie durch ein Fenster in eine Welt, die spiegelbildlich zu unserer wirklichen hinter dem Spiegel liegt.

Was „vertauscht" ein Spiegel? „Im Spiegel sieht man alles spiegelverkehrt.": Diesen Satz hast du sicher schon oft gehört. Was hat es damit auf sich?

Probiert es aus: Baut Buntstifte wie im Bild unten vor einem Spiegel auf. Übernehmt die folgenden Sätze in euer Heft und ergänzt sie:
– Der rote Stift zeigt nach oben, sein Spiegelbild zeigt nach … .
– Der gelbe Stift …
– Der grüne Stift …
Ermittle aus deinen Ergebnissen, was ein Spiegel vertauscht: Oben und unten, rechts und links, vorne und hinten?

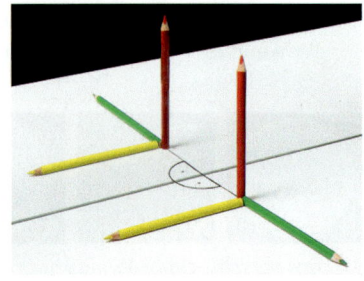

! **Bei einem Spiegelbild sind hinten und vorne vertauscht, nicht aber links und rechts, nicht oben und unten.**

Wieso aber sieht man einen Text, wenn man ihn im Spiegel betrachtet, in Spiegelschrift? Die Vertauschung von links und rechts nimmst du selbst vor, und zwar dann, wenn du das Blatt umdrehst, um es im Spiegel zu betrachten.

3 Auf einer Folie ist ein Text geschrieben. Wie daraus „Spiegelschrift" wird, erkennt man, wenn man das Papier hinter der Folie entfernt.

Mit Spiegeln „um die Ecke gucken" Dass ein Spiegel für unsere Augen ein Spiegelbild eines Gegenstands an einem Ort erzeugen kann, der nicht seinem wirklichen entspricht, kann man nutzen, um damit um die Ecke zu sehen, wie mit dem Seitenspiegel des Autos.

Probiert es aus:
Baut euch ein Periskop. Ihr braucht dazu Pappe (oder einen Karton), Klebeband und zwei kleine Spiegel. Alternativ könnt ihr auch ein festes Stück Pappe mit Spiegelfolie bekleben. **Tipp:** Richtet die Spiegel richtig aus, bevor ihr sie festgeklebt.

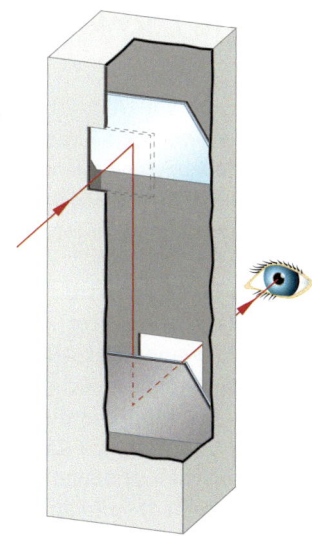

NACHGEHAKT

Spiegel im Straßenverkehr
Im Straßenverkehr werden Spiegel vielfältig angewendet. Sie dienen der Verkehrssicherheit.

Rückspiegel
Für Fahrer ist es beim Abbiegen wichtig, möglichst viel neben ihren Fahrzeugen sehen zu können. Doch wie jeder andere Spiegel auch zeigen Rückspiegel nur einen gewissen Bereich. Befindet man sich außerhalb dieses Bereichs, wie der rote Radfahrer in Bild 4, kann man vom Fahrer nicht gesehen werden – man befindet sich im toten Winkel. Besonders gefährlich ist dieser bei LKWs und Bussen, weil dich der Fahrer hier auch nicht durch das Fenster sehen kann. Fahre und stehe also nicht neben, sondern hinter diesen Fahrzeugen – das ist sicherer.

Wölbspiegel
Aus Spiegellabyrinthen kennst du vielleicht Zerrspiegel. Ihre Oberflächen sind nicht eben, sondern gewölbt, sie erzeugen verzerrte Spiegelbilder. Das kann an unübersichtlichen Straßenecken sehr sinnvoll sein. In einem Spiegel, der eine bauchige Form hat, sieht man einen deutlich größeren Bereich der Umgebung als in einem ebenen Spiegel.
Auch für Rückspiegel verwendet man heute oft gewölbte Spiegel, um das Problem des toten Winkels zu verringern. Wölbspiegel haben aber auch einen Nachteil: Das Spiegelbild eines Gegenstands ist darin verkleinert. Dadurch scheint der Gegenstand für den Betrachter weiter entfernt zu sein, als er in Wirklichkeit ist (▶5).

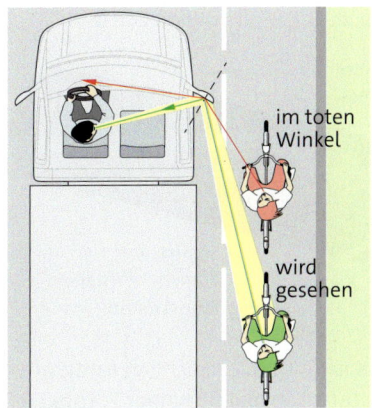

6 Wölbspiegel an einer unübersichtlichen Kreuzung

❶ Die Rückspiegel sind in der Regel Wölbspiegel. Überlege dir Situationen im Straßenverkehr, in denen das Gefahren mit sich bringt.

4 Radfahrer im toten Winkel   *5 Rückspiegel*

Die Lochkamera

Schon vor Hunderten Jahren waren Menschen fasziniert von den Bildern der Camera obscura. Diese Kamera bestand nur aus einem abgedunkelten Raum mit einem kleinen Loch in der Wand, durch das Licht von draußen fiel.

A Ein Loch macht ein Bild?
Material: Teelicht, weiße Pappe als Schirm, Postkarte, Pinnwandnadel, Alufolie, Klebstoff, Schere

Durchführung: Schneidet ein Loch von der Größe einer 1-Cent-Münze in die Postkarte. Das ist eure Lochblende. Dunkelt den Raum ab und haltet die Lochblende zwischen den Schirm und das brennende Teelicht. Beschreibt das Bild auf dem Schirm.
Verändert die Abstände zwischen Kerze und Lochblende sowie zwischen Pappe und Lochblende. Beschreibt jeweils das Bild auf dem Schirm.
Überklebt nun das Loch der Postkarte mit Alufolie und stecht ein Loch mit der Pinnwandnadel hinein. Beobachtet erneut den Schirm und beschreibt, was ihr seht. Schiebt die Kerze nach links und nach rechts und beobachtet, wohin das Bild auf dem Schirm wandert.

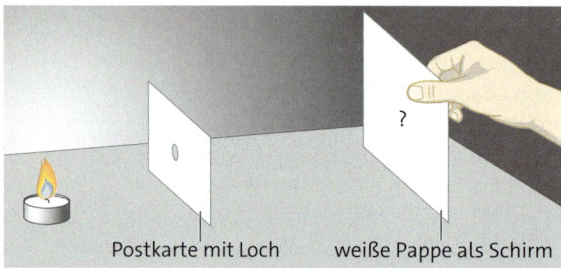

Auswertung: Vergleicht, wie sich Bildgröße, Bildschärfe und Helligkeit bei unterschiedlichen Abständen und Lochgrößen jeweils verändern. Fasst eure Beobachtungen zusammen und fertigt Zeichnungen an. Formuliert die Ergebnisse in Je-desto-Sätzen.

B Die Lochkamera (Camera obscura)
Material: schwarze Pappe (drei Bogen DIN A4) oder Tonpapier, Transparentpapier, Klebstoff, Schere

Durchführung: Baut euch nach der Anleitung rechts eine Lochkamera und experimentiert mit ihr (▶1).
Beschreibt, wie sich das Bild verändert:
– wenn ihr den Abstand zum Gegenstand verändert,
– wenn ihr die innere Röhre verschiebt,
– wenn ihr verschiedene Größen und Formen der Blendenlöcher einstellt.

Betrachtet Gegenstände im Sonnenlicht. Beschreibt, was passiert, wenn eine Wolke die Sonne verdeckt.
Auswertung: Beschreibt eure Beobachtungen.

1 Betrachten einer Kerze mit der Lochkamera

Bauanleitung für die Lochkamera

Schritt 1
Fertigt aus zwei Bögen Pappe jeweils eine Röhre. Die beiden Röhren soll man ineinander stecken können.

Schritt 2
Schneidet aus dem Transparentpapier einen Kreis, der etwa 3 cm größer als die Röhrenöffnung ist. Klebt den Kreis möglichst glatt über die Öffnung der inneren Röhre.

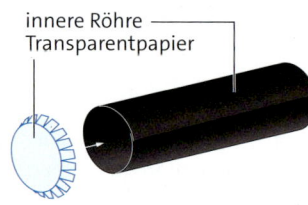

Schritt 3
Auf die gleiche Weise fertigt ihr einen Deckel für die äußere Röhre an, diesmal aus Pappe. Schneidet in die Mitte ein Loch von etwa 2 cm Durchmesser.

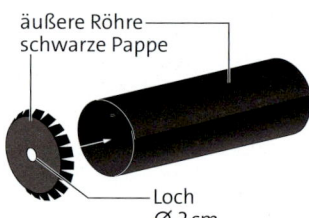

Schritt 4
Schneidet in einen Pappstreifen verschieden große und unterschiedlich geformte Löcher. Klebt für die Halterung des Lochblendenstreifens links und rechts des Deckellochs zwei kleine Pappstreifen nur an ihren Enden am Deckel fest.

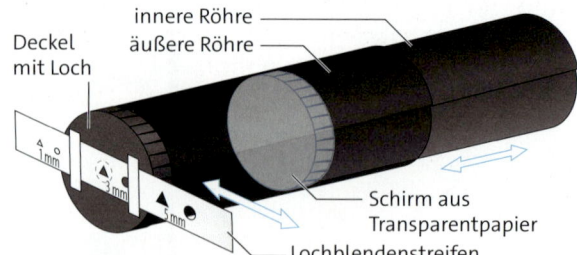

❶ Mit Lochkameras kann man tatsächlich fotografieren, wenn man statt Transparentpapier Fotopapier nutzt. Informiert euch und berichtet darüber.

Löcher erzeugen Bilder

Eine brennende Kerze vor einem weißen Schirm beleuchtet den Schirm. Hältst du eine Postkarte dazwischen, wirft diese ihr Schattenbild auf den Schirm. Doch wenn die Postkarte ein kleines Loch hat, erscheint plötzlich auch ein Bild der Kerze. Es steht auf dem Kopf. Wie entsteht dieses Bild?
Von der Kerze breitet sich Licht geradlinig nach allen Seiten hin aus. Ein Teil davon fällt durch die Lochblende auf den Schirm.

Das Bild hinter dem Loch Betrachten wir zunächst statt der Kerze nur winzige punktförmige Lichtquellen. Ordnet man sie vor einer **Lochblende** an, wird von jeder ein **Lichtfleck** auf dem Schirm abgebildet. Allerdings sind diese anders angeordnet: Links und rechts sowie oben und unten sind vertauscht (▶1). Durch die geradlinige Ausbreitung des Lichts wird der untere Punkt oben und der obere Punkt unten auf dem Schirm abgebildet. Entsprechend werden auch die Seiten vertauscht.

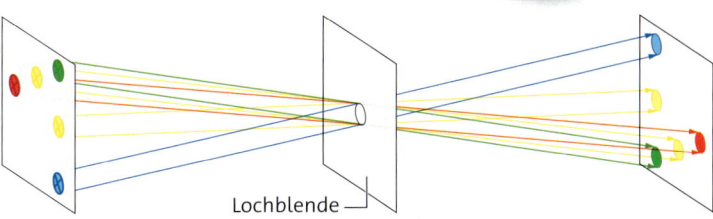

1 Abbildung mehrerer farbiger Lichtpunkte

Bildentstehung Stell dir nun die Kerze aus vielen leuchtenden Punkten zusammengesetzt vor. Von jedem einzelnen Punkt breitet sich Licht nach allen Seiten aus. Von jedem Punkt geht ein **Lichtbündel** durch das Blendenloch hindurch und erzeugt auf dem Schirm einen Lichtfleck. Alle Lichtflecke zusammen ergeben das auf dem Kopf stehende, seitenverkehrte Bild der Kerze (▶2). Entfernt man den Schirm von der Lochblende, wird das Bild immer größer.

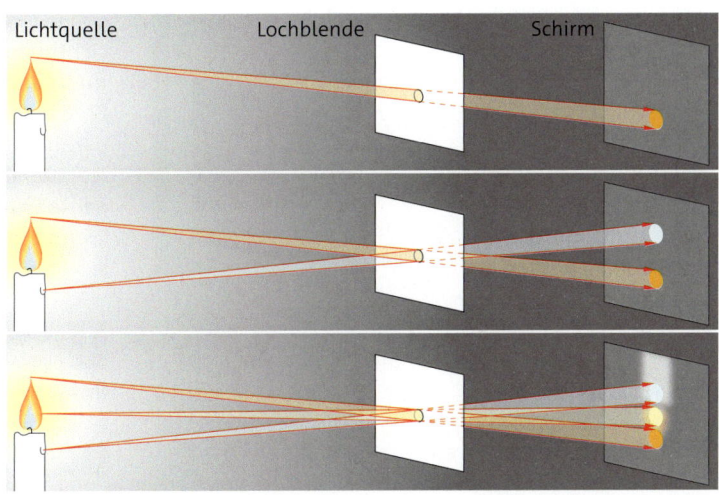

2 Bildentstehung aus Lichtflecken hinter der Lochblende

Große und kleine Löcher Bei einem großen Loch werden große Lichtflecke erzeugt. Sie überlagern sich stark, dadurch wird das Bild unscharf. Je kleiner man das Loch macht, desto weniger überlagern sich die Lichtflecke, das Bild wird schärfer. Gleichzeitig wird es aber auch dunkler, denn es gelangt weniger Licht durch das Loch (▶3).

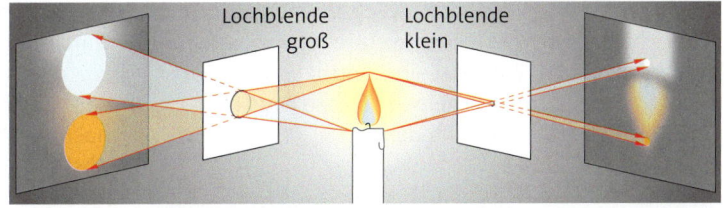

3 Große Lochblende: Das Bild ist unscharf und hell (links). Kleine Lochblende: Das Bild ist scharf und dunkel (rechts).

> **!** Lochblenden erzeugen auf dem Kopf stehende, seitenverkehrte Bilder.
> Je kleiner das Loch, desto schärfer und dunkler ist das Bild.

❶ Zeichne den Lichtweg für die Abbildung einer Kerzenflamme durch eine Lochblende jeweils bei unterschiedlich weitem Abstand des Schirms. Formuliere die Ergebnisse in Je-desto-Sätzen.

❷ Deine Lochkamera erzeugt das oben rechts dargestellte Bild einer Kerze. Beschreibe, wie es sich verändert, wenn die Lochblende vergrößert, verkleinert oder ihre Form verändert wird.

Linsen verändern Lichtbündel

Bei den Versuchen mit der Lochkamera hat sich eine Schwierigkeit gezeigt: Das Bild ist zwar bei einer sehr kleinen Lochblende scharf, aber auch sehr dunkel. Eine große Lochblende erzeugt dagegen ein helles Bild – es kann ja viel Licht eintreten. Dafür ist das Bild jedoch unscharf. Dieses Problem lässt sich lösen.

EXPERIMENT A

Lochkamera – Linsenkamera
Material: Lochkamera, Kerze, Sammellinse
Durchführung: Bildet mit der größten Lochblende der Lochkamera einen hell leuchtenden Gegenstand ab, etwa eine Kerze. Befestigt dann vor der Lochblende eine Sammellinse, das ist ein „bauchig" geformter durchsichtiger Körper. Beobachtet die Veränderung des Bilds, wenn ihr die innere Röhre verschiebt und damit den Lichtweg in der Kamera verlängert oder verkürzt.
Auswertung: Beschreibt eure Beobachtungen.

Mithilfe einer **Sammellinse** lässt sich trotz großer Lochblende ein helles und scharfes Bild erzeugen. Warum ist das so?

Lichtbrechung an der Grenze zwischen zwei Stoffen

Geht Licht von einem durchsichtigen Stoff in einen anderen über, zum Beispiel von Luft in Glas, dann ändert es, wenn es nicht genau senkrecht auftrifft, an der Grenzfläche seinen Weg. Man sagt, das **Licht wird gebrochen** (▶1). Licht wird auch gebrochen, wenn es durch eine Sammellinse verläuft. Einmal beim Eintritt ins Glas und einmal beim Austritt. Mithilfe von Linsen kann man die Form von Lichtbündeln verändern.

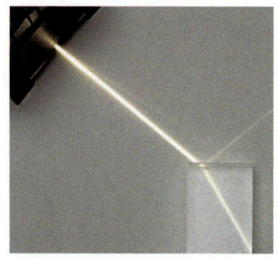 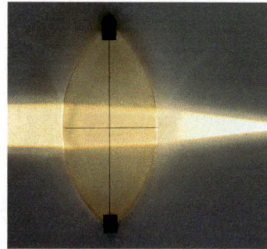

1 Brechung eines dünnen Lichtbündels beim Übergang von Luft in Glas (links), Brechung eines Lichtbündels beim Durchgang durch eine Sammellinse (rechts)

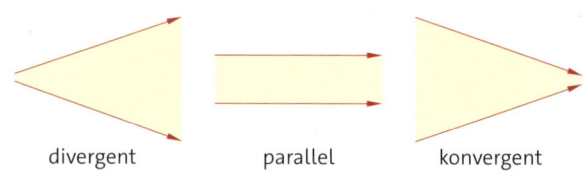

2 Formen von Lichtbündeln

Formen der Lichtbündel

Unabhängig von ihrer Dicke unterscheidet man drei verschiedene Formen von Lichtbündeln (▶2): Lichtbündel, die immer stärker auseinanderlaufen, nennt man divergente Lichtbündel. Lichtquellen wie eine Taschenlampe senden **divergente Lichtbündel** aus. Auch bei der Erklärung, wie das Bild bei der Lochkamera zustande kommt, denkt man sich von jedem Punkt des Gegenstands ausgehend ein solch divergentes Lichtbündel. Darum erzeugt die Lochblende von jedem Punkt des Gegenstands einen Lichtfleck.

Lichtbündel, deren Breite sich nicht verändert, nennt man **parallele Lichtbündel**. Die Sonne ist so weit von der Erde entfernt, dass ihr Licht, wenn es die Erde erreicht, parallele Lichtbündel erzeugt.

Lichtbündel, die zusammenlaufen, nennt man **konvergente Lichtbündel**. Ein konvergentes Lichtbündel kann, wenn der Schirm an der richtigen Stelle steht, einen scharfen Bildpunkt erzeugen.

> ❗ Linsen, die divergente und parallele Lichtbündel konvergent machen können, nennt man Sammellinsen. Sie sind in der Mitte dicker als am Rand.

EXPERIMENT B

Wie ändert eine Linse die Form des Lichtbündels?
Material: Experimentierleuchte, Sammellinse, Kreidestaub, weiße Pappe
Durchführung: Die Experimentierleuchte erzeugt ein divergentes Lichtbündel. Untersucht mithilfe von Kreidestaub, wie dieses Lichtbündel vor und nach der Linse verläuft. Verändert mehrmals den Abstand zwischen der Leuchte und der Linse. Haltet die Pappe seitlich in das Lichtbündel, um den Verlauf „streifend" zu beobachten. Haltet die Pappe senkrecht in das Lichtbündel und bewegt sie hin und her, um die Form des Lichtbündels zu verfolgen.
Auswertung: Beschreibt eure Beobachtungen.

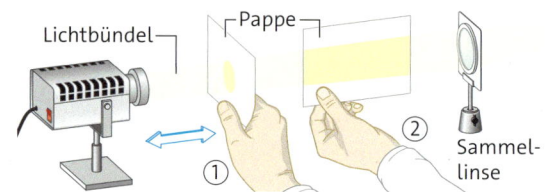

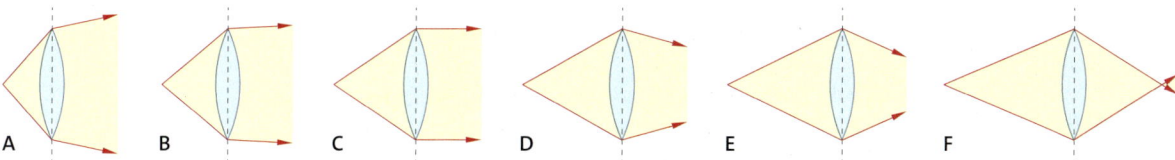

3 Umformung verschieden stark divergenter Lichtbündel durch eine Sammellinse

Sammellinsen formen Lichtbündel um Je näher eine Lichtquelle der Linse ist, desto stärker divergent ist das Lichtbündel, das auf die Linse trifft. Ist das auftreffende Lichtbündel stark divergent, macht die Linse es weniger divergent (▶ 3 A, B). Ist das Lichtbündel vor der Linse weniger divergent, so macht es die Linse konvergent – um so stärker, je weniger divergent es vor der Linse war (▶ 3 D, E, F). Dazwischen liegt der Grenzfall, in dem das Lichtbündel hinter der Linse parallel wird (▶ 3 C).

Brennpunkt Auch wenn ein paralleles Lichtbündel wie das Licht von der Sonne auf eine Sammellinse trifft, macht es die Linse konvergent. Hinter der Linse gibt es einen Punkt, in dem das Lichtbündel gesammelt wird. In ihm trifft die gesamte **Energie des Lichts** zusammen, hier kann es sehr heiß werden. Deswegen nennt man diesen Punkt den **Brennpunkt** der Linse, sein Abstand zur Linse ist die **Brennweite** der Linse (▶ 4).

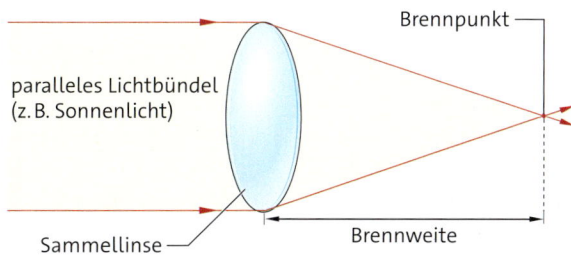

4 Bündelung eines parallelen Lichtbündels durch eine Sammellinse

Probiert es aus: Bündelt man das Licht der Sonne mit einer Sammellinse, so wird es in ihrem Brennpunkt so heiß, dass man Gegenstände entzünden kann. Nutzt Knete, Streichhölzer und eine Sammellinse. **Tipp:** Auch eine Lupe ist eine Sammellinse.
Achtung: Führt den Versuch nur unter Aufsicht durch. Nutzt eine feuerfeste Unterlage und löscht die brennenden Gegenstände sofort wieder.

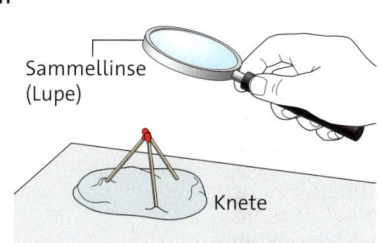

EXPERIMENT C

Brennweite verschiedener Sammellinsen
Material: Experimentierleuchte, verschieden starke Sammellinsen, weiße Pappe als Schirm, Meterstab, Tonnenfüße
Durchführung: Experimentiert mit unterschiedlich stark gekrümmten Sammellinsen. Sucht jeweils ihren Brennpunkt mit der Pappe, ohne diese so lange im Brennpunkt zu lassen, dass sie sich entzündet. Messt jeweils die Brennweite der Linse und protokolliert die Beobachtungen in einer Tabelle.
Auswertung: Formuliert die Ergebnisse in Je-desto-Sätzen und erklärt sie mithilfe von Zeichnungen. Falls die Linsen beschriftet sind, vergleicht eure Messwerte mit den Angaben auf den Linsen.

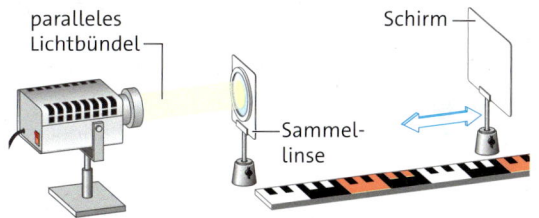

Wie stark eine Sammellinse ein Lichtbündel umformen kann, ist abhängig von ihrer Krümmung. Die Linse ist umso stärker, je stärker gekrümmt sie ist. Die Stärke einer Sammellinse wird durch ihre Brennweite angegeben. Starke Sammellinsen haben kleine Brennweiten.

> **!** Je stärker gekrümmt eine Sammellinse ist, desto kleiner ist ihre Brennweite.

❶ Beschreibe, was der Brennpunkt und die Brennweite einer Sammellinse sind.

❷ Erkläre, warum es im Brennpunkt einer Sammellinse heiß wird.

❸ Stelle dich in einigen Metern Abstand vor ein helles Fenster. Halte direkt hinter eine Sammellinse eine Pappe. Entferne sie langsam von der Linse, bis ein scharfes Bild vom Fenster und der Landschaft entsteht. Beschreibe das Bild.

Linsen erzeugen scharfe Bilder

1 Verschieden starke Linsen bilden das Fenster scharf ab

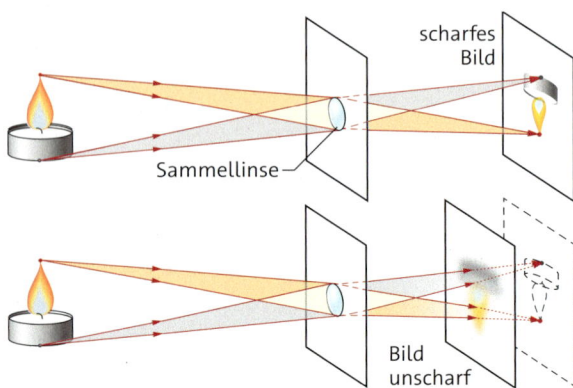

3 Bildentstehung bei der Sammellinse

Da man mit Sammellinsen aus divergenten Lichtbündeln konvergente machen kann, lassen sich mit ihrer Hilfe auch scharfe Bilder von Gegenständen erzeugen. Das nutzt man nicht nur bei der Lochkamera, sondern auch in vielen anderen Geräten wie Fotoapparat, Fernglas, Mikroskop, Projektor oder Kamera.

Bildentstehung bei der Sammellinse Die Entstehung eines Bilds mithilfe einer Linse kann man ähnlich wie bei der Lochkamera erklären. Jeder Punkt des Gegenstands sendet ein Lichtbündel aus. Während die Lochblende davon jeweils Lichtflecke abbildet, erzeugt die Sammellinse winzige Lichtpunkte (▶2). Denn sie macht aus jedem auftreffenden divergenten Lichtbündel ein konvergentes Lichtbündel, das in einem Punkt zusammenläuft, dem **Bildpunkt**.

Steht nun in der richtigen Entfernung von der Linse ein Schirm, so entsteht auf ihm Punkt für Punkt ein scharfes Bild des Gegenstands. Wie bei der Lochkamera steht auch hier das Bild auf dem Kopf und ist seitenverkehrt (▶3).

Doch anders als bei der Lochkamera entsteht ein scharfes Bild von einem Gegenstand nur in einem bestimmten Abstand von der Linse. Davor und dahinter ist es unscharf (▶3). Man hat nicht die Möglichkeit, den Schirm zu verschieben, um die Größe des scharfen Bilds zu beeinflussen.

> **EXPERIMENT A**
>
> **Wo entsteht ein scharfes Bild?**
> **Material:** Sammellinse, Kerze, weiße Pappe als Schirm, Tonnenfüße
> **Durchführung:** Bildet in einem abgedunkelten Raum eine Kerze mithilfe einer Linse auf einem Schirm ab. Um die Stelle zu finden, an welcher die Linse ein scharfes Bild erzeugt, müsst ihr den Schirm auf die Linse zu oder von ihr weg bewegen.
> Verändert nun mehrmals den Abstand zwischen der Kerze und der Linse und sucht jeweils erneut das scharfe Bild.
>
>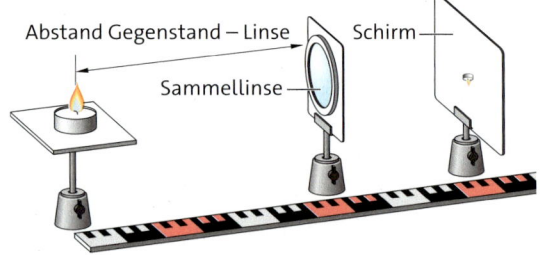
>
> **Auswertung:** Notiert in einer Tabelle, wie sich der Abstand des scharfen Bilds zur Linse und die Bildgröße jeweils ändern. Formuliert Je-desto-Sätze. Könnt ihr in jedem Fall ein scharfes Bild finden?

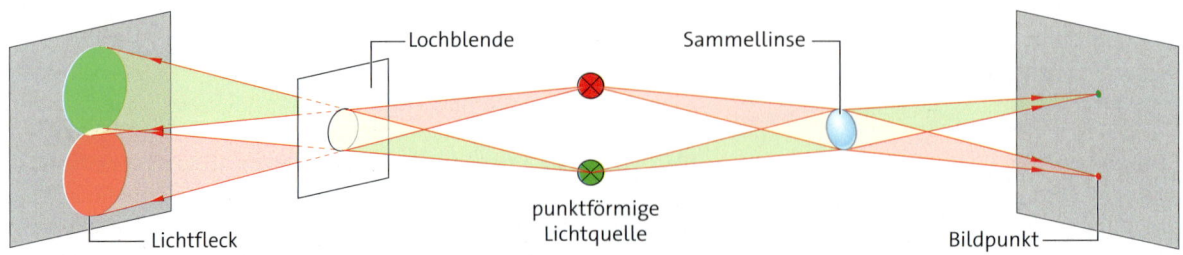

2 Abbildung von Punktlichtern bei einer Lochkamera und einer Sammellinse

Wie wir die Welt sehen und uns Bilder von ihr machen

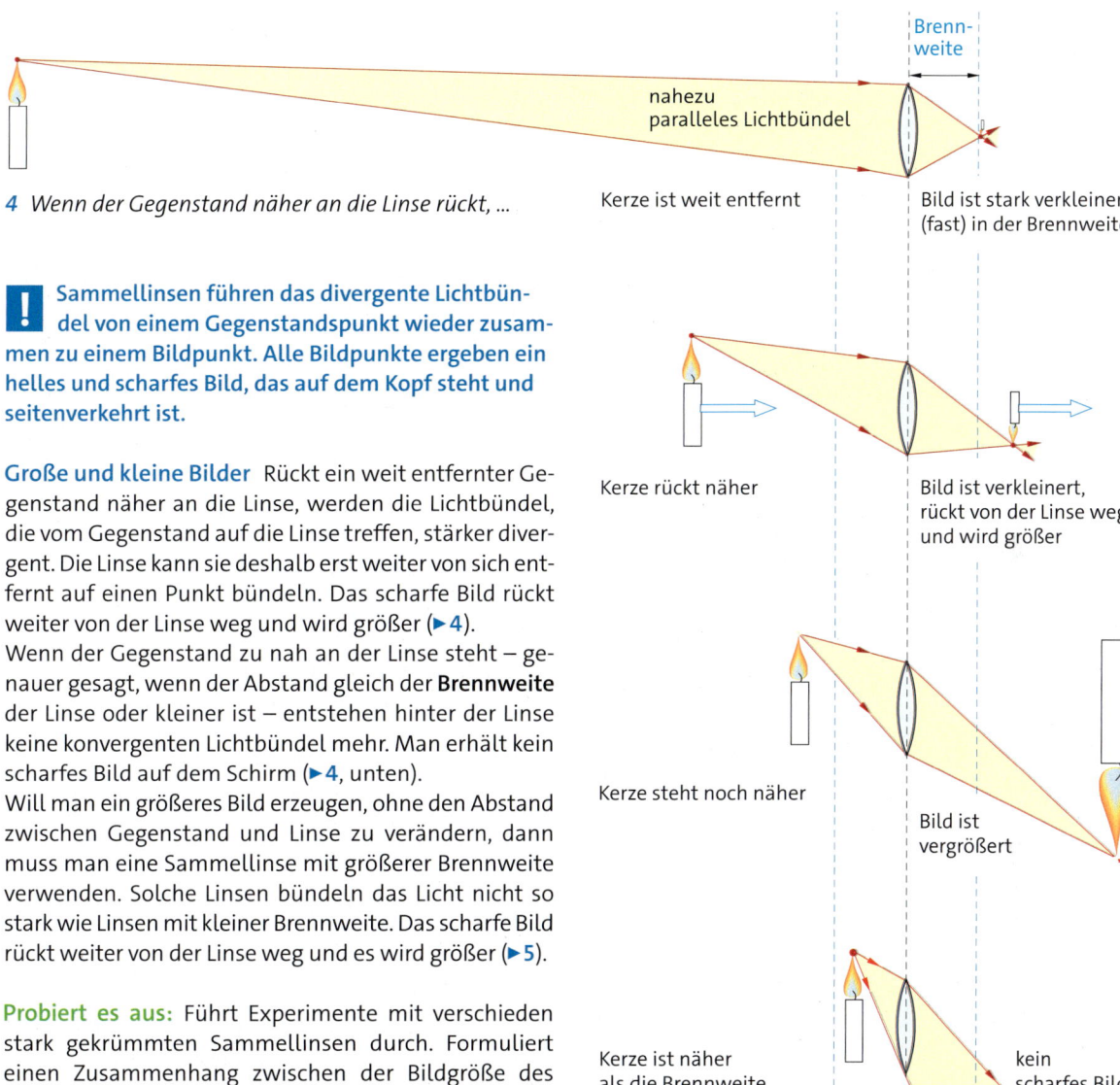

4 Wenn der Gegenstand näher an die Linse rückt, ...

> ❗ Sammellinsen führen das divergente Lichtbündel von einem Gegenstandspunkt wieder zusammen zu einem Bildpunkt. Alle Bildpunkte ergeben ein helles und scharfes Bild, das auf dem Kopf steht und seitenverkehrt ist.

Große und kleine Bilder Rückt ein weit entfernter Gegenstand näher an die Linse, werden die Lichtbündel, die vom Gegenstand auf die Linse treffen, stärker divergent. Die Linse kann sie deshalb erst weiter von sich entfernt auf einen Punkt bündeln. Das scharfe Bild rückt weiter von der Linse weg und wird größer (▶ 4).
Wenn der Gegenstand zu nah an der Linse steht – genauer gesagt, wenn der Abstand gleich der **Brennweite** der Linse oder kleiner ist – entstehen hinter der Linse keine konvergenten Lichtbündel mehr. Man erhält kein scharfes Bild auf dem Schirm (▶ 4, unten).
Will man ein größeres Bild erzeugen, ohne den Abstand zwischen Gegenstand und Linse zu verändern, dann muss man eine Sammellinse mit größerer Brennweite verwenden. Solche Linsen bündeln das Licht nicht so stark wie Linsen mit kleiner Brennweite. Das scharfe Bild rückt weiter von der Linse weg und es wird größer (▶ 5).

Probiert es aus: Führt Experimente mit verschieden stark gekrümmten Sammellinsen durch. Formuliert einen Zusammenhang zwischen der Bildgröße des scharfen Bilds und der Linsenkrümmung. Probiert auch Alltagsgegenstände aus, die als Sammellinsen wirken, wie Glasmurmeln, wassergefüllte bauchige Gläser oder Vasen.

5 Bildgröße bei verschiedenen Brennweiten

4 ... wird das Bild größer, bis es nicht mehr zu sehen ist.

❶ Die Sammellinsen in Bild 1 erzeugen Bilder an der Wand. Vergleiche die Bilder und gib an, welche Linse stärker gekrümmt ist. Begründe deine Antwort.

❷ **Knifflig:** Ebru sagt: „Kürzer als die Brennweite wird der Abstand zwischen scharfem Bild und Linse nie." Hat Ebru damit Recht? Begründe deine Antwort.

❸ Ergänze den folgenden Satz: Bei gleich weitem Abstand des Gegenstands von der Linse erzeugt eine Linse mit der kleineren Brennweite ein ... Bild.

Weißes Licht steckt voller Farben

Wenn es regnet und gleichzeitig die Sonne scheint, sieht man manchmal einen Regenbogen. Wo kommen die Regenbogenfarben her? Wassertropfen und Sonnenlicht sind doch farblos.

Kann man mit weißem Licht Farben erzeugen?
Bildet Gruppen und erforscht die Farben des Lichts. Schreibt jeweils Versuchsprotokolle und fertigt Zeichnungen an.

A Farben suchen
Material: gläserne Kugelvase oder bauchiges Weinglas, Wasser, geschliffener Glaskristall, weiße Pappe
Durchführung: Füllt die Kugelvase oder das Weinglas mit Wasser. Stellt das Gefäß auf eine von der Sonne beschienene Fensterbank. Lasst die Rollläden so weit herunter, dass das Sonnenlicht gerade noch ins Wasser fällt. Sucht die Farben, die erzeugt werden, auf dem Fußboden oder an der Wand. Fangt mit der weißen Pappe das farbige Licht im Raum auf und folgt dem Lichtverlauf.
Lasst nun den geschliffenen Glaskristall von der Sonne bestrahlen. Sucht erneut nach farbigem Licht.
Auswertung: Beschreibt eure Beobachtungen. Notiert die Reihenfolge, in der die Farben zu sehen sind.

B Regenbogen im Modell
Material: durchsichtige Glaskugel oder wassergefüllter Rundkolben, starke Taschenlampe, weiße Pappe mit Loch als Blende und Schirm
Durchführung: Dunkelt den Raum ab. Beleuchtet die Glaskugel mit der Taschenlampe durch das Loch der Pappe hindurch. Beobachtet den Schirm.
Auswertung: Beschreibt und zeichnet eure Beobachtung. Notiert die Farben, die ihr seht, beginnt mit der äußeren Farbe.
Lampe und Glaskugel stellen eine Vereinfachung in diesem Modell dar. Stellt Vermutungen an, welchen Objekten sie in der Wirklichkeit entsprechen.

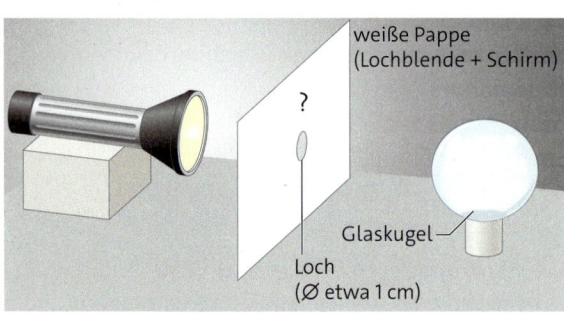

C Farben mit Wasser erzeugen
Material: Rechteckige durchsichtige Kunststoffbox, Wasser, Pappe, Schere, Gummiband, Tisch
Durchführung: Faltet aus der Pappe einen Deckel für die Box. Schneidet einen 1 cm breiten und 5 cm langen Schlitz in den Deckel. Füllt dann etwas Wasser in die Box und schließt sie mit dem Deckel und dem Gummiband. Neigt die Box schräg über die Tischkante, bis Sonnenlicht durch den Schlitz und das Wasser auf den Boden gelangt. Der Boden sollte im Schatten liegen.

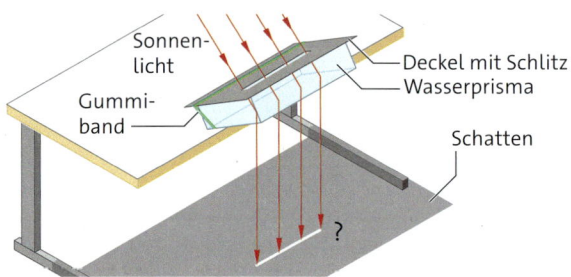

Auswertung: Beschreibt eure Beobachtungen und fertigt eine Zeichnung an.

D Farben mit dem Glasprisma erzeugen
Ein Prisma ist ein durchsichtiger Körper (z. B. aus Glas oder Kunststoff) mit einer dreieckigen Grundfläche. Mit ihm lassen sich farbige Lichterscheinungen erzeugen.
Material: Glasprisma, Taschenlampe oder Tageslichtprojektor jeweils mit Schlitzblende, weißer Schirm
Durchführung: Bildet mit dem Tageslichtprojektor oder der Taschenlampe einen Lichtstreifen scharf auf dem Schirm ab. Haltet nun das Prisma in den Lichtweg. Dreht es langsam und beobachtet dabei den Schirm.

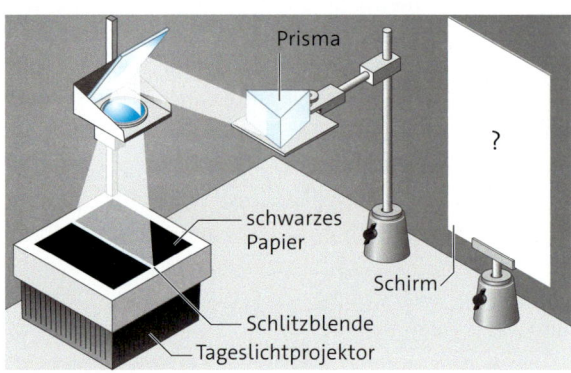

Auswertung: Beschreibt und zeichnet eure Beobachtungen. Fangt auf einem weißen Blatt Papier das farbige Licht hinter dem Prisma auf und bewegt das Blatt auf den Schirm zu. Beschreibt und deutet eure Beobachtung.

Licht kann zerlegt werden

Der englische Forscher Isaac Newton stellte schon um das Jahr 1670 beim Experimentieren mit Prismen fest: Weißes Licht ist aus farbigem Licht zusammengesetzt.

Die Farben im weißen Licht In den Versuchen war zu beobachten, dass Farben erscheinen können, wenn weißes Licht durch Wasser oder Glas fällt. Die Farben treten immer in der gleichen Reihenfolge auf, von Violett über Blau, Grün und Gelb bis zu Rot, man bezeichnet diese Farbabfolge als **Spektrum**. Die farbigen Lichter des Spektrums heißen **Spektralfarben** (▶ 2).
Sind die Farben tatsächlich im weißen Licht enthalten oder wird das Licht durch das Prisma gefärbt? Das können wir überprüfen, indem wir eine **Sammellinse** in den Lichtweg des Spektrums halten. Die farbigen Lichter werden durch die Sammellinse wieder zusammengeführt, man sieht einen weißen Lichtstreifen auf dem Schirm (▶ 1).

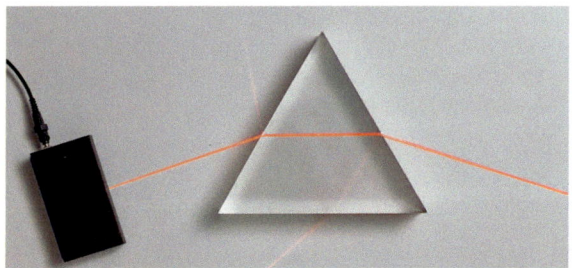

3 Verlauf einfarbigen Lichts durch ein Prisma

Auch weißes Licht wird auf diese Weise beim Eintritt ins Prisma und beim Austritt gebrochen. Allerdings werden die einzelnen Farbanteile unterschiedlich stark abgeknickt: der violette Lichtanteil stärker als der rote (▶ 4). So wird das einfallende weiße Lichtbündel auf dem Weg durch das Prisma gespreizt und die Spektralfarben werden sichtbar.

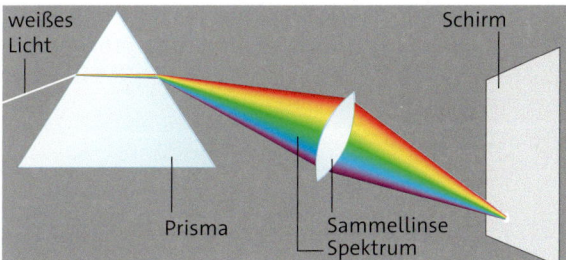

1 Zusammenführung der Spektralfarben durch eine Sammellinse

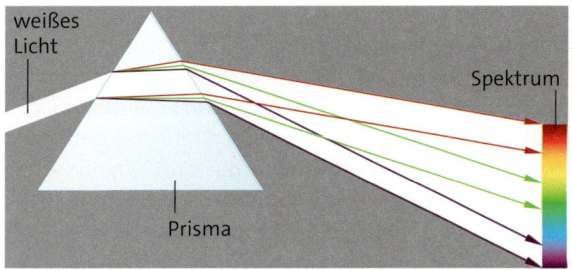

4 Licht verschiedener Spektralfarben wird unterschiedlich stark gebrochen.

! Weißes Licht ist aus den Spektralfarben zusammengesetzt. Das Zusammenführen der Spektralfarben ergibt weißes Licht.

! Durch die unterschiedlich starke Brechung der verschiedenen Farben kann weißes Licht in seine Spektralfarben zerlegt werden.

Dass ein Prisma das einfallende Licht nicht verfärbt, ist auch im Versuch zu sehen, der in Bild 3 dargestellt ist. Das einfarbige Laserlicht hat nach dem Durchgang durch das Prisma noch die gleiche Farbe wie zuvor.

Brechung des Lichts Wie können wir die Farbzerlegung von weißem Licht erklären? In Bild 3 trifft ein dünnes rotes Lichtbündel schräg auf ein Prisma. Es ist gut zu erkennen, dass das Lichtbündel beim Durchgang durch das Prisma jeweils an den Grenzflächen zwischen Luft und Glas zweimal gebrochen wird.

❶ Beschreibe, was man unter dem Spektrum des Sonnenlichts versteht.

❷ Bild 2 zeigt das gesamte Farbspektrum, das im Sonnenlicht enthalten ist. Findest du darin alle Farben, die du kennst? Nenne die Farben, die im Spektrum nicht enthalten sind.

❸ „Das Prisma färbt Sonnenlicht nicht ein." Stimmt die Aussage? Beschreibe einen Versuch, der deine Antwort bestätigt.

| Rot | Orange | Gelb | Grün | Türkis | Blau | Violett |

2 Das sichtbare Spektrum mit den Spektralfarben des Sonnenlichts

Farben sehen

1 Und welche ist deine Lieblingsfarbe?

Eine Welt ohne Farben wäre grau und trist. Doch warum sehen wir Dinge so schön farbig?

Farbige Gegenstände Beleuchtet man in einem dunklen Raum ein weißes und schwarzes Blatt Papier, dann erkennt man das weiße sehr gut, denn es wirft das Licht vollständig zurück. Das schwarze Blatt dagegen sieht man nur schwer, weil Schwarz das auftreffende Licht absorbiert. Nachdem wir nun wissen, dass im weißen Licht farbiges Licht steckt, können wir erklären, warum wir Gegenstände farbig sehen. Vom Sonnenlicht, das auf weißes Papier fällt, werden alle Spektralfarben gestreut. Die Zusammensetzung des Lichts ändert sich nicht. Wir sehen Weiß (▶2). Fällt Sonnenlicht auf eine reife Tomate, sehen wir Rot, weil ihre Oberfläche nur den roten Farbanteil streut, der Rest wird absorbiert.
Malen wir einen blauen Punkt auf Papier, dann wird von ihm aus nur der blaue Teil des Spektrums gestreut (▶3). Was passiert jedoch, wenn wir diesen Punkt mit gelbem Licht beleuchten? Wir sehen den Punkt dann schwarz. Es gelangt kein Licht von ihm aus ins Auge, denn das gelbe Licht wird von der blauen Oberfläche vollständig absorbiert (▶4).

Die Mischung machts Werden von einem farbigen Gegenstand verschiedene Spektralfarben gleichzeitig gestreut, dann können wir die Spektralfarben nicht einzeln sehen, wir sehen eine Lichtmischung. Die gestreuten Farben mischen sich zur Farbe des Gegenstands, die wir dann wahrnehmen.

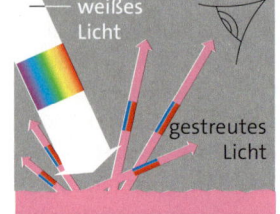

5 Rot und Blau werden gestreut: Wir sehen Rosa.

! Farbige Körper streuen zum Teil das auftreffende Licht und absorbieren den Rest. Der Farbeindruck entsteht durch die Mischung des gestreuten Lichts.

Probiert es aus: Baut Farbkreisel mit unterschiedlich farbigen Flächen. Dreht den Kreisel unter einer hellen Lampe, mal schnell und mal langsam. Notiert jeweils die sichtbaren Farben. Erklärt eure Beobachtungen.

Material für den Farbkreisel:
Bleistift oder Streichhölzer, farbige Stifte, dicke Pappe, weißes Papier, Zirkel, Schere und Doppelklebeband

❶ Der Blumenstrauß auf Seite 101 wurde mit weißem und gelbem Licht beleuchtet. Erkläre, warum unter gelbem Licht nicht alle Blütenfarben zu sehen sind.

❷ Verdunkelt den Raum. Beleuchtet verschiedenfarbige Pappen mit rotem, grünem, gelbem oder blauem Licht. Sagt voraus, welche Farbe jeweils zu sehen sein wird. Begründet eure Vermutung.

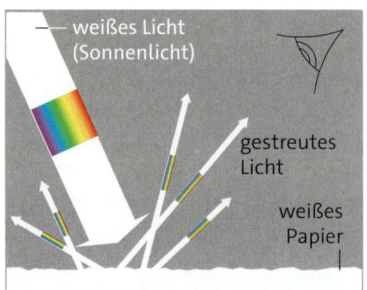

2 Alles Licht wird gestreut.

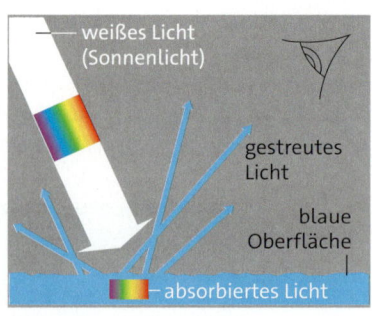

3 Blaues Licht wird gestreut.

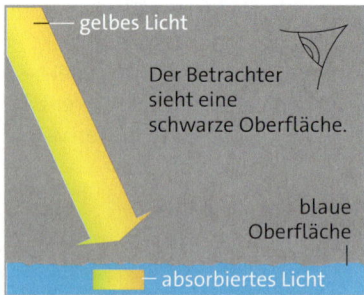

4 Alles Licht wird absorbiert.

Warum sehen wir den Regenbogen?

1 Regenbogen

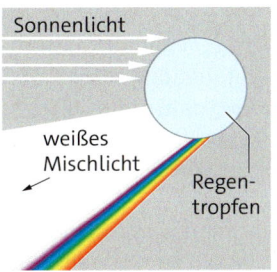 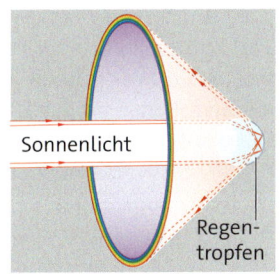

3 Austretendes farbiges Licht am Wassertropfen

Manchmal scheint die Sonne, obwohl es noch regnet. Steht die Sonne dabei tief und kehrst du ihr den Rücken zu, siehst du vielleicht einen Regenbogen. Diese farbige Lichterscheinung entsteht, wenn von einer weit entfernten Regenwand Sonnenlicht zurückgeworfen wird. Jeder Regentropfen zerlegt das weiße Sonnenlicht in die **Spektralfarben** wie ein Prisma:

An den Grenzflächen von Luft und Wasser wird das Licht beim Ein- und Austritt **gebrochen**. Da ein Teil des Lichts an der Rückwand des Tropfens wie bei einem Spiegel **reflektiert** wird, tritt das farbige Licht wieder vorne aus dem Tropfen aus.

Auf jeden Tropfen fällt ein Lichtbündel. Um zu verstehen, wie dieses Lichtbündel durch den Tropfen verläuft, betrachten wir zuerst nur einen Lichtstrahl, der auf die obere Hälfte des Tropfens fällt, und dann viele Lichtstrahlen (▶ 2). Die Wölbung des Tropfens bewirkt, dass ein großer Teil des Lichts in die gleiche Richtung abgelenkt wird, sodass am unteren Rand des Tropfens besonders viel farbiges Licht austritt.

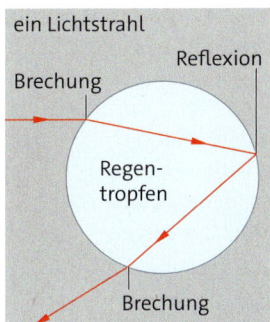 

2 Brechung und Reflexion im Regentropfen

Da Sonnenlicht nicht nur oben, sondern auf den gesamten Tropfen auftrifft, bilden die austretenden Strahlen einen Kegel mit farbigem Rand. Durch die unterschiedlich starke Brechung der Farbanteile erscheint er außen rot und nach innen gelb, grün, blau bis violett. In der Mitte des Farbkegels mischt sich das austretende Licht zu weißem Mischlicht (▶ 3).

Der Regenbogen am Horizont wird von unendlich vielen solcher Regentropfen gebildet. Von jedem Tropfen gelangt immer nur eine Farbe in das Auge des Betrachters. Von den oberen Tropfen rotes Licht, von den unteren violettes, von noch tieferen Tropfen weißes Mischlicht (▶ 4). Daher ist es innerhalb eines Regenbogens immer heller als außerhalb.

Jeder Beobachter sieht zum gleichen Zeitpunkt andere Tropfen farbig aufblitzen. Jeder sieht daher seinen „eigenen" Regenbogen.

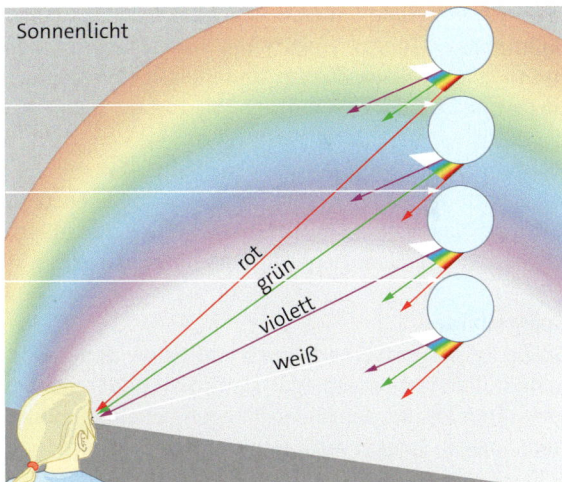

4 Von jedem Wassertropfen sehen wir nur eine Farbe.

❶ Beschreibe, unter welchen Bedingungen ein Regenbogen zu sehen ist.

❷ Wenn du mit einem Gartenschlauch Wasser versprühst, kannst du dir deinen eigenen Regenbogen machen. Kletterst du dazu auf eine Stehleiter (**Vorsicht!**), dann kann auch ein geschlossener Kreis zu sehen sein. Probiere es aus und dokumentiere es.

❸ Nenne den Unterschied zwischen dem Regenbogen, den du in der Natur siehst, und dem, den du im Experiment B auf Seite 116 erzeugt hast.

Zusammenfassung

Licht und Sehen
Von Lichtquellen breitet sich Licht geradlinig in alle Richtungen aus. Wir sehen eine Lichtquelle, wenn das von ihr ausgehende Licht in unser Auge fällt.
Die meisten Körper leuchten nicht selbst. Erst wenn sie beleuchtet werden und von ihrer Oberfläche gestreutes Licht in unser Auge gelangt, sehen wir sie.
Mithilfe von Lichtstrahlen beschreiben wir die geradlinige Lichtausbreitung. Einen unendlich dünnen Lichtstrahl gibt es nicht wirklich. Er ist ein Gedankenmodell, mit dem wir uns die Ausbreitung des Lichts vorstellen.

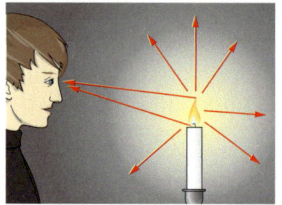 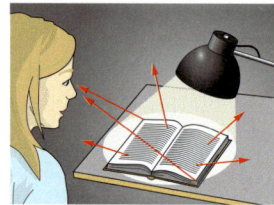

Licht trifft auf Oberflächen
Glatte, glänzende Oberflächen reflektieren Licht in nur eine Richtung. Raue, helle Oberflächen streuen es in alle Richtungen. Dagegen absorbieren dunkle Oberflächen das Licht fast vollständig. Lichtdurchlässige Gegenstände lassen das Licht zum größten Teil durch.

Licht und Schatten
Ein Schatten entsteht, wenn Licht auf einen Gegenstand trifft, der das Licht nicht oder nur teilweise durchlässt. Im Raum hinter dem Gegenstand fehlt dann Licht.

Spiegelbilder
Spiegelbilder entstehen durch Reflexion des Lichts. Schaut man in einen Spiegel, sieht man Bilder der Gegenstände, die vor dem Spiegel liegen, scheinbar hinter dem Spiegel. Spiegel vertauschen vorne und hinten.

Bildentstehung bei Lochblenden
Von jedem Punkt des Gegenstands fällt ein Lichtbündel durch das Loch der Blende und erzeugt einen Lichtfleck auf dem Schirm. Die Lichtflecke aller Punkte überlagern sich zu einem auf dem Kopf stehenden, seitenverkehrten Bild. Je kleiner die Lochblende, desto schärfer, aber auch dunkler das Bild.

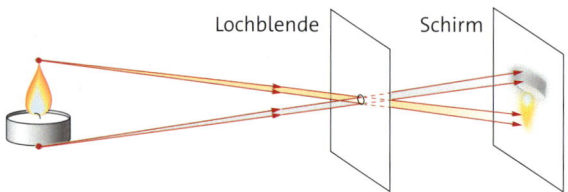

Formen von Lichtbündeln
Man unterscheidet drei Formen von Lichtbündeln: Divergent sind Lichtbündel, die auseinanderlaufen, dagegen laufen konvergente Lichtbündel zusammen. Parallele Lichtbündel sind weder divergent, noch konvergent.

Sammellinsen
Sammellinsen können divergente und parallele Lichtbündel durch Lichtbrechung konvergent machen. Die Stärke einer Sammellinse wird durch ihre Brennweite bestimmt.

Bildentstehung bei Sammellinsen
Mit einer Sammellinse im Loch einer Lochkamera bekommt man scharfe und helle Bilder. Die Sammellinse lässt das Lichtbündel von einem Gegenstandspunkt in einem Bildpunkt zusammenlaufen. Aus vielen Bildpunkten entsteht ein auf dem Kopf stehendes, seitenverkehrtes Bild. Es ist allerdings nur in einem ganz bestimmten Abstand hinter der Linse scharf. Dieser hängt von der Entfernung des Gegenstands und von der Brennweite der Linse ab.

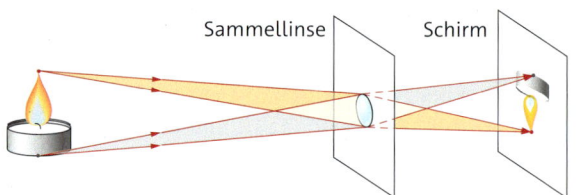

Ein weit entfernter Gegenstand wird verkleinert nahe der Brennweite der Linse abgebildet. Rückt der Gegenstand näher an die Sammellinse heran, entsteht sein Bild weiter von der Linse entfernt und es wird größer.

Lichtzerlegung
Weißes Licht wie das Sonnenlicht setzt sich aus farbigem Licht zusammen. Trifft es schräg auf ein Prisma, wird es jeweils an den Grenzen von Glas und Luft gebrochen. Die einzelnen Farbanteile brechen unterschiedlich stark. Das Licht wird in seine Spektralfarben zerlegt, ein farbiges Lichtband erscheint, das Spektrum.

Farben von Gegenständen
Die Farbigkeit eines Gegenstands entsteht, weil ein Teil der Farben des auftreffenden Lichts von der Oberfläche absorbiert wird. Die gestreuten Farben mischen sich zur Farbe des Gegenstands, die wir wahrnehmen.

Alles klar?

1. Sonne und Mond beleuchten die Erde. Erläutere, worin der Unterschied besteht.

2. Im Bild (▶ S. 100) hat sich die Sonne versteckt. Erkläre, aufgrund welcher Eigenschaft des Lichts du ihre Position mithilfe eines Lineals ermitteln kannst.

3. Kann Yannick alle seine Freunde im Spiegel sehen? Übertrage die Zeichnung in dein Heft und finde zeichnerisch heraus, wen Yannick im Spiegel sieht.

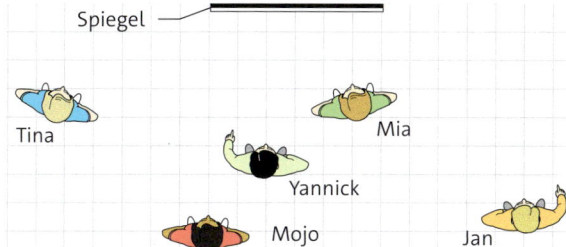

4. Ben ist 1,50 m groß. Ein Spiegel soll so an der Wand hängen, dass er sich darin vollständig sehen kann. Er fragt: „Wie groß muss der Spiegel sein? Wie hoch muss er hängen?" Antworte Ben mithilfe einer maßstäblichen Zeichnung. Prüfe, ob es eine Rolle spielt, in welchem Abstand Ben vor dem Spiegel steht.

5. Übertrage die Lochkamera groß in dein Heft, einmal mit kleiner und einmal mit großer Lochblende. Zeichne die Lichtbündel der Lichter farbig ein. Beschreibe und vergleiche die Bilder.

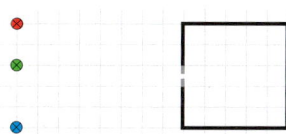

6. Die weiße Kiste im Bild rechts wird von oben beleuchtet. Erkläre die Lichtphänomene, die zu sehen sind.

7. Beschreibe die Form von Sammellinsen. Gib an, wie sich die Brennweite mit der Krümmung einer Sammellinse ändert.

8. Um einen Gegenstand kleiner abzubilden, ändert man seinen Abstand zur Linse oder die Brennweite der Linse. Beschreibe jeweils das Vorgehen.

9. Die Brennweite der Sammellinse ist nicht bekannt. Beschreibe ein Experiment, mit dem du sie bestimmen kannst.

10. Beschreibe, wie man zeigen kann, dass weißes Licht aus farbigem Licht besteht.

11. Ohne Licht gibt es keinen Schatten und keine Farbe. Erkläre diese Aussage.

12. Nenne die Farben des Spektrums in der richtigen Reihenfolge. Beginne mit der Farbe, die am stärksten gebrochen wird.

13. Ein weißes Hemd sieht weiß aus, weil
    – es schwarzes Licht absorbiert.
    – es keine Spektralfarben absorbiert.
    – es alle Spektralfarben streut.
    Schreibe die richtige/n Aussage/n in dein Heft.

Das Fernrohr

Fernrohre bestehen im Prinzip aus zwei Sammellinsen: Das Objektiv ist dem Objekt zugewandt, das Okular dem Auge. Von einem weit entfernten Gegenstand erzeugt die Objektivlinse ein umgekehrtes, stark verkleinertes Bild im Abstand der Brennweite des Objektivs. Das Bild wird durch eine Lupe, das Okular, betrachtet. Man sieht es dann vergrößert.

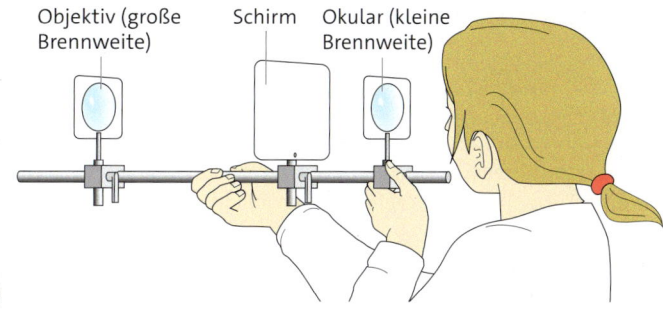

Baue aus unterschiedlich starken Sammellinsen, Stativmaterial und einem Schirm (halbtransparent) ein Fernrohr wie im Bild rechts. Experimentiere mit den Linsen, bis du ein scharfes Bild siehst. Nimm dann den Schirm weg und beschreibe, was du siehst.
Miss die Länge des Fernrohrs und vergleiche sie mit den Brennweiten der Linsen. Fällt dir etwas auf? Optimiere dein Fernrohr: Finde eine Möglichkeit, ein aufrecht stehendes Bild zu erhalten.

Gefahrstoffe

Überall auf der Welt werden Gefahrstoffe mit den gleichen Symbolen gekennzeichnet. Meist findest du neben dem Gefahrensymbol auch ein Signalwort: „Achtung" oder „Gefahr". Das Wort „Gefahr" steht für Stoffe, die besonders gefährlich sind, z. B. hochexplosiv oder hochentzündlich.

Gefahrensymbol	Mit dem Gefahrensymbolen gekennzeichnete Stoffe und Gemische	Signalwort
	– können sich selbst zersetzen – können explodieren	Gefahr oder Achtung
	– sind entzündlich und brennbar – können sich selbst erhitzen – entwickeln bei Berührung mit Wasser entzündbare Gase	Gefahr oder Achtung
	– haben eine brandfördernde Wirkung	Gefahr oder Achtung
	– stehen unter Druck (Gasflaschen) und können beim Erhitzen explodieren – können bei Berührung Kälteverletzungen verursachen (tiefkalte, verflüssigte Gase)	Achtung
	– verursachen schwere Verätzungen der Haut – verursachen schwere Augenschäden – greifen Metalle an	Gefahr oder Achtung
	– sind giftig, bereits in geringen Mengen lebensgefährlich	Gefahr
	– sind gesundheitsschädlich – verursachen Reizungen der Haut und/oder Augen und/oder der Atemwege – verursachen Schläfrigkeit und Benommenheit	Achtung
	– können bei Verschlucken und Eindringen in die Atemwege tödlich sein – können Körperorgane schädigen und Krebs erzeugen – können beim Einatmen Atembeschwerden verursachen	Gefahr oder Achtung
	– sind giftig, vor allem für die Umwelt und für Wasserorganismen	Achtung

Jede Chemikalie ist mit einem Sicherheitsdatenblatt ausgestattet. Es enthält Informationen zu den Gefahren und zum sicheren Umgang sowie Hinweise, was in einem Notfall zu tun ist.

Alkohol:  Gefahr
Flüssigkeit und Dampf leicht entzündbar. Von Hitze, heißen Oberflächen, Funken, offenen Flammen sowie anderen Zündquellenarten fernhalten. Nicht rauchen.

Kalkwasser: Gefahr
Verursacht Hautreizungen, schwere Augenschädigungen, kann die Atemwege reizen. Schutzhandschuhe, Schutzbrille, Schutzkleidung tragen. Bei Haut- oder Augenkontakt mit viel Wasser spülen. Arzt aufsuchen.

Folgende Symbole weisen dich darauf hin, welche Sicherheitsmaßnahmen du einhalten musst, wenn du mit Gefahrstoffen arbeitest:

 Schutzbrille tragen   Schutzhandschuhe tragen

Beachte beim Umgang mit Chemikalien:
1 Öffne ein Chemikaliengefäß nur zur Entnahme und verschließe es sofort wieder.
2 Entnimm nur kleine Mengen, nutze saubere Löffel und Pipetten. Berühre Chemikalien nicht mit den Fingern.
3 Entnommene Chemikalien dürfen nicht mehr in das Vorratsgefäß zurückgegeben werden.
4 Gib Chemikalienreste nach Anweisung der Lehrkraft in entsprechend beschriftete Sammelbehälter.

Sicherheitseinrichtungen

Die erste Maßnahme bei einem Unfall ist:

Informiere sofort die Lehrkraft. Bleibe ruhig und berichte genau, was passiert ist.

Not-AUS-Schalter
Drücke bei starkem Gasgeruch den Not-AUS-Schalter. Er sperrt sofort die Gaszufuhr, meist auch die Stromzufuhr.

Augendusche
Bekommst du ätzende Stoffe ins Auge, kannst du sie mit der Augendusche herausspülen. Halte deine offenen Augen in den Wasserstrahl. Halte sie dabei mit den Fingern auf.

Notfalltelefon
Auf dem Notfalltelefon sind wichtige Telefonnummern notiert. Nutze es nur im Notfall, um den Rettungsdienst, die Feuerwehr, die Giftzentrale oder das Sekretariat anzurufen.

Erste-Hilfe-Kasten
Im Erste-Hilfe-Kasten findest du Pflaster, Wundauflagen und Verbände für die Erstversorgung von Verletzungen.

Fluchtwege
Präge dir die Fluchtwege deiner Schule gut ein, so kannst du sie auch im Dunkeln finden, falls der Strom ausfällt. Halte die Fluchtwege immer frei.

Laborgeräte

Das kegelförmige Gefäß, das im Buch als Glaskolben bezeichnet wird, nennen Chemiker auch Erlenmeyerkolben. Der Chemiker Emil Erlenmeyer entwickelte es um 1860 zum Schütteln von Flüssigkeiten.

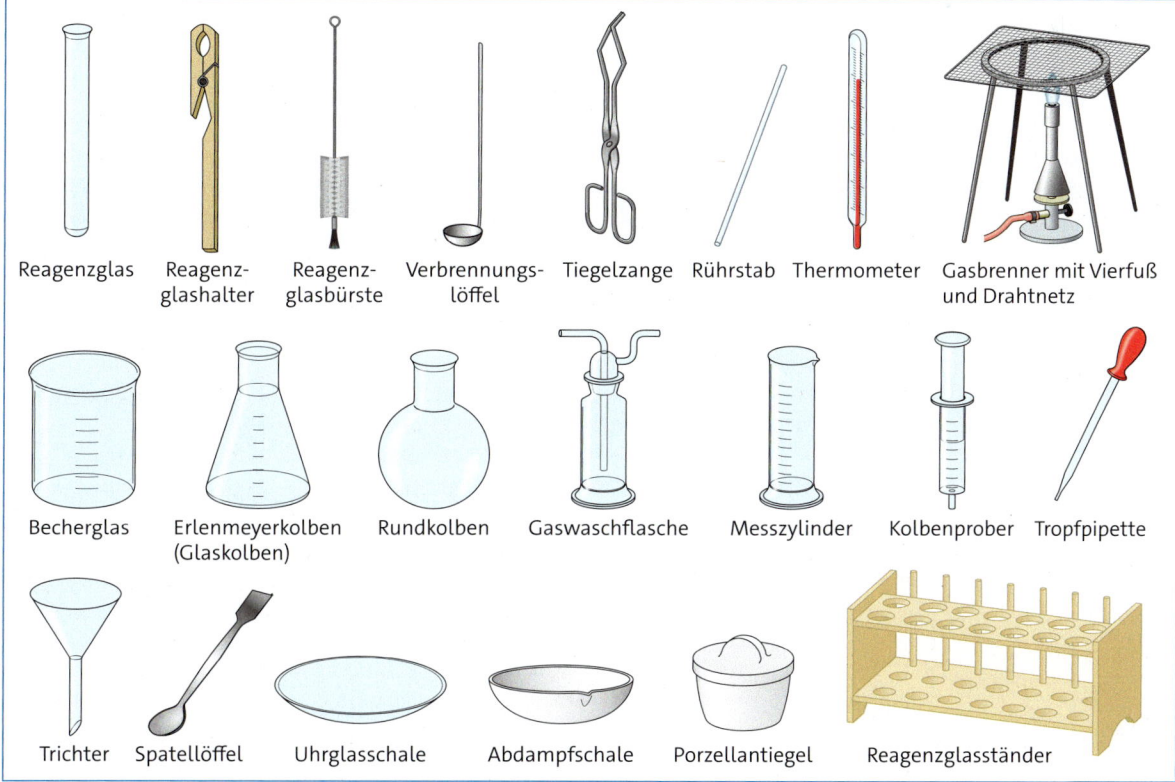

Stoffeigenschaften und physikalische Größen

Dichte (in Gramm pro Kubikzentimeter) bei 20 °C (falls nicht anders angegeben)

Stoff	Dichte (g pro cm³)
Wasser	1,0
Wasser (bei 100 °C)	0,96
Salzwasser (gesättigt)	1,2
Luft	0,0013
Eis (bei 0 °C)	0,917
Kunststoff (PE)	0,91
Kunststoff (PET)	1,37

Schmelz- und Siedetemperaturen (in Grad Celsius)

Stoff	Schmelztemperatur (°C)	Siedetemperatur (°C)
Sauerstoff	−219	−183
Wasser	0	100
Salzwasser (gesättigt)	−21	108
Gold	1064	2856
Blei	327	1740
Zucker	186	Zucker zersetzt sich nach dem Schmelzen – keine Siedetemperatur

Schallgeschwindigkeiten (in Metern pro Sekunde) in Stoffen bei 20 °C (falls nicht anders angegeben)

Fester Stoff	Schallgeschwindigkeit (m pro s)
Diamant	18 000
Eisen	4910
Kupfer	3570
Ziegelmauerwerk	3600
Buchenholz	3300
Eis (bei −4 °C)	3250
Hartgummi	1500
Gummi	150

Flüssiger und gasförmiger Stoff	Schallgeschwindigkeit (m pro s)
Wasser (bei 4 °C)	1400
Wasser	1484
Quecksilber	1430
Luft (bei 0 °C)	331
Luft (bei 10 °C)	337
Luft	343
Luft (bei 30 °C)	349
Sauerstoff	316

Physikalische Größen und ihre Einheiten

Größe	Formelzeichen	Einheit		weitere Einheiten		Beziehung
Temperatur	T	Grad Celsius	°C			
Länge	l, s	Meter	m	Zentimeter	cm	1 m = 100 cm
Masse	m	Kilogramm	kg	Gramm	g	1 kg = 1000 g
Volumen	V	Kubikmeter	m³ (1m · 1m · 1m)	Kubikzentimeter	cm³ (1cm · 1cm · 1cm)	1 m³ = 1 000 000 cm³
		Liter	l	Milliliter	ml	1 m³ = 1000 l 1 l = 1000 ml 1 ml = 1 cm³
Dichte	ϱ (Rho)	Kilogramm pro Kubikmeter	kg pro m³	Gramm pro Kubikzentimeter	g pro cm³	1 g pro cm³ = 1000 kg pro m³
Zeit	t	Sekunde	s	Minute	min	1 min = 60 s
				Stunde	h	1 h = 60 min
Geschwindigkeit	v	Kilometer pro Stunde	km pro h	Meter pro Sekunde	m pro s	
Luftdruck	p	Pascal	Pa	Hektopascal	hPa	1 hPa = 100 Pa

Lösungen der Knifflig-Aufgaben

Natur erleben, beobachten und erforschen

▶ **S. 35, Ein Diagramm widerspricht:** Abweichungen: Bei Windstärke 3 trocknete die Straße unterschiedlich schnell. Bei unterschiedlichen Windstärken (2 und 3) trocknete die Straße gleich schnell. Weitere Faktoren sind z. B. die Temperatur, die Bewölkung (Sonneneinstrahlung), die Fähigkeit der Luft Wasserdampf aufzunehmen (Luftfeuchtigkeit). Diese Faktoren müssen zur Untersuchung des Zusammenhangs von Windstärke und Trocknungsdauer gleich gehalten werden.

Wasser – kostbares Nass und wichtiges Lösemittel

▶ **S. 45, Aufgabe 3:** Der Würfelzucker ist aus vielen kleinen Kristallen aufgebaut. Deren gesamte Oberfläche ist größer als die des großen Kandiskristalls. Das Wasser gelangt in die Lücken zwischen die Würfelzuckerkristalle. Dann ist jeder Kristall von Wasserteilchen umgeben. Diese haben somit eine größere Angriffsfläche als beim Kandis. (Prinzip der Oberflächenvergrößerung)

▶ **S. 53, Aufgabe 14:** Vorgehen: 1. Sieben: Reis bleibt im Sieb zurück. 2. Absetzenlassen: Sand setzt sich in Wasser ab, das Salz löst sich im Wasser. 3. Filtern der abgegossenen Flüssigkeit: Der restliche Sand bleibt im Filter zurück. 4. Eindampfen des Filtrats: Salz bleibt zurück.

Die Welt ist voller Stoffe – Stoffe und ihre Eigenschaften

▶ **S. 58, Aufgabe 4: A:** Festkörper behalten ihre Form, da ihre Teilchen durch den starken Zusammenhalt auf ihren Plätzen bleiben. Flüssigkeiten und Gase verformen sich, da deren Teilchen keine festen Plätze haben und sich frei bewegen. Während die Teilchen eines Gases sich im ganzen Raum verteilen, haben die Teilchen einer Flüssigkeit noch einen so starken Zusammenhalt, dass sie beisammenbleiben. **B:** Flüssigkeiten kann man leichter zerteilen als Festkörper, da im flüssigen Aggregatzustand die Teilchen einen geringeren Zusammenhalt haben als im festen Aggregatzustand.

▶ **S. 61, Aufgabe 2:** Durch Destillation wird ein Alkohol-Wasser-Gemisch getrennt. Da die Siedetemperatur des Alkohols (78 °C) niedriger ist als die des Wassers (100 °C), verdampft Alkohol beim Erhitzen zuerst. Mithilfe eines Thermometers hält man die Temperatur des Gemischs etwas über der Siedetemperatur von Alkohol.

Lebensgrundlage Energie – ohne sie läuft nichts

▶ **S. 80, Aufgabe 3:** Wird Holz entzündet, entstehen Licht und Wärme. Im Holz ist chemische Energie gespeichert, die beim Verbrennen in thermische Energie und Strahlungsenergie umgewandelt wird.

Luft und Schall – nicht sichtbar und doch immer da

▶ **S. 92, Aufgabe 3:** Im Inneren des fahrenden Heißluftballons ist die Luft wärmer und somit ist ihre Dichte geringer als außerhalb des Ballons. Denn die Bewegung der Teilchen wird durch Erwärmen schneller, ihr Abstand zueinander nimmt zu, sie brauchen mehr Platz. Im gleichen Volumen sind in warmer Luft weniger Teilchen vorhanden als in kalter Luft.

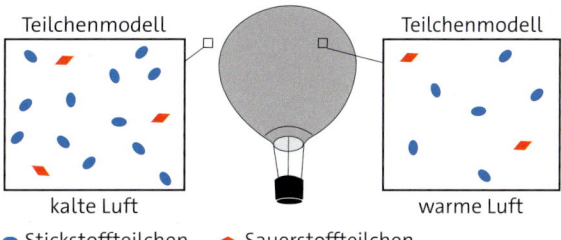

▶ **S. 99, Aufgabe 15:** Durch das Eisengeländer kommt der Schall zuerst an deinem Ohr an, da die Schallgeschwindigkeit in Eisen höher ist als in Luft (▶ S. 124, Schallgeschwindigkeiten). Die unterschiedlich schnelle Schallleitung hat mit dem Aufbau der Stoffe zu tun. Im Gegensatz zur Luft haben die Eisenteilchen kleinere Abstände. Die durch den Aufschlag in Schwingung versetzten Eisenteilchen können ihre Schwingung daher schneller auf die benachbarten Teilchen übertragen.

Wie wir die Welt sehen und uns Bilder von ihr machen

▶ **S. 107, Aufgabe 3:** Betrachtet man die Erde von Weitem, erkennt man Folgendes: Während Menschen auf der einen Halbkugel aufrecht stehen, stehen Menschen auf der anderen Halbkugel quasi auf dem Kopf. Daher muss die Merkhilfe, die für die Nordhalbkugel gilt, für die Südhalbkugel auch auf den Kopf gedreht werden. Sieht ein Beobachter auf der Nordhalbkugel den abnehmenden Mond, dann sieht ihn ein Beobachter auf der Südhalbkugel als zunehmenden Mond und umgekehrt.

▶ **S. 115, Aufgabe 2:** Eine Sammellinse bündelt paralleles Licht im Brennpunkt. Der Abstand vom Brennpunkt zur Linse ist die Brennweite. Von einer sehr weit entfernten Lichtquelle – wie der Sonne – treffen parallele Lichtbündel auf die Linse, ihr Bild wird daher im Brennpunkt scharf abgebildet. Je näher eine Lichtquelle rückt, desto weiter rückt ihr scharfes Bild hinter den Brennpunkt, aber nie vor den Brennpunkt. Daher ist der Abstand zwischen Linse und dem scharfen Bild auf dem Schirm niemals kleiner als die Brennweite. Ebru hat also Recht.

Register

Bedeutung:
f. = die folgende Seite
ff. = die folgenden Seiten

A

Abfall 68f., 70, 71
Absetzenlassen 30, 47
Absiebung 30
Absorption 104, 118
Abwasser 11, 49, 50, 51
Abwasserreinigung 50
Aggregatzustand 58ff., 66
Alkohol 18, 43, 122
Amöbe 33
Argon 90
Atmosphäre 86, 89, 93, 95
Atmung 82, 90
Aufschlämmung 30
Augentierchen 33
Auswertung 8, 9, 40, 41

B

Balkenwaage 63
Barometer 16, 23, 89
Belebungsbecken 50
Beobachten 9, 16, 26
Beobachtungsprotokoll 17
Bergwind 25
Bestimmen der Bodenart 29, 30
Bestimmen von Pflanzen 27
Bestimmungsbuch 27
Bewegungsenergie 76ff.
Bildentstehung
 — Lochkamera 111
 — Sammellinse 114
Bioabfall 50, 68, 71
Biologie 8
Boden 28ff., 49
Bodenart 28, 29
Bodenfruchtbarkeit 31
Bodenlebewesen 30, 31, 71
Bodenporen 28, 30, 31
Bodensatz 39, 47, 50
Bodenverdichtung 30
Bodenversickerung 28
Bodenzusammensetzung 28, 30
Brennpunkt 113
Brennstoff 82, 83
Brennweite 113, 115
Brennwert 80, 83

C

Chemie 9
Chemikalien 11, 50, 122
chemische Energie 80, 82

D

Destillat 47
Destillation 47, 61
destilliertes Wasser 46, 47, 48
Diagramm 21, 41, 62, 70, 79, 80
 — Energieflussdiagramm 77
 — Liniendiagramm 62
 — Punktdiagramm 21
 — Säulendiagramm 21
Dichte 64ff., 88, 89, 92, 124
Dichtebestimmung 64

E

Echo 96, 97
Echoortung 97
Eindampfen 47, 61
Eis 58, 66f.
Eiweiß 80f., 83
elektrische Energie 76f., 79f.
Elektromotor 76f.
Elektronikschrott 69
Emulsion 43
Energie 50, 74ff., 90, 93, 113
Energiebedarf 83
Energieflussdiagramm 77, 79f.
Energieformen 77
Energiequelle 76, 77, 79
Energiesparen 93
Energieumwandlung 77ff., 82
Energiewandler 77ff., 80
Entsorgung 10f.
Erdachse 106
Erde 37, 49, 106
Ergänzungsstoffe 83
Erstarren 58, 59
Experiment 9
 — Durchführung 10ff., 40

F

Farbe 76, 117, 118
Farbkreisel 118
Faulturm 50
Feinstaub 90, 93
Fernglas 121
Fett 80, 81, 83
Fettfleckprobe 81

Filter 47, 48
Filtrieren 47, 48, 49
Fingerprobe 29
Fischsterben 44
Flüssigkeitsthermometer 18, 92
Fotosynthese 80, 90

G

Gas 42, 44, 50, 57, 58, 59, 61, 63, 82, 89, 91
Gasaustausch 82
Gasbrenner 13
Gasgemisch 90f.
Gefahrensymbole 11, 122
Gefahrstoffe 11, 51, 57, 122
 — Alkohol 18, 43, 122
 — Iod-Kaliumiodid-Lösung 81
 — Kalkwasser 42, 82, 91, 122
Gehörschutz 97
gelbe Tonne 68
Generator 76, 79
Geruchsprobe 11, 56
Glimmspanprobe 90, 91
Glockentierchen 33
Grundumsatz 83
Grundwasser 22, 37, 49, 51

H

Halbmond 107
Heißluftballon 92
Herbarium 26, 27
Heuaufguss 33
Heutierchen 33
Hochdruckgebiet 23, 24, 25
Höhenenergie 78f.
Humus 30f., 68, 71
Hypothese 8, 40

I

Iod-Kaliumiodid-Lösung 81
Iodprobe 81

J

Jahreszeiten 106

K

Kalkwasser 42, 82, 91, 122
Kalkwasserprobe 42, 90f., 93
Kaltfront 25
Kanalisation 49

Kerze 58
Kerzenwachs 58, 60, 61
Kilojoule 80, 83
Kläranlage 49, 50, 51
Kohlenhydrate 80, 81, 83
Kohlenstoffdioxid 42, 45, 80, 82, 90, 91, 93
Kondensation 20, 22, 58, 59
Körper 54, 55, 57, 63, 64, 65
Kreislauf
 — Kohlenstoffdioxid und Sauerstoff 90
 — Stoffkreislauf der Natur 71
 — Wasserkreislauf 22
 — Wertstoffkreislauf 69

L

Laborgeräte 12, 123
Lageenergie 78
Landwind 24
Länge 19, 124
Lärm 97
Lärmschutz 97
Laubaufguss 33
Lautstärke 94, 95, 97
Lehmboden 28, 30
Leistungsumsatz 83
Licht 102ff.
Lichtausbreitung 103
Lichtbrechung 112, 119
Lichtbündel 103ff.
 — divergent 112, 113, 115
 — konvergent 112, 113, 115
 — parallel 112, 113, 115
Lichtbündelformen 112
Lichtempfänger 103
Lichtfleck 111f., 114
Lichtpunkt 111, 114
Lichtquelle 103, 106
Lichtstrahl 103, 105, 119
Lichtzerlegung 116, 117
Limonade 38, 42
Liniendiagramm 62
Lochblende 102f., 110ff., 114
Lochkamera 110ff., 114
Lösemittel 39ff.
Löslichkeit 39ff., 56, 62
Lösung 39, 42, 43, 46, 47, 48
 — gesättigte 39, 42
Luft 88ff.
Luftbestandteile 90
Luftdichte 89

Luftdruck 16, 23 f., 89, 95, 124
Luftschadstoffe 90, 93
Lufttemperatur 16, 18, 19
Lunge 82, 90, 93

M
magnetisch 56, 57
Masse 19, 63, 64, 89, 124
Meerwasserentsalzungsanlage 48
Messbereich 18
Messen 9, 19
Messgerät 12, 16, 18 f., 23, 63
Messzylinder 12, 19, 63, 123
Metalle 57, 68, 69
Mikroorganismen 33, 50
Mikroskop 32
Mikroskopieren 9, 32, 33
Mineralöle 51
Mineralstoffe 46, 48, 71, 83
Modell 22
 – Lichtstrahl 103
 – Mondphasen 107
 – Regenbogen 116
 – Schallausbreitung 95, 99
 – Teilchenmodell 43, 45, 59
 – Wasserkreislauf 22
 – Windentstehung 24
Mond 18, 106, 107
Mondphasen 107
Mühle 78 f.
Müll 68 f., 70, 71
Müllsortieranlage 68
Mülltrennung 68 f.
Müllvermeidung 70

N
Nachklärbecken 50
Nachweisverfahren 42
 – Eiweiß 81
 – Fett 81
 – Kohlenstoffdioxid 42, 91
 – Sauerstoff 91
 – Stärke 81
Nährstoffe 31, 80, 81, 82, 83
Naturbeobachtung 14 ff.
Naturschutz 26, 51
Naturwissenschaft 8, 9
Nebel 20
Neumond 107

Niederschlag 16, 17, 20, 22
 – Hagel 20
 – Regen 20
 – Schnee 20

O
Oberflächenwasser 49
Objektiv 32, 121
Objektträger 32, 33
Okular 32, 121
Ordnen 9, 27, 29, 70

P
Pantoffeltierchen 33
Periskop 109
Pflanzenbestimmung 27
Physik 8
Plakat 70
Präparat 32, 33
Präsentation 26, 70
Prisma 116, 117
Protokoll 9
 – Beobachtungsprotokoll 17
 – Versuchsprotokoll 41, 92
Pulsmessung 82

Q
Quellwasser 49

R
Rechen 50
Recycling 68, 69, 71
Reflektieren
 – Licht 104, 108
 – Schall 96
Reflexion 96, 104, 108, 119
Regenbogen 116, 119
Regenmesser 16
Regenwurm 30 f., 71
Regenwurmglas 31
Reinstoff 46, 47, 57, 61
Restmüll 68
Rotor 79
Rückspiegel 109
Rundfilter 47

S
Salzwasser 37, 46, 48, 49
Sammellinse 112 ff., 117
Sammeln 9, 27
Sandboden 28
Sandfang 50

Sauerstoff 42, 44, 82, 90, 91
Säureprobe 81
Schall 94 ff.
Schallausbreitung 95 f., 99
Schallempfänger 95
Schallentstehung 95
Schallgeschwindigkeit 96, 124
Schallleiter 96
Schallquelle 95, 97
Schallübertragung 95
Schatten 105, 106, 107
Schattenbild 105, 111
Schattenraum 105
Schluff 30
Schmelzen 58, 59
Schmelztemperatur 58 ff., 124
Schwimm-Sink-Anlage 68 f.
Schwimmen 65
Schwingung 95, 96
Seewind 24
Sicherheit im Straßenverkehr 104, 109
Sicherheitseinrichtungen 10, 123
Sicherheitsregeln
 – Experimentieren 10 f.
 – Gasbrenner 13
 – Mikroskop 32
 – Tauchsieder 12
Siedetemperatur 58, 59, 61, 90, 124
Sinken 65
Solarauto 76
Solarzelle 76, 77, 85
Sondermüll 69
Sonnenenergie 76, 77, 80
Sonnenkollektor 85
Sonnenlicht 106, 113, 117
Sonnenturbine 76
Sonnenuhr 105
Spektralfarben 117, 118, 119
Spektrum des Sonnenlichts 117
Spiegel 104, 108, 109
Spiegelbild 108, 109
Spiegelschrift 109
Stärke 80, 81
Stärkenachweis 80
Staubbelastung 93

Stickstoff 90, 91
Stoffe
 – Aufbau 43
 – Eigenschaften 44, 54 ff.
Stoffgemisch 46 ff., 57, 68
Stoffgemische trennen 47 f.
Stoffgruppe 57, 68
Stoffkreislauf 71
Stoffsteckbrief 56, 90
Strahlungsenergie 76 ff., 80, 82, 85
Streuung 103, 104, 118
Süßwasser 37, 48, 49

T
Tabelle 17, 21
Tag und Nacht 106
Talwind 25
Tauchsieder 12
Teilchenmodell 46, 64, 89
 – Aggregatzustände 59
 – Aufbau der Stoffe 43
 – Lösevorgang 45
Temperatur 16, 18, 19, 21, 25, 44, 58, 59, 124
Temperaturverlauf im See 66, 67
thermische Energie 77 f., 80, 82
Thermometer 16, 18, 19, 123
Tiefdruckgebiet 23, 24, 25
Tonboden 28
Tonhöhe 94, 95
Treibhauseffekt 93
Trennverfahren 47
 – Absetzenlassen 30, 47
 – Auslesen 47
 – Destillieren 47, 61
 – Eindampfen 47, 61
 – Filtrieren 47, 48, 49
 – Sieben 30, 47,
 – Verdunsten 47
Trinkwasser 46, 48, 49, 51
Turbine 76, 79

V
Verbrennung 82, 90, 91, 93
Verdampfen 47, 58, 59, 61
Verdunsten 20, 22, 47, 58
Vergleichen 9, 29
Versuchsprotokoll 41, 92
Vorklärbecken 50

Register

Vitamine 83
Vollmond 107
Volumen 19, 63 ff., 89, 92, 124

W

Waage 12, 19, 63
Wachs 58, 59, 60, 66
Wärme 77, 82
Wärmequellen 12, 13
Warmfront 25
Wasser 36 ff.
– Aggregatzustände 58
– Löslichkeit 39, 42, 43, 44

Wasserdampf 20, 22, 48, 58, 61, 78, 90
Wassereigenschaft 66, 67
Wasserhaltefähigkeit 28
Wasserkraftwerk 79
– Laufwasserkraftwerk 79
– Speicherwasserkraftwerk 79
Wasserkreislauf der Erde 22
Wasserrad 78
Wasserschutz 51
Wasserschutzgebiet 51
Wasserverbrauch 51

Wasserverschmutzung 51
Wasserversickerung 28, 49
Wertstoffe 69
Wertstoffkreislauf 69
Wetter 16 ff.
Wiederverwertung 68, 69
Wiese 26 f.
Wind 16, 17, 24, 25
– See- und Landwind 24
– Tal- und Bergwind 25
Windentstehung 24
Windkraftwerk 79
Windrad 79

Windrichtung 16
Windsack 16
Windsichter 68, 69
Windstärke 16, 17
Wölbspiegel 109
Wolkenbildung 20, 25

Z

Zellatmung 82, 90
Zucker 39, 44 ff., 56, 62, 80, 81
Zustandsänderung 58 f.

Bildquellenverzeichnis

Titelbild: Image Source/Claire Keeley; 3 u. picture-alliance/dpa; 3 o. Shutterstock/Photodiem; 4 u. Fotolia/Aaron Amat; 4 o. Shutterstock/photka; 4 M. Hommelfilm, Herford; 5 Fotolia/fotomanja; 13 l. Cornelsen/Volker Doering; 13 r. Cornelsen/Volker Doering; 14 Shutterstock/Photodiem; 15 l. Glow Images/Cultura RF; 15 M. r. Fotolia/Africa Studio; 15 u. r. Fotolia/Jacek Chabraszewski; 16.1 Fotolia/Miredi; 18.1 r. Cornelsen/Volker Doering, M. Fotolia/fotokalle, l. Fotolia/dima_pics; 19.1 Shutterstock/Gtranquillity; 20.1 Fotolia/Luiz; 20.2 Fotolia/Herbert Brosig; 23.1 Fotolia/@nt; 23.2 Deutscher Wetterdienst; 27 o. Cornelsen/Ingmar Stelzig; 27 u. Cornelsen/Volker Minkus; 28.1 l. Colourbox, r. Shutterstock/VolenV, M. Shutterstock/Denis and Yulia Pogostins; 29.1 Fotolia/Erwin Wodicka; 29.2 (2) Cornelsen/Klaus Feske; 30.1 Shutterstock/Laszlo66; 31.2 Fotolia/savoieleysse; 32 o. Fotolia/Jacek Chabraszewski; 33.3 (2) Corbis/Visuals Unlimited/Wim van Egmond; 33.2 Cornelsen/Volker Doering; 34 Shutterstock/Birgit Reitz-Hofmann; 36 u. l. Fotolia/Oliver Hoffmann; 36 M. Fotolia/stockphoto-graf; 37 o. l. picture-alliance/dpa; 37 o. r. Fotolia/Filipebvarela; 37 u. l. Shutterstock/fredredhat; 37 u. r. NASA; 37 M. r. Cornelsen/Heinz Mahler; 38 o. Fotolia/Kramografie; 39.1 Shutterstock/Dafinka; 43.1 (2) Cornelsen/Volker Minkus; 44.2 o. Colourbox/Peter Neu, u. Fotolia/Daniel Schweinzer; 45 o. Shutterstock/Pavlo Loushkin; 45.2 (2) Cornelsen/Wilhelm; 45 u. Collage: Fotolia/Chris Brignell – YourPhotoToday/PM; 46.1 Shutterstock/Dafinka; 46.2 Shutterstock/Coprid; 46.3 shutterstock/qvist; 49.1 picture-alliance/dpa; 49.2 laif/Christa Lachenmaier; 49.3 NASA; 50.2 Fotoarchiv Ruhrverband; 50.3 Okapia/Roland Birke; 51 M. Deutscher Verkehrssicherheitsrat; 51.1 Greenpeace/Isabelle Rouvillois; 51.2 picture-alliance/dpa; 53 o. Fotolia/Oliver Hoffmann; 54 Shutterstock/photka; 55 l.u. Fotolia/rdnzl; 55 r.u. Cornelsen/Volker Doering; 55 r. M. u. Cornelsen/Markus Gaa; 55 r. M. o. Cornelsen/Volker Doering;. 55 r. o. Shutterstock/Dan Kosmayer; 55 l. M. Shutterstock/Pressmaster; 55 l. o. Shutterstock/Ievgen Sosnytskyi; 55 r. o. Shutterstock/Iasha; 56 o. Shutterstock/Garsya; 57.2 l. Fotolia/Stepan Bormotov; 57.2 r. Fotolia/rdnzl; 58 o. Shutterstock/Volt Collection; 58 u. Fotolia/matteo; 60 u. Shutterstock/JeniFoto; 60.1 Shutterstock/Yongyut Rukkachatsuwa; 61.3 mauritius images/age; 63.2 l. Shutterstock/Ti Santi; 63.2 r. Shutterstock/WitR; 64 u. Fotolia/Melica; 65.1a Fotolia/NilsZ, 1b Fotolia/mircevski, 1c Shutterstock/Picsfive, 1d Fotolia/StudioLaMagica, 1e Fotolia/Alexander Molosnov; 65 r. M. Cornelsen/Markus Gaa; 65 r. u. Shutterstock/E.G.Pors; 66 r. M. (2) Cornelsen/Markus Gaa; 66.2 Clip Dealer/Elena Elisseeva; 67.2 Cornelsen/Christian Wudel; 69 o. Fotolia/Fiedels; 69.2 Foto: Fotolia/M. Schuppich – Zeichnung: Cornelsen/O. Rödel, Absatz DTP-Service; 69.3 l. Shutterstock/Inga Nielsen; 71.1 Foto: Fotolia/savoieleysse – Zeichnung: Cornelsen/O. Rödel, Absatz DTP-Service; 72 o. shutterstock/Can Balcioglu; 72 M. shutterstock/IgorNP; 72 u. Fotolia/Edler von Rabenstein; 73 o. Fotolia/Howard Perry; 73.u. M. Shutterstock/LeonP; 73.u. o. Shutterstock/Givaga; 73.u. l. Fotolia/dulsita; 73.u. r. Shutterstock/ene; 74 Fotolia/Thaut Images; 75 l. o. Shutterstock/Ipatov; 75 r. o. Shutterstock/viki2win; 75 l. u. Shutterstock/Geoffrey Kuchera; 75 r. M. o. colourbox; 75 r. M. u. Shutterstock/Suzanne Tucker; 75 r. u. colourbox; 76.1 Hommelfilm, Herford; 77.1 Cornelsen/Markus Gaa; 79.3 l. Clip Dealer/Edler von Rabenstein; 79.3 r. Fotolia/Tom Hanisch; 79.5 picture-alliance/dpa; 80.2 l. o. Fotolia/spline_x, r. o. Fotolia/5second, l. u. Fotolia/Swapan, r. u. Shutterstock/grafvision; 82.1 Shutterstock/caimacanul; 82.2 Fotolia/Schlierner; 82 u. Fotolia/FrankU; 83.1 Fotolia/fovito; 83.2 Clip Dealer/Natalia Klenova Photography; 85 o. Shutterstock/Naruedom Yaempongsa; 85 l. ESA; 85 u. Fotolia/Horst Schmidt; 86 shutterstock/Gwoeii; 87 r. o. Cornelsen/Günter Liesenberg; 87 l. o. laif/PhotoAlto/Frederic Cirou; 87 l. u. Fotolia/Aaron Amat; 87 r. M. o. Fotolia/Blaj Gabriel; 87 r. u. Fotolia/Smileus; 87 r. M. u. Fotolia/Markus Bormann; 92 Shutterstock/Charles F McCarthy; 95 Fotolia/azyryanov; 97 M. r. Shutterstock/GraphEGO; 98 l. Shutterstock/Wollertz; 100 Fotolia/www.sandervanderwerf.nl; 101 l. o. F1online/Flirt; 101 r. o. Cornelsen/Jochim Lichtenberger; 101 M. (2) Cornelsen/Heinz Mahler; 101 l. u. Fotolia/Leiftryn; 101 r. u. Fotolia/DrUGO; 102 o. Cornelsen/Volker Doering; 102 u. Fotolia/Thomas Francois; 103.1 l. Fotolia/iredding01; 103.1 r. Fotolia/calaratjada; 103.2 Shutterstock/Egor Tetiushev; 104.4 Cornelsen/Volker Doering; 104.5 Cornelsen/L. Meyer; 104 u. Fotolia/Andrey Burmakin; 105.1/2 Cornelsen/Michael Sinzinger; 106.1 NASA; 107.5/6 Shutterstock/AstroStar; 108 o. l., u. r. Cornelsen/Volker Doering; 108.1 Cornelsen/Michael Sinzinger; 109.5 Cornelsen Archiv;. 109.6 Fotolia/syntheticmessiah; 110.1 Cornelsen/Volker Doering; 111 Cornelsen/Sven Theis; 112.1 (2) Cornelsen/Volker Doering; 114.1 Cornelsen/Heinz Mahler; 116 M. Cornelsen/Markus Gaa; 117.3 Cornelsen/Markus Gaa; 118.1 Fotolia/Christian Müller; 119.1 Fotolia/Samantha ROCHE; 121 o. Cornelsen/Volker Doering